日本中世战争史

戦争の日本中世史

［日］吴座勇一 著 刘路 译

九州出版社
JIUZHOUPRESS

目　录

国名	现都府县名
隐岐	岛根
出云	
石见	
周防	山口
长门	
筑前	福冈
筑后	
丰前	大分
丰后	
肥前	佐贺
壹岐	长崎
对马	
肥后	熊本
日向	宫崎
大隅	鹿儿岛
萨摩	

国名	现都府县名
伊贺	三重
伊势	
志摩	
纪伊	和歌山
阿波	德岛
土佐	高知
伊予	爱媛
赞岐	香川
备前	冈山
美作	
备中	
备后	广岛
安芸	
因幡	鸟取
伯耆	

国名	现都府县名
越前	福井
若狭	
山城	京都
丹后	
丹波	
但马	兵库
播磨	
淡路	
摄津	
和泉	大阪
河内	
大和	奈良

国名
三河
尾张
甲斐
信浓
飞驒
美浓
近江
佐渡
越后
越中
能登
加贺

山阴道　山阳道　西海道　南海道　畿内

隐岐　对马　壹岐　长门　石见　出云　伯耆　因幡　但马　丹后　若狭　周防　安艺　备后　备中　美作　播磨　丹波　山城　筑前　肥前　筑后　丰前　丰后　赞岐　淡路　摄津　和泉　河内　大和　肥后　伊予　土佐　阿波　纪伊　萨摩　日向　大隅

0　100km

日本中世时期的旧国名图

作为"战争时代"的日本中世

日本 3·11 大地震及随之而来的福岛核泄漏事故、围绕钓鱼岛①的日中摩擦、独岛②问题造成的日韩冲突——种种事实使人无论如何也无法再畅言"日本是安全的""日本是和平的"之类的话语。而且，回顾日本的历史，可以被称为"和平"的时代也并不是很长，也许我们有必要对"日本是和平的"这一观点本身提出疑问。

按照大的时代划分日本的历史，通常可以分为古代、中世、近世、近现代四个阶段。那么，日本的中世是一个什么样的时代呢？翻开日本的高中教科书，一般会看到这样的表述：（日本）中世以保元、平治之乱中平家的崛起为开端，随着战国大名的登场而步入终章。众所周知，这一时段囊括了源赖朝和源义经等人大展身手的源平之战（近年来学界多将之称为"治承、寿永内乱"）、因足利尊氏和楠木正成等人而闻名的南北朝之乱（近年来学界多将之称为"南北朝内乱"）。

---

① 日语原书为"尖阁诸岛"，日本单方面叫法。——译者注
② 日语原书为"竹岛"，日本单方面叫法。——译者注

　　尽管日本的中世无法和总是给世人留下战争印象的近代相提并论，但是相较于此前的平安时代和此后天下太平的江户时代，日本的中世仍然不失为一个激烈动荡的"战争时代"。因此，想要充分把握日本的中世，就必须先从理解这一时期的"战争"着手。

　　自古以来，人们一直在进行针对战役的研究。源义经在一之谷之战的奇袭作战（"鹎越逆落"。近年来，主张一之谷之战中源义经的奇袭战实际上是《平家物语》艺术创作的观点日渐强烈）和织田信长在桶狭间之战中发动的奇袭作战等著名战例自然是历史学家们的研究对象，同样也是旧日本陆军参谋本部曾经研讨的对象。

　　分析这种局部战役过程及胜败原因的战役研究，现在依然在民间战史研究者中间盛行。相比之下，现在的日本历史学界反而没有在该领域投入太多的关注。正是在这样的背景下，才会由民间学者藤本正行率先对桶狭间之战奇袭说提出了质疑的声音。

　　那么，日本史学界究竟是用什么样的视角来审视"战争"呢？简而言之，日本史学界并不看重每一场战役的胜负结果，重视的是"战争"给当时社会带来的各种变化。

　　第二次世界大战以后的中世史研究，将战乱频仍的内乱时期提升到了"新兴势力的蓬勃发展最终导致既存秩序崩溃瓦解的社会变革期"位置上，并且高度评价这一时期的历史意义。用通俗的话来讲，中世时期最大的特点就是"下位者取代上位者"，也就是所谓的"下克上"。

　　不过，这里展开的讨论依据唯物史观，未必对战争的实际形态进行具体的考察。唯物史观认为，生产力的不断发展会造成与既有生产关系的矛盾，进而以引发阶级斗争的形式推动社会的进步。

想必读者朋友们可能会对此感到困惑不解，故而笔者还要在此简单解释：伴随着（农业）生产力的提升，遭受盘剥压榨的被统治阶级的实力也在上升，最终他们在分配问题上敢于向统治阶级发起挑战，由此引发了所谓的"阶级斗争"。至于阶级斗争的终极形态，便是以推翻体制为目标的"革命"〔详情可参照拙著《一揆①的原理》（『一揆の原理』）〕。

站在现在的研究阶段来评价，以往日本的内乱史研究似乎过于偏重马克思主义理论这一前提，在现实战争的分析方面存在着不足。这样说虽然有些冒昧，但给人的感觉是，这些研究缺少实证的检验，而且在表述中频繁使用"变革期""革命"等笼统、概括的词汇难免有敷衍塞责之嫌。这不仅是源自马克思主义的"束缚"，推测反省第二次世界大战过程中诞生的"反战和平主义"也对日本史学界产生了影响，使其笼罩在忌讳战争研究的氛围之中。

然而20世纪80年代以后，将战争本身作为分析对象的研究视角逐渐兴起。以何种形式开展军事动员、以何种形式筹措军费、战斗中什么样的人物会使用什么样的武器、物资的补给是以何种形式实现的、战争给世人带来了什么样的伤害……通过对这类问题的具体分析，使战争常态化的日本中世社会原貌变得清晰。川合康针对镰仓幕府庄乡地头制度的研究和藤木久志针对杂兵和"自力村"的研究，刷新了人们对治承、寿永内乱和战国时代大名间纷争的印象。再加上众多研究者的持续耕耘，"战争论"终于形成了一股热潮。"战争论"研究成果影响了现在对"战争"形象的理解，进而

---

① "一揆"的中文原意是"统一""一致"，日语中是指日本历史上农民或下层阶级为了反抗统治者的压迫而组织起来的集体行动或暴动。——译者注

改变了日本中世史本身的形象。

正因如此，涌现出了大量与日本中世"战争论"相关的论文和著作，但却没有人尝试将其中的精华部分集中在一册书中，将这些研究成果展示给一般读者。这也是本书的任务所在。

如此一来，难免会产生"拿别人的成绩装点自己"的嫌疑。对于此类批评，笔者只想做简单的解释：本书不是单纯地总结近年来"战争论"的研究成果，因为本人对以往"战争论"的成就表示敬意的同时，也多少感到不满。

第一，以往的研究将注意力集中在中世"战争"的物质层面，对中世之人对"战争"的意识和认知方面关注不足。对于生活在和平时代的现代日本人而言，战争十分遥远，好像是与自己毫不相干的世界中发生的事情。这种心理上的不自觉状态，正是日本人考察中世"战争"问题时的一大障碍。

当然，笔者也很清楚近年来日本对外局势呈现出日益紧张的态势。不过，无论是那些散播"人民解放军将会入侵日本"的谣言，炮制中国威胁论之人，还是那些反过来积极向世人发出"日本将会再度踏上战前军国主义道路"的警告，鸣响日本右倾化警钟之人，要说他们在秘密武装、建造避难所或是为出逃海外进行准备，却也都不一定（也许是那样吧……）。在对战争的切实认识上，中世人与现代人可谓是云泥之别（至于哪一方是"云"，哪一方是"泥"，另当别论）。

在过去的学术会议中，笔者曾经提出"南北朝时代的武士通常会强烈意识到战死沙场的危险性"。学会研讨期间，一位知名学者对笔者的观点提出了批评："从现实来看，南北朝时代的战争实际战死率不高。"以太平洋战争中的瓜达尔卡纳尔战役为例，此役日军投入的兵力约三万两千人，其中战死者和失踪者为两万人以上。确实，仅从南北朝时代相关史料来看，很难想象当时的"战争"会造成瓜达尔卡纳尔战役那样惨重的战死率。

可是关系到生死的问题，不能仅凭表面的数字得出结论。在当时医疗水平并不发达的情况下，许多人即使不是直接殒命于沙场，也会在战后因伤势难愈而亡（例如，侍奉德川家康的猛将井伊直政就是在关原之战中被敌方的铁炮击伤，于两年后伤重不治而亡）。

更进一步地说，即使只有百分之五的可能性战死，这个数字也足以触发武士的死亡意识。与之同理，自福岛核泄漏事故发生以后，放射性物质泄漏造成的死难者人数至今无法确定，即便有人以此为依据断言"核能是安全的"，也不会得到世人的认可。（与陷入"和平痴呆症"的现代日本人不同）中世之人的生活一直笼罩在"不知道自己会在哪一次战争中死去"的紧迫感中。如果研究者不能清楚认识到这一事实，也就无法正确把握内乱期的社会状况。

第二，现在日本的"战争论"依然受到既往马克思主义研究思路的影响。这一点与第一点问题相关。如前所述，以往的内乱期研究将"战争"视作被统治阶级向统治阶级反抗的阶级斗争。这种看法的优势，在于不仅能将著名的武将，还能将末端武士、无名民众也纳入研究者的视野当中。换言之，引入"阶级斗争史观"使研究者的视线超越了如同历史模拟游戏《信长之野望》所展现的群雄争霸的故事层面，引起了更为深入和广泛的讨论。

然而，"阶级斗争史观"也可以说是一种以强调被统治阶级推翻当权者为前提的"反权力"历史观，日本中世历史无论如何都可以归结为："武士与民众借着内乱的机会改变了世界。不，更加确切地说，正是武士与民众变革社会的热忱孕育了内乱并使之激化。"虽然这样说不太好，但事实却是由此一来不免会产生一种倾向：结论先行给出，研究者只需根据事先决定好的框架安插相应的史料便可以完成论证的过程。

实际上，尽管现在日本的"战争论"看起来已经超越了以往基于"阶级斗争史观"的内乱期研究，但这样的想法还是顽固地残留在其中。因此"战争论"聚焦于武士和百姓的主体性、积极性，侧重于研究他们的行动给社会带来的各种变化。此外，现在的"战争论"虽不再使用"变革期""革命"等词语，但论证方法与"阶级斗争史观"并没有明显的不同。

一直以来为历史学家们津津乐道的"无名大众改变了社会"这个故事令人颇为心动，现实情况也确实包含这样的侧面，但如果从一开始就抱着"民众毫无疑问就是变革者"的期望，在分析史实的过程中绞尽脑汁顺着既定的方向推进研究，就可能会造成对民众主体性的强调超出实际的情况。有鉴于此，笔者在构思本书时尽可能地排除了"人人都期望变革"这一先入为主的观念，希望能够客观分析事物。

本书题名《日本中世战争史》，但是目前讲述源平合战与战国时代战例的优秀著作已经十分丰富，笔者只好忍痛略去。本书论述的是蒙古袭来（日本史书称之为"元寇"）到应仁之乱之间约二百年的"战争时代"。

第一章围绕蒙古袭来展开讨论。承久之乱之后的镰仓幕府武士缺乏大规模战争的经验，只是专注于领地经营。极端地说，正是因为元军的袭来，才让这些长期陷于"和平痴呆症"的镰仓武士的战士意识觉醒。本章旨在考察这次对外战争体验给日本社会带来的种种影响。

第二章讨论"恶党"①问题。"恶党"一词受到现代语义和语感的影响，其字面意义上"令人惧怕的不法分子集团"的形象愈加突出。脱离体制之人奋起抗争，最终推翻镰仓幕府，在南北朝内乱当中大显身手的故事情节与"阶级斗争史观"有着极强的亲和性，直到现在仍很受欢迎。不过从另一个角度来看，"恶党"这一用语是用来标记敌对者身份的便签。另外，很多被冠以"恶党"名号之人未必属于反体制的一方，而是属于与权力勾结的一方。本章旨在探究"恶党"的真实形象，并且对作为南北朝内乱前史的镰仓时代末期的社会状况加以考察。

第三章至第五章旨在揭示南北朝内乱的真实面貌。如前文所述，第二次世界大战以后的日本历史学长期将南北朝内乱视为一场"革命"，遵循着"历史的变革并非由英雄或伟人个人所造就，而是需要民众的力量作为原动力"的思路，的确超越了纯粹将南北朝内乱视为"公家与武家对立"的旧有研究的水准。

然而，这种思路的渗透却造成了认知上的固化，形成了"武士们将战乱视为良机，纷纷踊跃奔赴战场"的惯性思维。近年来学界不断修正了这样的认知，但是一些研究者顽固残留着这种惯性思维。事实上，武士也将战争视为"灾难"。在性命朝不保夕的乱世

---

① 指镰仓时代末期到室町时代初期，活跃于地方的反叛者或不服从幕府统治的地方武士、豪族。这些人常通过占有土地、抢劫或其他方式反抗既有的庄园和幕府制度。这是一个颇具争议和独特性的群体。——译者注

之中，武士究竟创造了什么样的生存智慧？笔者打算舍弃"上升"（胜者为王）的视角，从"存命"（绝地求生）的角度重新审视南北朝内乱。

第六章主要讲述南北朝内乱"以后"的情况。随着内乱的终结，"和平"时代降临，室町幕府终于解除了"战时体制"。当然，武士们也解除了临战状态，开始努力适应和平的岁月。

以往的研究立足于"阶级斗争史观"，强调南北朝内乱发展历程中武士状态的变化。其研究具备自身的合理性，但是不能否认战后历史学也存在着为了将内乱期定位成"变革期"而过度强调变化部分的问题。

随着其后实证研究成果的积累，南北朝内乱的划时代意义已经不再像以前那样被强调。但是，取而代之的是对蒙古袭来的关注，对内乱终结之后的时代，即室町时期武士的生存状态，人们并不怎么关心。顺利度过南北朝内乱的武士们将会如何在"战后"社会生活？笔者将深入探究这一课题。

终章追溯足利义满治世伊始到应仁之乱期间的政治、军事发展历程，探讨室町幕府"和平"消失的原因，以及生活在现代的人们能够从中获取怎样的教训。

本书描写了战争时代为求生存而竭尽所能、拼死挣扎之人的真实样貌，可能不会让人热血沸腾，但我想一定会令人心潮澎湃。

第一章

蒙古袭来与镰仓武士

不知何为"战争"的镰仓武士

武士是日本历史中最受欢迎的形象。在日本历史学界以外，对公家情有独钟或主张"日本历史中最值得尊敬的人物是一休宗纯"这样观点的人恐怕少之又少。不过，尽管同样被称为"武士"，平安时代末期的武士和江户时代的武士之间却存在着质的差别。那么，镰仓时代武士（以下称为"镰仓武士"）又是什么样的存在呢？

翻开日本的高中历史教科书，通常都会看到描绘镰仓武士平日里练习武艺的插图和解说。在古文课上学习《平家物语》中"能登殿最期"（能登殿指平教经，平教经是平家首屈一指的猛将，在坛之浦海战中奋勇搏杀，最终抱住两名敌兵投海而死）的篇章时，让人不禁联想到武士们壮烈殒命的场景。另外，受到历史小说和大河剧的影响，镰仓武士的"战斗专家"形象早就已经深入人心。

将武士视为战士的看法，在学界也很普遍。明治时期，仿效欧美历史学建立的日本近代历史学，向着探究"武士道"中蕴含的日本固有之精神的方向而不断进展。朴实刚健的东国武士推翻颓废腐朽的贵族社会和因贵族文化侵蚀而堕落衰败的平家政权，创立镰仓幕府、开辟新时代的历史形象也由此孕育成形。

随着战后历史学兴起，上述认知被高度理论化，确立了镰仓武士在阶级斗争（社会变革）中居于主体地位的历史观。

然而 20 世纪 80 年代以后，日本历史学界针对以往将镰仓武士看作无畏英雄的战后史学观兴起了真正意义的批评。大体上说，是揭示镰仓武士的暴力性。批评者指责镰仓武士残暴不仁，毫不犹豫地行凶伤人，完全是一群仰仗武力恐吓、驱使民众的野蛮暴徒。本乡和人将此类观点称为"武士即杀人者"说。

战后历史学（特别是"领主制论"，参照本书第二章）强调镰仓武士"光"的一面，而"武士即杀人者"说注重镰仓武士"影"的一面。尽管两种学说的意见截然相反，但双方都试图通过"好战"的行为来探究武士的本质。

的确，镰仓武士的勇猛无畏或者说残暴不仁是显而易见的，在

《男衾三郎绘卷》（部分）中的笠悬场景
（东京国立博物馆：TNM Image Archives）

生活在现代社会的我们看来，无论好坏都是很特别的东西。然而，立足于"战争论"这一方法论，这种评价显然太过肤浅。

治承、寿永内乱无疑是一场中世的"战争"。在完成这场"战争"的过程中，东国武士变成了"镰仓殿"即源赖朝的"御家人"而团结起来，建立了镰仓幕府。源赖朝死后（逝于 1199 年），镰仓幕府内部频繁爆发血腥的权力斗争，最终取得胜利的北条氏掌握了幕府霸权。此后，以北条氏为核心的镰仓幕府击败了后鸟羽上皇，确立了镰仓幕府对朝廷的优势地位。这场"战争"便是著名的承久之乱（1221 年）。可以说，镰仓幕府是一个依靠不断取得胜利来提振自身威势和权力的军事集团。

不过承久之乱过后，镰仓幕府迎来了和平时代。唯一的例外是宝治元年（1247 年），镰仓爆发的宝治合战（幕府执权北条时赖对战三浦泰村）。根据幕府准官方史籍《吾妻镜》的记载，战斗历时 6 个小时，落败的三浦泰村一方自杀者中，仅主要人物就有 276 名，加上其余武士，据说超过 500 人。

6 个小时造成 500 人牺牲，大概会让人认为发生了十分激烈的战斗。不过，这是三浦氏自杀者的数据。他们见败局已定，没有坐以待毙，而是选择自我了断。他们并不是在战斗之中被杀的。

胜利一方的幕府（北条氏），其战死者的情况不明。建保元年（1213 年），镰仓爆发了历时两天的和田合战。和田合战期间，幕府方面战死的御家人达 50 人（而战败的和田义盛一方，战死者、自杀者共计 142 人，被俘虏者 28 人）。宝治合战时的损失情况应该大体上是这种程度。

当然，以上列举的死难者仅限御家人一级。如果将御家人的家来（家臣）和每个兵卒也包含在内，可能会得出更多的伤亡统计数字。然而，重点在于在承久之乱终结后的五十年间，仅出现了这一场大规模战斗，镰仓武士更是不曾参与过一次远征或长期作战。

另一个重要的事实是，在宝治合战中取得胜利的北条氏，没收了三浦氏等叛乱者的领地，将其作为赏赐分配给追随自己的御家人。另外，战死沙场在当时被视为最大的战功，战死者的遗族会得到恩赏。其实，不只是宝治合战，每次内战过后，"战胜组"御家人的领地都会有所增加。因此，他们认为"打胜仗就能发大财"，偶尔爆发战斗，就会叫嚷着"去镰仓"。

中世的武士在转让自己名下的财产之际订立的文书，被称为让状（转让凭证）。不过，镰仓武士预设自己战死的可能而事先立下让状的情况在这个时代还没有出现。如后所述，这类的让状实际上是蒙古袭来以后才登场的。这以前，镰仓武士几乎不曾设想过自己战死沙场或者说"战争"爆发的可能性。假如有"战争"发生，对他们来说也只会是"增加领地的机会"。

偏激地说，这一时期的镰仓武士是不知真正"战争"为何物的"和平痴呆症"患者。不过，将镰仓武士从太平美梦中惊醒的大事还是发生了，那就是1274年的蒙古袭来。

蒙古袭来是一场能够避免的战争吗？

元军（1271年，忽必烈改大蒙古国国号为元，建立元朝）向日本袭来之际，镰仓幕府的领袖正是北条时宗。第二次世界大战以前，军国主义时代的日本人将敢于直面这场前所未有的"国难"并完美"击退"了元军的北条时宗奉为"救国英雄"。

但是战后历史学对军国主义进行了反省，也对北条时宗做出与元军开战的决断进行了批判——难道战争真的无法避免吗？难道当时日本与元朝廷之间没有相互通好、彼此和睦的可能性吗？难道不是北条时宗不思和解、一心求战吗？就这样，北条时宗的形象和地位发生了逆转，"救国英雄"变成了"好战暴君"。

第二次世界大战以前，日本人对北条时宗的无限赞颂确实存在问题。然而，战后历史学倾覆北条时宗以往的形象，一味强调其暴力的一面难道就不是极端的观点了吗？这样主张的研究者们想必是将"所有战争都应当极力避免，同时也可以避免"奉为信条。为了理清这个问题，我们有必要重新审视元王朝和日本之间的外交交涉过程。

蒙古政权和日本的最初接触是在文永五年（1268 年）。前一年（1267 年）的六月，忽必烈命令属国高丽同日本展开外交交涉。高丽派遣使臣潘阜携带蒙古国书（忽必烈的诏）和高丽国书（国王元宗的启）前往日本。当年九月，潘阜等使节团一行人从高丽出发，于次年（文永五年）正月抵达日本九州的大宰府。

当时担任幕府镇西奉行兼大宰少贰（大宰府的实际最高责任人）的武藤资能（也称少贰资能）一边将潘阜一行人等安置在大宰府，一边派人将两通国书火速送往镰仓（《师守记》）。镰仓幕府向京都派遣使者，将国书送交朝廷处理。由此可见，当时的镰仓幕府认为朝廷拥有外交权。

忽必烈在国书中要求与日本往来通好，但是临近国书末尾处却赫然写道："至用兵，夫孰所好？"（至于引起战争，将会是什么人所希望的呢?)(参照东大寺尊胜院藏《调伏异朝怨敌抄》)以往的研究通常将这段文字解释为蒙古政权对小国日本发出的恐吓——如果拒绝通好的要求，将会派遣大军进攻日本。然而近年来，蒙古史研究专家杉山正明认为，蒙古国书的措辞整体上非常郑重，因此"至用兵，夫孰所好"一句应该是"不希望发生战争"的字面意思，批判了"威吓"说。

确实，从蒙古国书中"通问结好，以相亲睦"的字句来看，国书的内容表面上只是表达了与日本友好相处的意愿，也充分表现了对日本的尊敬。可是，考虑到国书中关于高丽向蒙古政权臣服过程的长篇大论，其想令"日本国王"向忽必烈称臣的意图自然也就不言而喻了。

朝廷方面自二月六日起连续数日开会商讨，最后决定不予回复(《深心院关白记》)。为什么朝廷会无视忽必烈的要求?对此众说纷纭。但一言以蔽之，大概朝廷是想运用日本人最为得意的"拖延"战术。公家轻蔑地称其是"蒙古国贼徒"，全然不曾考虑与蒙古政权缔结国交的可能性。不过，断然拒绝忽必烈的要求也会惹来麻烦。于是，朝廷决定对其要求"置若罔闻"，企图以此蒙混过关。

与此同时，镰仓幕府下令西国各地进入警戒状态，时刻提防元军的入侵。一些研究者认为，此举是镰仓幕府的武断特性的体现，但当时已经将外交事务交付朝廷处理的幕府在自身专长的军事领域实施相应的策略也是理所当然的。

镰仓幕府的"和平痴呆症"

文永五年（1268 年）七月，一无所获的潘阜等人返回高丽，报告了对日交涉失败的情况。忽必烈在得到这一消息以后，一边命令高丽督造战船，一边派兵部侍郎黑的、礼部侍郎殷弘等人组成新的使节团并携高丽使者再度前往日本（《元史·世祖本纪》）。翌年（1269 年）二月，使节团抵达对马岛，却在当地引发纠纷，最后抓捕两名岛民返回高丽（《元史·日本传》）。

蒙古政权和高丽的使者在对马岛登陆的消息迅速由大宰府报告给幕府和朝廷。据说此次蒙古政权和高丽派出的使节有六七十人。使节团庞大的规模令日本朝廷震惊，传言忽必烈对送达国书后迟迟得不到答复心存疑虑，故而派遣使节团前来调查原委。由此一来，朝廷方面不得不决定作书回复忽必烈，此时他们大概意识到了自己已经无法再继续保持沉默。总之，现在的朝廷如同惊弓之鸟。然而，镰仓幕府对蒙古政权的态度却强硬起来。镰仓幕府向朝廷建言不要答复忽必烈，导致了朝廷答复国书计划的破产（《师守记》）。

文永六年（1269 年）六月，忽必烈将两名对马岛岛民送还日本，同时命令高丽向日本转交中书省（相当于现在的内阁）的牒（文书）。高丽派遣金有成、高柔等人前往日本，一行人于九月十七日抵达对马岛。同月二十四日，大宰府向朝廷呈送了蒙古国书和高丽国书（《本朝文集》）。

在相当长时间里，这通"大蒙古国中书省牒"的内容是一个谜，直至近年，韩国学者张东翼发现了牒文的副本。牒文中提到，皇帝宽宏大量，期望日本于来年春天以前派遣使者前赴大蒙古国宣誓臣属，皇帝将会保证日本得到与高丽同等的待遇。倘若日本人冥顽不灵，便命令将帅统领大军出击。届时蒙古军船杀到，势必一举攻占日本的都城（《异国出契》）。与前一年忽必烈发出的国书不同，这通牒文十分清楚地表达了胁迫日本的意图，应该说这才是忽必烈方面的"真实心声"。

这一次日本朝廷以太政官牒的形式草拟了回函。只是，日本在回函中没有言明是否要臣服于蒙古政权，只是指出了皇帝德行与用武力威胁之间的矛盾，并且表示日本是神国，不应该用武力让日本屈服。日本朝廷显然惧怕元军的入侵，但是又想在臣服问题上讨价还价，因而企图用先行给出回函的方式来延缓元军的军事行动。但是作为战斗集团的镰仓幕府则极力抵抗蒙古政权的高压，反对朝廷送出回函（《蒙古来使记录》）。最终，这一次的高丽使节团也空手而归。

文永八年（1271年）九月，元王朝使节团再度来到日本。这次元王朝使节带来的国书中提到：如果日本在十一月之前不做出答复，将准备战船。日本朝廷当然是惊恐不已，于是再次决定回函（《吉续记》）。不过，此后却没有任何迹象表明日本朝廷向元王朝送出了回函。我们可以推测，可能又是镰仓幕府的反对使朝廷的回函计划化为了泡影。

近年来，针对镰仓幕府两次推翻朝廷回函决议的批评声音十分强烈。他们指责镰仓幕府"只会依靠武力解决问题，从而限制了运用策略的空间"。不过，从另一个角度来看，忽必烈强迫日本在"是"与"否"之间做出选择，也没有外交交涉的余地。

最终还是唯有日本臣服才能避免战争。如果当时的日本选择臣服，那么此后的日本历史将会如何改写呢？我们难以预测。部分观点认为，元王朝对待属国比较宽容，在统治上不会太过苛刻，因此成为宗主国的元王朝大概不会干预日本的内政。不过，有一点是可以肯定的，即元朝廷绝对会下令日本参加针对南宋的进攻作战。那么，作为元王朝的附庸国参加对南宋的战争会是比直面蒙古袭来更好的选择吗？

不如说，镰仓幕府的问题在于虽然展现出拒绝与元外交交涉的强硬态度，但在防备元军入侵方面却显露出懈怠与迟缓。文永八年，镰仓幕府命令在镇西（九州）拥有领地的东国御家人向镇西地区集结。此时距离忽必烈的使节初次造访日本已经过去了三个年头。不得不说，与普通的御家人一样，镰仓幕府也染上了"和平痴呆症"。

"一骑打"① 真的存在吗？

文永十一年（1274 年）十月三日，进攻日本的元、高丽联军从高丽的合浦出发。这支军队中混杂着契丹人、女真人、汉人等。

联军袭击对马、壹岐，攻打当地居民。十月二十日，联军在博多湾登陆，立即与严阵以待的日本军爆发激烈战斗。

关于当时的战斗情景，教科书中一般做如下描述："面对元军的集团式战法和优势兵器，以'一骑打'为主要作战方式的日本军队陷入了苦战。"面向大众的通史类著作给出的看法是："相较于源平合战时期，镰仓武士的作战方式没有发生变化，仍旧是'一骑

---

① 指武士一对一的决斗。——译者注

打'——首先互相通报姓名，待确认对手身份之后才开始战斗。"提到文永之役，很多人应该都会想起教科书插图引用的《蒙古袭来绘词》中竹崎季长策马冲杀的画面。

但是，近年来"战争论"的不断推进，使我们对治承、寿永内乱（源平合战）以后，"一骑打"之外的作战方式有了了解。源平合战时期，不单是骑兵，手执大刀和携带长弓的步兵也参加了许多战斗。最初一对一的战斗在战斗过程中因为敌我双方人员的逐渐聚集而演变成集团混战的情况并不少见。事实上，著名的"竹崎季长突击"也是竹崎季长和自己的姐夫等人共同发起的行动（后述）。虽然是这种小规模的攻击行动，但很难说属于"一骑打"。

《八幡愚童训》是唯一记载日本武士在文永之役中采取"一骑打"作战方式的史料。根据《八幡愚童训》，镰仓武士固执地遵循日式战斗规则，一定要在通报姓名后发起单骑冲锋，元军则将这些孤身陷阵的日本武士逐一包围、歼灭。

上述武士临阵通报姓名的行为，是为了让对方报出姓名，通过这样的方式寻找有名望的武士交手。而面对语言不通的外国人，通报姓名也没有用处。这一点足以说明《八幡愚童训》关于武士作战的记述纯属无稽之谈，完全没有如实反映当时的情况。

在探讨蒙古袭来时必然会引用的史料《八幡愚童训》是镰仓末期石清水八幡宫的相关人员宣传宫中祭神八幡大菩萨非凡灵验的传道书籍。书中的记述存在着很多不正确和不合理的地方。早在第二次世界大战以前，就有研究者指出《八幡愚童训》的内容是后世杜撰的，该书的创作者对博多一带（曾经是文永之役的战场）地理极度无知，可信度不足。然而，鉴于文永之役的相关史料过于匮乏，况且《八幡愚童训》的记录也并非完全不合情理，日本史研究者们虽然对此担忧，但最终还是利用了这份史料。

然而，我们必须对那些不曾见于其他史料文献，唯独《八幡愚童训》有所记载的内容要予以警惕。《八幡愚童训》称击退元军的是八幡大菩萨。简而言之，《八幡愚童训》是在宣传八幡大菩萨勇猛无敌的神明形象——正是八幡大菩萨将强大的元军悉数消灭，世间之人应当赶快皈依这位神明。为了凸显八幡神的灵验，势必要遮掩镰仓武士在战场上的英勇表现。按照《八幡愚童训》的观点，冥顽不灵的镰仓武士在元军的优势战术面前惊慌失措、东奔西窜而完全没有御敌的策略，最后全赖八幡神显灵才击退了元军。如果我们轻易相信了这些荒诞无稽的说辞，就永远也无法看清楚那些在战场上奋勇拼杀、不幸殒命的镰仓武士的真实面貌。

镰仓武士的装备

如果说日本武士在应对元军时的表现是多么出色，也未必准确。事实上，镰仓幕府的军事编制存在着问题。

在文永之役期间，肥后国（今熊本县）御家人竹崎季长究竟率领多少家臣投入作战呢？根据《蒙古袭来绘词》的记载，竹崎季长所率参战部队的人员构成及装备情况如下：

本人	竹崎五郎兵卫尉季长	乘马、弓矢、头盔、大铠
姐夫	三井三郎资长	乘马、弓矢、头盔、大铠
郎党	藤源太资光	乘马、弓矢、乌帽子、腹卷

郎党　姓名不详　　　　乘马、弓矢、乌帽子、腹卷
旗指　三郎二郎资安　　乘马、旗、乌帽子、腹卷

　　竹崎季长和三井资长装备的大铠是一种能够将穿戴者的头部和身体完全防护的铠甲，其作用在于防止穿戴者的身体遭受敌方骑射的伤害。大铠是一种十分沉重的铠甲（现存的镰仓前期大铠重量在20千克以上），装备在身上会使行动变得困难，自然，必须乘马行动。这就意味着，大铠是一种专门用于骑射作战的特制铠甲。

　　当时，日本武士将驭马射矢的武艺称为"驰射"，将骑马武士之间的"驰射"对战称为"驰组战"。早在治承、寿永内乱时期，"驰组战"就已经不再是战场的主流，但是大铠却沿用了下来。那是因为身披大铠成了武士身份地位的象征。然而，在理应没有"驰组战"的情况下与元军作战，这种装备所能够发挥的效用便成了一个很大的疑问。在这个意义上，仍可以说镰仓武士患上了"和平痴呆症"。

　　另外，在竹崎季长部队中，郎党和旗指装备的腹卷也与今天的腹带有着明显的差异，它是一种只能保护躯干、便于活动的简易铠甲。起初，腹卷是徒步的随从或步兵使用的，到了镰仓后期（镰仓时代后半段），骑兵也开始装备腹卷。于是出现了武士在装备腹卷的同时也选配"袖"（肩部护具）和头盔的情况。南北朝时期以后，又制作了一开始就带有"袖"和头盔的全身防御型腹卷。至此，腹卷已经不再是兵卒使用的简易护具。可以称作轻量版大铠的腹卷，此时已经演变为高级铠甲。室町幕府的将军等身份地位高的武将也都会使用这种腹卷。不过，竹崎季长部下郎党的腹卷没有"袖"，

而是将一种被称为"杏叶"的小型防具安装在腹卷的肩部。总之，这是一种非常古老的腹卷。

所谓"旗指"，顾名思义，就是掌旗之人。为了让周围的友军知道"竹崎季长在此"，使自己的战功得到见证，武士的旗帜在当时是不可欠缺之物。旗指手执大旗，十分引人注目，再加上旗指没有携带弓箭，非常容易遭受敌人的攻击。由此可见，旗指是极其危险的职务。

武士团的构成

竹崎季长部队完全由骑兵构成。看到这些马背上的武士，可能会产生一种"日本军队果然是骑马军团"的错觉。然而，实际情况却是，竹崎季长的部队编制在当时是一个例外。

竹崎季长在与同族之人围绕领地归属的诉讼中落败，失去了自己的领地。竹崎季长称自己是"无足"之身，明显是失去所有的领地后陷入了穷困潦倒的状态。因此，据说竹崎季长在当时没有能力组织并率领若党（家臣，与郎党、郎从的意思相同）参加战斗。换句话说，即便竹崎季长原本有意率领步兵一同参战，也必定因为经济上的捉襟见肘而打消念头。

既然竹崎季长已经陷入了无力供给步兵开销的窘迫境地，又怎么可能率领四名骑兵参加对抗元军的战斗呢？对此，石井进进行了一番颇为有趣的推理。郎党藤源太资光和旗指三郎二郎资安二人的名字里都带有竹崎季长姐夫三井三郎资长的"资"字。如果资光、资安二人不是竹崎季长的随从，则必定是三井资长的随从。换句话说，仅靠贫困潦倒的竹崎季长自己根本无法组成独立的部队，于是姐夫三井资长才会率领自己的郎党和旗指前来支援。至于那位姓名不详的郎党也极有可能是三井资长带来的。因此，更为合理的推测是孤身一人的竹崎季长加入自己姐夫三井资长的部队。

其他的御家人又会率领什么样的部队投入与元军的战斗呢？以下有一份并非文永之役时的史料——文永之役两年后的建治二年（1276 年），镰仓幕府为拟定出兵高丽计划，下令西国武士报告自己能够动员的兵力状况，在众武士提交的报告书中，筑前国（今福冈县）御家人中村续的报告书得以保存至今。其要点如下（《广濑文书》）：

本人　（中村）续　　乘马、铠
舍弟　三郎三郎并　　乘马、腹卷
若党　五郎太郎　　　乘马
步兵　又二郎　源三　法莲入道　源藤次　源藤四郎　又太郎　散大郎　犬二郎

这支由惣领①中村续、其弟中村并及其若党组成的部队，共有骑兵三名、步兵八名。除此以外，同一时期肥后国武士定愉报告的兵力状况为：（定愉）本人、郎从一名、所从三名（《石清水文书》）。报告书中提到只有一匹军马，所以应该是定愉本人担任骑手。另有和弓二张，应该是定愉和郎从二人装备。从极其有限的装

---

① 惣领：原本是中世时期武家分割继承之际能够继承主要领地和财产的男子，后来逐渐演变为指代武士一族的首领。——译者注

备来看，定愉的三名所从几乎无法形成有效的战斗力，所以这些人的作用充其量是照料主人的战马，或者在定愉击倒敌人时协助主人完成致命一击并割取敌人首级。

日本军队的弱点

幕府的军队中包含了很多与竹崎季长部队相似的小武士团，全军难以展开协调一致的行动。竹崎季长的行动恰好充分体现了这一点。

（十月）二十日清晨，竹崎季长在箱崎阵中获悉元军登陆后正在向博多方面逼近，立即率领自己的部队前往博多的息之滨。肥后国的武士们正集结在息之滨，息之滨方面的大将武藤景资（武藤资能之子）特别晓谕众武士：

> 元军扎营的赤坂（今福冈市中央区赤坂）周边多为滩涂，乘马前行十分不利，（我等）权且在息之滨严阵以待，若敌军前来进犯，以弓矢还击便可。

然而，竹崎季长却向武藤景资请愿："我等五骑，此番交战还未做出任何贡献，愿为大军前驱，但求立下功绩。"在取得武藤景资同意后，竹崎季长五人欣然离开息之滨继续向前进发。途中，竹崎季长一行迎面遇到了气势昂扬地撤回博多的菊池武房及其统领的百余骑武士。菊池武房的部下手持太刀或薙刀，用刀尖挑着敌人的首级。

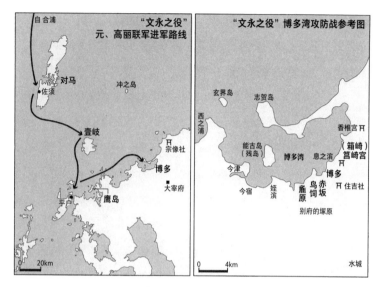

本书插图系原文插附地图

就在不久前，菊池武房率部队打散了一支驻扎在赤坂的敌军。敌人分散成两股，人数较多的一股敌军朝着元军大本营所在地麁原（今福冈市早良区祖原，当地有一座名为祖原山的小山丘）撤退，而另一股人数较少的敌军南下撤回了塚原。这一小股敌军从塚原穿越鸟饲的滩涂（今大濠公园附近）试图与主力部队合流时，竹崎季长追了上来。不过，在追击过程中，竹崎季长等人因马蹄陷入滩涂无法前进（正如武藤景资所担忧的那样），最终让这一小股敌军逃之夭夭。

然而，都已经到了这里了，敌军主力部队所在地麁原就在眼前了。竹崎季长打算直接突入敌阵，郎党资光劝谏道："我方友军即将赶来，（我等）不如静候片刻。待确保有人可见证我辈之功绩，再行厮杀不迟。"

面对资光的常识性忠告，竹崎季长终于道出了他的那句名言：

"弓矢之道，以先为赏。唯前驱耳！"用现代语解释，大致就是："武士交战一向以率先冲入敌阵为至高荣誉。道理已经很简单了，无须多言，尽管驱马冲锋吧！"

随后，竹崎季长等人勇敢地发起了突击。《蒙古袭来绘词》中竹崎季长策马冲刺的插画正是当时情景的再现。日本教科书也引用了这幅画，所以很多人都曾见过。或许有不少人会发出"不愧是竹崎季长！毫无畏惧地完成了常人所不能的事情，着实值得称赞！真是令人崇拜呀！"的感叹。不过，客观地说，竹崎季长的行为绝对属于有勇无谋。元军在发觉竹崎季长一行仅有五骑以后，立刻从营地中杀出，双方在麁原和"鸟饲潟盐屋之松"之间展开了搏杀。

竹崎季长的旗指率先因坐骑中箭而落马，竹崎季长等三人也相继负伤。被弓箭射中的战马拼命地挣扎跳跃，竹崎季长若从马上跌落必定是难逃一死。处于严重劣势下，竹崎季长等人根本无法前进。

全身武装铠甲的骑马武士很难被弓箭射成致命伤，而射他们胯下的战马就没那么困难了。参照《蒙古袭来绘词》的图绘，中箭的战马受惊失控，骑手便被弹落马下。如此一来，这些挣扎站起来的武士便会成为易于狙击的对象。这就是所谓的"射人先射马"战术。值得一提的是，早在源平合战时期，射击骑兵马腹的战术就已经在日本开始使用，所以元军运用该战术对付日本武士并不属于卑怯的行为。

正当竹崎季长等人苦苦挣扎之际，肥前国（今佐贺县）武士白石通泰率百余骑突然杀到，元军士兵见状急忙退回麁原大营。根据《蒙古袭来绘词》文字说明部分的记载，如果没有白石通泰的后援，竹崎季长很可能殒命当场。竹崎季长还在《蒙古袭来绘词》中

《蒙古袭来绘词》（部分）中竹崎季长骑马冲锋场景（宫内厅三之丸尚藏馆）

承认，能够在战马被元军射中的情况下全身而退实属侥幸。正因为战马中箭而受阻，白石通泰才及时率领部下赶来增援。如果仅有竹崎季长等人就这样冲入元军的大营，恐怕也早已战死。

总而言之，能够影响战局的是菊池氏、白石氏等统率大规模部队的有实力御家人。大概骑兵的集中运用发挥了一定的效果，使得元军崩溃瓦解。相比之下，竹崎季长等小武士集团的独立行动不过是逞一时之勇，难以形成持续的攻势，也会给指挥系统带来混乱。

竹崎季长不顾全局的胜利，只考虑如何使自己取得军功的行事风格很容易让人联想到《平家物语》中佐佐木高纲和梶原景季在宇治川合战期间争抢先锋的场景（佐佐木高纲诓骗冲在自己前面的梶原景季："你的战马腹带松啦！"当梶原景季俯身检查马匹腹带的时候，佐佐木高纲趁机超越对方，成为此役最先冲入敌阵的武士）。相较于治承、寿永内乱时期，这个时代的镰仓武士还没有明显地改变作战方式。不过，笔者并不是刻意指责当时日本军队在统帅方面存在的种种缺陷，反而是想说明镰仓幕府的军队在弊病缠身的情况下，依然骁勇作战。

虚构的"元军优势"

在上一小节，笔者根据《蒙古袭来绘词》的记录再现了战斗的过程。在文永十一年十月二十日的博多湾沿岸攻防战中，日本军队经历了极为艰苦的作战却始终保持着攻势，而元军在遭受了出乎预料的抵抗后决定撤退。

坊间流传的各种与蒙古袭来有关的书籍几乎都会强调"元军在军事上占据着优势"，以及元军在策略上更胜一筹。那么，究竟是什么促成了这种观点呢？

《八幡愚童训》是"元军取得胜利"的重要依据之一。据《八幡愚童训》记载，日本军队屡战屡败，在当天傍晚时分放弃了博多、箱崎等博多湾沿岸的要地，直接撤退到了深处内陆地区的大宰府前方刚刚修筑完成的水城要塞。如果这段记录属实，那么元军确实在这次作战中取得了压倒性的胜利。

不过，接下来《八幡愚童训》的记述大致如下：八幡大菩萨于当晚化身为一支白衣大军，这支"神军"从筥崎的八幡宫出发，顷刻之间便用弓箭击退了元军。对此，《八幡愚童训》还特别强调："如果日本的武士还有一骑在场，想必此人会大张旗鼓地宣称击退元军的不是八幡大菩萨，而是'本人是也！'"显然这是在嘲讽镰仓武士的庸碌无能与不知廉耻。

镰仓武士全面退却，日本危急存亡之际，八幡大菩萨突然显灵并且运用神力扭转了战局——这段记载毫无疑问是《八幡愚童训》的虚构。前文中曾提到，为了宣传八幡神的伟大，镰仓武士战胜元军是不合适的，镰仓武士惨败的故事才是必要的。

不过说到这里，应该会出现反对意见："竹崎季长身为基层战斗人员，不可能掌握整体战局。有可能只是竹崎季长所在地的局势对日军方面稍稍有利，其他战线的日军遭到了元军的压制。"还有一种比较有力的观点是："实际上，进犯赤坂一带的是高丽军队，主力元军在博多、箱崎一带海岸登陆。"但是，根据元和高丽史书的记载，联军分别在三处地点登陆，在日落时分又全部返回停泊在博多湾内的军船中。随后，司令官们就继续战斗还是全面撤退的问题展开了讨论。考虑到当时元军的首要战略目标应该是确保作为桥头堡的博多湾沿岸，若是成功占领了博多和箱崎，就完全没有必要特意放弃陆上据点退回博多湾的军船之中。

或许会有人推测，竹崎季长为了炫耀自己的战功，在《蒙古袭来绘词》中夸大了日本武士奋力作战的形象。不过，正如笔者此前所指出的那样，竹崎季长如实讲述了自己苦战的经历。相较于大肆鼓吹"八幡大菩萨击败了元军"的《八幡愚童训》，《蒙古袭来绘词》更值得信赖。结合诸论，笔者认为近年服部英雄的"元军初战败北"说应该是最为合理的解释。

"神风"的真相

元军为什么会在文永之役中败北？根据以往的通说，元军的败北是受到了"暴风雨"的影响。据说元军登陆当晚，停泊在博多湾内的船队便遭遇了狂风暴雨的袭击，致使元军在一夜之间全军覆没。同时代的日本人将这场及时的暴风雨称作"神风"，这成为日本是受到神明庇护的国度的神国思想得以广泛传播的一个重要原因。

太平洋战争期间，在日本帝国陷入难以挽回的颓势后，"神风必将吹起"的言论在日本国内却甚嚣尘上，由此造成了神风特攻队的悲剧。直到最后一刻，"神风"也没有再次吹起，日本迎来了战败投降的结局。尽管如此，"暴风雨击退了元军"的说法还是延续了下来。

1958 年，气象学家荒川秀俊撰写了一篇以"并非台风终结了文永之役"为题的论文。此文一经发表便引起了轩然大波。荒川秀俊将文永十一年十月二十日换算为公历 1274 年 11 月 26 日，在对过去五十年间的台风走势进行分析后，断言"从统计情况来看，北九州地区在 11 月 26 日无论如何都不可能遭到台风的侵袭"。荒川秀俊在论文结语部分进一步指出，文永之役中台风摧毁元军的记录很可能是同弘安之役中的台风袭来混淆了。

然而，日本和高丽两国的史料都明确记载了当时出现过大风和暴雨。针对荒川秀俊的推断，中村荣孝等当时最具代表性的日本史研究者指出：即便不是台风，也是暴风雨。对此，荒川秀俊反驳道："元、高丽的联军经过军事会议的讨论，最终决定在冬季季风增强以前实施预定的撤退计划。尽管无法确定（博多湾）撤退作战过程中是否遭遇了些许暴风雨天气，但是撤退行动能够顺利完成本身就是一个奇迹。"

现实中，长崎县松浦市鹰岛周边的海底留有大量弘安之役时遭遇台风而沉没的元军沉船残骸，而博多湾内至今未曾发现元军沉船的踪迹。若以此为依据，则文永十一年元军在博多湾内遭遇台风沉没的观点便很难成立。但根据高丽史料记载，元军返回高丽合浦之际，折损的兵力高达一万三千五百余人，这样看来元军的损害也许仍是暴风雨所致（荒川秀俊推测远征期间暴发了大规模的疫病）。

在上述争论中也出现一种说法，即元军船队没有在博多湾内遭遇暴风雨，而是在折返途中遭遇了暴风雨侵袭。这新的观点显然是通说与荒川说的折中方案。其与荒川说的共同之处在于认定元军在撤退以前尚未遭遇暴风雨，可以说现在研究者已经不再将元军在文永之役中的失败原因归结为"神风"。

元军撤退的真正原因

元军在文永之役中撤退的真实原因是什么？近年来日本学界内部较为有力的观点是，文永之役是元军为了摸清楚日本军队实力而实施的一次"威力侦察"作战，其意图不是要征服日本。换句话说，此次元军根本没有打算在登陆地进行长期作战。元军按照预定计划，在达成"威力侦察"目的后迅速撤退。

另外服部英雄的推断是：虽然并非台风，但冷空气前锋过境引起暴风雨，察觉到严冬将至的元军担心西北季风会阻碍他们回航高丽，于是决定班师撤退（荒川秀俊也推测，当时其内部肯定存在着"必须在季风尚未变强的十一月末撤退"这样的意见）。

虽说如此，元军应该在发动进攻前就已获知冬季的玄界滩风急浪高，不利航海。根据这一情况，服部英雄又提出"在可预见的情况下主动撤退""早早撤军是其出发时就已注定的命运""元和高丽觉得只要对日本人造成充分的精神冲击便可以放心踏上归途"等观点。总之，服部英雄的观点可以归入"威力侦察"说的行列。

然而，在仔细研究过"威力侦察"说以后，笔者反而产生了怀疑：这些提倡该说的研究者们是否充分理解作为军事术语的"威力侦察"的定义呢？为了便于参照，不妨先来看一看日本陆上自卫队对这一术语的定义：所谓"威力侦察"，是指为了迫使敌方暴露真实实力、编制和配置情况，同时窥探敌方反应而针对特定目标展开攻势的侦察举措。再简单说明一下，"威力侦察"是我方以一定程度的战力与敌方交战，根据敌方的反击情况来判断目标区域的敌军战斗力（兵员数量和战斗能力），完全是与战斗同步配合的侦察活动。

一言以蔽之，"威力侦察"就是在实施大规模作战之前，对敌方阵地部署情况展开的实地调查行动。

弘安之役的爆发时间是 1281 年。如果文永之役真的是一次"威力侦察"行动，那么在这次侦察行动的七年以后元军才真正实施了作战。这种荒唐的说法显然难以成立。事实上，吸取了文永之役教训的镰仓幕府在博多湾沿岸地带修筑了大量石垒（现存于世的日本国家指定史迹"元寇防垒"），这些防御工事在弘安之役期间发挥了巨大的作用。这些石垒的存在足以否定文永之役是元军为了大举入侵而实施的"威力侦察"的观点。

由"威力侦察"说衍变而来的一类观点认为，文永之役中元军的目的在于向日本展示元军的战斗力，以此削弱日方继续作战的意志，阻止日本与南宋联手。元军自认为达到目的便主动撤离。此类观点通称"威吓"说。

然而，在一直拒绝忽必烈提出的臣服要求的数年里，没有任何日本联合南宋对抗元朝廷的迹象。实际上早在 1271 年，高丽境内的反元势力"三别抄"曾向日本提出同盟的请求。当时的日本朝廷对此十分困惑："高丽乃元属国，今日何以又言同元交兵之事？"最终，日本没有采取任何有效的行动。1273 年，三别抄被元军剿灭，此时恰好是文永之役爆发的前一年。

由此可见，当时的日本对国际形势疏于了解（现在的日本是否也是如此呢），从未设想过与南宋、三别抄等势力结成反元联合战线的宏大战略。即便在坐视高丽的三别抄被元消灭以后，日本也不曾如元朝廷担忧的那般向南宋寻求援助。镰仓幕府一度讨论过出兵海外的可能性，并且草拟了文永之役后的"异国征伐"（进攻高丽）计划，如果文永之役元军的入侵只是一次"威吓"行动，其结果显然适得其反。可以肯定的是，这种"威吓"纯粹是打草惊蛇的愚行。

"威力侦察"说和"威吓"说均以"元军具有优势"作为前提。既然元军一度占据博多、箱崎地区，且"神风"也不曾吹起，那么元军为什么要在经历了一天的短暂战斗后便撤退了呢？为了解开这个谜团，以往的研究者们经过苦思，提出"威力侦察"说和"威吓"说，均认为元军迅速撤退的原因是他们已经取得了当初预期的战果。

不过，笔者已经在前文中指出，"元军获得胜利"的说法应系《八幡愚童训》杜撰。此外，唯一支持"元军船队于一夜之间悉数消失"说法的也是《八幡愚童训》。鉴于《八幡愚童训》的可信度堪忧，事实真相扑朔迷离。服部英雄通过分析其他相关史料，指出十月二十日以后元军与日本军队之间的战斗可能仍在继续。可以推断，《八幡愚童训》应该是为了增加元军从入侵到撤退过程中的戏剧性色彩，刻意杜撰了整场战争在一昼夜间完结的情节。

通过对事件的简单梳理，不难意识到文永之役元军撤退的最大原因是"日本的顽强抵抗超出了预期"。战前元朝廷过于轻视日本的战斗能力，很可能产生了"只需一击即可使日本屈服"的心理。

顺便一提，日本侵华战争爆发之初，日本陆军内部很多人都抱持短期决战论（所谓的"对华一击论"）。像这种错误判断对手情况而轻易挑起战争的例子，在世界战争史上并不罕见。

《元史·日本传》记载："冬十月，入其国，败之。而官军不整，又矢尽。"尽管不清楚当时元军是否真的耗尽了箭矢，但是这则史料足以证明元军在日本武士顽强抵抗面前难以维持战线。另外，尽管军事会议上也有司令官主张决战，但是元军总司令官还是做出了全面撤退的决定。据此推断，元军应该是在预期战略目的和战术目标均未达成的情况下，为了防止己方损害进一步扩大才实施了撤退行动。换句话说，尽早撤军的实质是元军的"败北"。

第二次世界大战以后日本的"和平主义"

用"自主撤退"来形容在文永之役中匆匆离去的元军是否妥当呢？笔者认为，既然没有人认为元军是在日军的压倒性攻势面前狼狈逃走的，那么也就没必要刻意强调"自主"二字了。总之，这种说法是想强调"元军没有失败"，但如此偏袒元朝廷的意图令人费解。

一如先前所言，服部英雄对镰仓武士的英勇奋战持认同态度。就连服部英雄也受荒川说制约，硬要维护"元军自主撤退"这一构想。虽然这种逻辑让人感到困惑不解，但是如果结合蒙古袭来的相关研究史来看，也就似乎可以理解个中缘由了。

早在第二次世界大战以前，不仅是"神风"，"镰仓武士的奋斗"也作为日本在文永、弘安之役中取得胜利的原因而被大肆宣传。然而，这些带有赞颂"大和魂"成分的观点被战后的日本视为军国主义的毒瘤，并成为深刻反省的对象。由此一来，日本国内掀起了忌讳"镰仓武士是何其勇敢""日本军队是多么强大"等观点的风潮。在这股风潮的影响下，战后的历史研究者们往往会无意识地降低对镰仓武士实力的评价，这也就造成了近年来"自主撤退"说（而不是"元军战败"说）的盛行。

事先在此郑重声明，笔者的本意绝对不是要宣传"镰仓武士是救国英雄！我们应当以他们为榜样，出兵包围诸岛，甚至不惜同中国一战……"等过激的思想。在此提醒诸位读者，镰仓武士并不具备现代意义上的"爱国心"。竹崎季长在战场上奋勇冲杀纯粹是为了获得恩赏。但是不管动机如何，他们确实击退了元军。

镰仓武士的骁勇善战让元军意识到对手的战斗力之强悍已经远远超出了预料，所以元军选择在损害最低的情况下撤退。需要特别强调的是，厘清这一事实真相与军国主义问题无关。同理，笔者也不认为宣称"日本军队输了"就是"和平主义"的表现。另外，海上自卫队教官出身的太田弘毅就曾十分理智地指出：元军"在远征作战最激烈的时候做出了撤退的决定"。不过，鉴于日本史学界的现状，太田弘毅这样的观点注定要长久遭受冷遇。

写下遗书后出征

在元军的威胁下，镰仓武士作为战士的意识逐渐觉醒。虽说如此，并不是所有人都将抵御元军视为"获得恩赏的机会"而积极响应。竹崎季长的活跃虽然很容易获得关注，但这是其"零领地"的特殊身份所致，不能被单纯地视为普遍现象。

文永之役前两年的文永九年（1272 年），镰仓幕府推测入侵的元军可能会在筑前、肥前两国登陆，于是全力强化两国的警备体制。镰仓幕府的具体政策是：在拥有九州地方领地的东国御家人南下九州集结完毕以前，应由生活在九州当地的御家人（当时称之为"镇西御家人"）轮番负责沿岸地区的警戒任务（这一政策日后演变为"异国警固番役"）。

在镰仓幕府动员下，萨摩国（今鹿儿岛县西部）御家人成冈氏一族当主①之子成冈忠俊作为代官②前往大宰府担任警固役。临行之际，成冈忠俊给其子熊寿丸留下了让状（选自《延时文书》）。这封文书中，最值得关注的部分如下：

> 航海总是伴随着危险，此外我又要奔赴杀机四伏的战场。所谓生死者，自然之事也。如若我忠俊不幸遭逢万一，此让状中记载的田地、山野、猎场，再加上我父亲成冈忠恒立下的让

---

① 当主：家中的统领，一家之长。——译者注
② 代官：中世时期，代替主君处理事务之人的总称。——译者注

状，全部交给我的嫡子熊寿丸，由熊寿丸一脉的子子孙孙世代承袭，任何人不得加以阻挠，理应对此知行①。

成冈忠俊预设了自己死亡的可能，因而在出征前做好了由嫡子熊寿丸继承其财产的准备，并且写下了遗书。从中不难看出御家人在面对前所未有的战争时所流露出的悲壮。

弘安之役爆发前夕，接到镰仓幕府动员命令的丰后国（今大分县）御家人都甲氏也采取了同样的办法。当主都甲惟亲将自己的所领转交嫡子都甲惟远，同时还规定，鉴于其子惟远也会奔赴沙场，如果惟远不幸遭遇意外，其名下所领将由嫡孙继承（《都甲文书》）。

在此以前，几乎没有出现过如此充满紧张感的御家人让状。面对着与异国交战的空前危机，镰仓武士终于回想起忘却已久的"战死"恐怖。

幕府权力的变质

文永九年，镰仓幕府命令各地呈报大田文（一种土地台账，囊括了一国②之庄园、公领③的田地面积及所有者状况的详细记录）作为征调御家人军役的根据，但当时很多国丢失了大田文。如果没有大田文作为参考，幕府便无法掌握御家人的领地规模，进而无法决定各个御家人所应承担的军役程度。因此，镰仓幕府匆忙命令全

---

① 知行：日本中世指对土地、财产的占有和支配。——译者注
② 此处提到的"国"，是日本古代基于律令制设立的地方行政单位，也称"律令国"。守护分国大多依照此制划分。后文同。——译者注
③ 公领：泛指公权力支配的领地，如朝廷、国衙、幕府所有的土地。——译者注

国各地的守护重新制作并呈报大田文。镰仓幕府完全是在临时抱佛脚，这也可以说是一种"和平痴呆症"吧（不过中世权力近乎完全松散也是不争的事实）。

第二年（1273年），镰仓幕府针对御家人的领地情况展开了更加深入、彻底的调查，结果却发现大量御家人领地早已不属于名义所有者。从进行战争的立场来看，这无疑是非常重大的问题。

日本高中历史教学中，通常会提到"御恩"和"奉公"两个概念。幕府给御家人"御恩"，而作为报答，御家人要向幕府"奉公"。学界将这种通过"御恩-奉公"形式构成的关系网络称为"封建制"。最为普通的"御恩"形式便是幕府授予御家人领地（所领），而"奉公"的核心是御家人承担幕府的军役（平时负担番役）。换言之，通过"御恩"得到的领地会成为御家人的经济基础，作为交换，御家人必须在非常时期为幕府挺身而战。

如果御家人因出售或抵押领地而陷入"零领地"的状态，将会导致怎样的后果呢？由于失去领地而贫困潦倒的御家人也被称为"无足御家人"。以竹崎季长为例，无足御家人在战争时期根本无法发挥太大作用。

或许有人会说：既然如此，就让那些购买了御家人领地的人代替他们参战好了！然而，事实却没有这么简单。首先，购买御家人土地的并非只有御家人，实际上有相当一部分土地流入了非御家人手中。按照封建制的原则，幕府只能对御家人进行军事动员，而无权让非御家人武士参加战斗。

在取得御家人领地的非御家人当中，很多人试图以参加京都大番役等勤务的方式向幕府"奉公"，希望借此机会获得御家人身份。

不过，在老御家人的强烈反对下，这些人未能如愿加入正式御家人的行列，只是保留了身为"准"御家人的资格。高桥典幸将这些"非正规雇佣者"称为"御家人预备军"。御家人领地权利的转移导致正常的军事动员受到影响，这绝对是幕府不希望看到的结果。

为了解决这个问题，镰仓幕府采用"德政令"作为对策。镰仓时代的德政令当中，以"永仁德政令"（1297年）最为知名。其实从文永年间起，镰仓幕府就曾多次颁发德政令。所谓德政令，是指特许御家人在一定条件下收回自己已处置领地的法令。德政令一般被视作针对御家人实施的救济政策。不过，比如文永十年的德政令，它应该被视为镰仓幕府出于军事需要而颁布的政策。由于无法对"无足御家人"实施军事动员，镰仓幕府只能允许这些人取回各自原有的领地，从而确保他们有能力承担军役。事实上，镰仓幕府在颁发德政令的同时也出台了限制御家人处置领地的法令。换言之，御家人取回所领后不得再次出售。文永十年颁布的德政令完全是为了确保御家人能够履行自身的义务，而不是出于对贫穷御家人的怜悯而施行的"温情"政策。

在获得武藤资能紧急报告的元军进攻对马、壹岐的消息后，镰仓幕府改变了过去仅动员御家人的防卫方针。文永十一年十一月一日，镰仓幕府授予西国守护动员并指挥各国御家人及"本所一元地住人"的权限。所谓"本所一元地"，是指镰仓幕府未设置地头，处于本所即庄园领主（公家、寺社）一元（单独）支配下的庄园。自镰仓政权创立以来，不介入"本所一元地"是幕府奉行的重大原则之一。

"本所一元地住人"给人的印象非常模糊。事实上，"本所一元地"的"住人"并不能简单地理解为庄园中的居住者，而是指庄园中的"预所"和"公文"等庄官（庄园的现场管理人员）。这部分庄官大致可以理解为武士。通常情况下，因为高中的教学不详细，所以人们很容易误解镰仓武士等同于镰仓幕府的御家人，其实非御家人武士的数量不在少数。御家人由幕府任命为地头，而他们这些非御家人由庄园领主任命为预所、公文等庄官。非御家人和幕府将军之间不存在主从关系，所以根本没有必要听命于幕府。

如前所述，镰仓出台授权法令的文永十一年十一月一日以前，袭击九州的元军已经全部撤离。换句话说，"本所一元地住人"没能加入文永之役的战斗。但自此以后，镰仓幕府多次对非御家人武士实施军事动员。建治二年（1276 年），镰仓幕府计划出兵高丽期间，肥后国武士定愉便是接到动员命令的非御家人武士之一。定愉在洼田庄担任预所，即名副其实的"本所一元地住人"。这正是总动员体制。

虽然当时的镰仓幕府并非越过庄园领主去动员"本所一元地住人"，而是向庄园领主施加压力，通过庄园领主展开动员，但幕府的权力无疑得到了大幅扩张。这些情况可以看作是镰仓幕府企图以"战时"为由发动强权、构筑专制体制，但幕府是否真的有此意图，则需要谨慎判定。因为镰仓幕府获得了"本所一元地住人"的指挥权，也就要肩负起授予他们恩赏的责任。更为重要的是，镰仓幕府不得不解决是否认可"本所一元地住人"御家人身份的难题。

以蒙古袭来为契机，镰仓幕府第一次彻底地掌握了全国的武士。然而，这次成功却不是一次飞跃，而是镰仓幕府走向灭亡的序幕。

"战时体制"与镇西御家人

在文永之役击退元军以后，镰仓幕府没有像承久之乱、宝治合战过后那样摆出"取得胜利便可高枕无忧"的姿态。镰仓幕府推测元军还会发动入侵，遂精心构筑了九州防卫体制。至于九州防卫体制的重要组成部分，便是著名的"异国警固番役"。

所谓的"异国警固番役"，是指镇西御家人在守护指挥下，在以博多湾为中心的九州北部各要地轮番展开为期一到三个月的警戒任务。与"异国警固番役"相关的史料贫乏，所以具体情况不是很清楚，不过据推测不仅是御家人，"本所一元地住人"也是"异国警固番役"的课役对象。博多滨由筑前、筑后之人负责，箱崎由萨摩之人负责。镰仓幕府按照国分配警固的担当范围，又命令武士修筑石垒。可以说，镰仓幕府的警戒部署完全基于水上歼敌的作战设想。

此体制在弘安之役期间有效地阻止了元军在博多湾沿岸登陆。弘安之役后，镰仓幕府继续维持该体制，对石垒进行修理和扩建。这是因为当时幕府推测元军还会第三次来袭。事实上，忽必烈确实制定了第三次远征日本的计划，但由于元朝国内叛乱等事件，第三次远征直到忽必烈病逝也未能实施。

在镰仓幕府构筑"异国警固体制"过程中，接受军事动员的镇西御家人也显现出重视战斗要员的倾向。以肥后国的相良永纲（当时相良永纲已经出家，法号"西信"）一族为例。相良永纲育有二女，其中一女的丈夫代替她的父亲（相良永纲）承担"异国警固番役"，在相良永纲分配领地时她便得到更加丰厚的份额（《相良家文书》）。除此以外，萨摩国的斑目重松（出家后法号"行莲"）也将领地让给了以自己代官身份承担"异国警固役"的弟弟（《斑目文书》）。

"异国警固番役"也对镇西御家人一族内部关系产生了微妙的影响。根据原则，在幕府征调御家人承担御家人役之际，要先将役务摊派给各个家族的惣领，再由惣领分派给各个庶子。"异国警固番役"以确保兵力为最优先事项，所以镰仓幕府允许御家人庶子不经惣领同意直接承担番役（承担番役的庶子将不再归惣领指挥，而是由守护直接指挥）。

对于庶子而言，这毫无疑问是一次绝佳的机会。在惣领指挥下担当番役的庶子，即便取得了战功，恐怕也会被视为惣领的成果。脱离惣领指挥的庶子若是独立取得战功，便可以得到幕府切实的恩赏。

结合前文提到的非御家人试图以参加京都大番役等勤务的方式向幕府"奉公"进而获得御家人身份的情况，可以确定，"御恩"和"奉公"基本上是对应关系，通过"奉公"获得"御恩"的可能性很高。作为御家人惣领部下参与战斗的庶子无法成为御家人，而直接承担名为"异国警固番役"的御家人役并立下战功的庶子却有机会成为独立的御家人，获得与惣领对等的地位。现实中不乏这类例子。建治二年，丰后国御家人志贺禅季策划脱离兄长志贺泰朝独立。志贺禅季以"凡立大功汇报幕府之际，切望彰显吾名"为理由，要求以直属于志贺氏本家即守护大友赖泰的形式承担"异国警固番役"（《志贺文书》）。

志贺泰朝为弟弟的野心苦恼不已。二十余年后，当他将领地分给诸子时，特别告诫他们要保证兄弟和睦。志贺泰朝要求幼子袈裟鹤丸"每逢合战，必须追随惣领志贺贞朝，不得另立旗号"，同时也要求嫡子志贺贞朝"视幼弟袈裟鹤丸当如己出"。

肥后国的相良氏一族也出现过相同的情况。延庆四年（1311年），肥后国的相良长氏（当时已经出家，法号"莲道"）在置文（向后代示明将来必须遵守事项的文书）中写道："（庶子）三郎二郎、九郎、十郎要把兄长（相良）赖广视作父亲，不得违背他的命令；而（嫡子）赖广也要把众位弟弟当作自己的亲生骨肉般疼爱，务必悉心照顾他们。"（详情参见《相良家文书》）

另外，这一时期镇西御家人还意识到了"平时"和"战时"的区别。他们在"战时"即"非常时期"能够形成相较于"平时"更加坚定的一族凝聚力（"一族结合"）。这种意识上的差别集中体现在让状和置文的规定里。刚刚提及的莲道的置文中还规定，"平时"的番役由九郎和十郎轮流担任相良赖广的随从，"战时"则全部庶子都担任相良赖广的随从。作为惣领的随从，庶子应当自备军马一匹，如果庶子没有军马和甲胄，须由相良赖广提供。由此可见，莲道在置文中顾及了贫困庶子的状况。

庶子们的贫困主要是他们从父亲手中继承的领地份额远不及嫡子造成的，这也是庶子们经常反抗嫡子的根源所在。因此，志贺泰朝、志贺禅季兄弟二人的对立，也应该在"兄弟间不平等"的背景下进行探讨。为了抑制庶子的不满，莲道在置文中还做了如下规定：

　　战争的时候，兄弟众人应当分别上报自己的功绩。领地狭小不足者，恰可以将此作为适当扩大领地的机会。相良赖广不得夺占弟弟们的功绩。弟弟们要把兄长相良赖广当作父亲般对待，兄长赖广也要把弟弟们当作亲生儿子般照顾，一族兄弟之间应当相互扶持、和睦共处。

以上事例反映了蒙古袭来之后镇西御家人加强一族凝聚力的趋势。近年的研究倾向于认为这一趋势是御家人重视"家"内部和睦的同时强化家长权意识的体现。对于该趋势，学界给予了积极的评价。不过，有一点值得注意，御家人内部事务的变化发展并不是其自主行为的结果，而是为了应付即将到来的"战争"而被迫采取的强化一族凝聚力的手段。笔者在《一揆的原理》一书中提到，正是遇到万分紧急的"非常时期"，人们才格外强调羁绊的存在。

镰仓后期仍是"战争时代"吗？

如前文所述，镰仓幕府为了防范元军第三次来袭，始终维持着"异国警固体制"。直到镰仓幕府灭亡，"战时体制"也未曾解除。此时的镰仓幕府内部，权力正在不断地流向北条氏一门，特别是集中到北条氏家督"得宗"①的手中，这也有着极为浓厚的"非常时期特权"色彩。

最近的研究侧重于镰仓后期的"战时体制"，认为该体制与南北朝时代的战争存在着连续性。简单地说，蒙古袭来以后，太平岁

---

① 得宗：担任镰仓幕府执权的北条氏嫡系当主的别称。据说起源于北条义时的法号"德宗"。——译者注

月一去不复返，南北朝内乱也是这场动荡的延续。

可以肯定的是，镰仓幕府确实是在巨大的紧迫感中进行着防范元军的工作。然而，整个日本的武士是否也抱有同样的紧迫感呢？我们显然要在这里画上一个大大的问号。实际上，只有九州的武士真正参与了对元军的作战，而且"异国警固番役"也只是在九州地区实施。此外，镰仓幕府的出兵高丽计划原定要对西国武士展开总动员，只是该计划最后并没有实施。

镰仓后期出现了倡导一族团结的让状和置文，但如前所示，绝大多数是镇西御家人所立。当时真正进入临战态势并抱有强烈"战时""非常时期"意识的只有九州武士。

另外就在同一时期，元王朝对萨哈林岛①的攻势也影响到了日本，虾夷地区（北海道及本州北部）接连发生动乱。近年来，学界通常将这一状况称为"来自北方的蒙古袭来"。这场"来自北方的蒙古袭来"无疑对镰仓幕府，特别是掌握着虾夷地区直辖权的北条得宗家产生了冲击，但是无法证明普通的武士也因此产生了危机感。

日本史学界对蒙古袭来的重视程度超过了南北朝内乱，其中一个原因是 20 世纪 80 年代以后日本国内兴起的批评"一国史观"的浪潮。说到"南北朝内乱"，给人最直白的印象就是南朝与北朝之间的争斗，用更通俗的话来说，这场内乱实际上是天皇家的内部纷争。马克思主义史学确实试图赋予南北朝内乱更为积极的意义，并指出内乱的根本原因是"阶级斗争"。但既然马克思主义史学的这

---

① 即库页岛，萨哈林岛是俄译名。——译者注

一构想是以日本国内生产力的发展作为背景，那么总归可以将其纳入"一国史观"的范畴。

有鉴于此，便有学者提议，我们不妨暂且放弃仅从国内要因探索日本史的历史观，而是从蒙古帝国统合亚欧非世界这一全球规模大变局的角度来审视"蒙古袭来"，进而对日本历史的展开进行评论。可以说，正是蒙古世界帝国的出现，才使人类第一次真正意义上触及了"世界史"。在这样的"世界史"中找寻"日本史"的位置简直令人无限神往。不过，需要注意的是，过度强调"外部的冲击比国内社会的变化更加重要"，恐怕还是会产生刻板的历史认识。

笔者无意贬低蒙古袭来对日本列岛社会的影响。不过，笔者还是要强调蒙古袭来与南北朝内乱的差异。从全国范围来看，普通武士真正体验到"战争时代"的冲击是从南北朝时代开始的。关于这个问题，自第三章开始会进行详细的讨论。

第二章

"恶党"时代

"恶党"楠木正成？

在战前的日本，楠木正成是日本最受欢迎的历史人物之一。楠木正成积极响应后醍醐天皇的勤王号召，仅凭寡弱之兵便屡屡令镰仓幕府的大军陷于被动，无计可施，无疑是为后醍醐天皇的倒幕事业做出了巨大贡献的名将。足利尊氏对后醍醐天皇的建武政权掀起反旗以后，楠木正成毅然为天皇舍命拼杀，最终在凑川之战兵败后壮烈自尽。

得益于军记物①《太平记》生动地刻画了楠木正成足智多谋的形象，其在江户时代拥有了家喻户晓的超高人气。明治末年，政府将南朝定为正统，楠木正成被尊称为"大楠公"（其子楠木正行被称为"小楠公"），作为对后醍醐天皇恪尽职守的忠臣受到赞颂。

但随着研究的不断发展，学界也有了新的发现。在镰仓末期的

---

① 军记物：中世末期至近世初期，以物语形式记述大名和武将武功的书籍。另外，镰仓时代至室町时代的一些以战争为题材的文学作品也被称为军记物或军记物语。——译者注

元弘元年（1331年），临川寺的庄园和泉国若松庄（位于现在的大阪府堺市）遭到了"恶党楠木兵卫尉"的入侵（《临川寺文书》）。"恶党楠木兵卫尉"应该就是楠木正成。正是在这一年，楠木正成举兵倒幕。至于楠木正成率部入侵若松庄强征米粮，显然是在为举兵进行准备。

也许人们觉得忠臣与恶党之间的差距相当大，但战后历史学对恶党楠木正成的评价绝非负面。

石母田正于第二次世界大战期间开始执笔创作，最终在战后发表的《中世世界的形成》（『中世的世界の形成』）一书，以奈良东大寺下属庄园伊贺国名张郡（今三重县名张市）黑田庄为舞台，讨论日本古代向中世转变的问题。石母田正的论述堪称"战后历史学的圣经"，而《中世世界的形成》一书主角正是于镰仓后期登上历史舞台的黑田庄恶党。其实学界以前就已经注意到黑田恶党的存在，只是一直没有对其实际状况展开深入研究。因此，对其的认识充其量只停留在由落魄武士组成的劫掠、纵火集团的水平上。

改变了以往的"盗贼集团"印象，并且赋予了黑田恶党历史意义的人正是石母田正。石母田正认为，承担着中世社会变革重任的是扎根于庄园、驱使百姓开展农业经营的"在地领主"（大致与世人一般印象中的武士相当）。这一观点被称为"领主制论"。然而，古代专制统治者东大寺以"庄园领主"姿态君临黑田庄，因此受到东大寺压迫的在地领主缺乏健全成长的空间，日渐"颓废"，以致沦为强盗或山贼。这些堕落之人正是所谓的"黑田恶党"。

在《中世世界的形成》中，石母田正用东大寺暗喻日本的天皇制，用黑田恶党暗喻包括石母田正自己在内的日本知识分子，用庄民（庄园的居民）暗喻日本的一般民众。第二次世界大战之前的日本共产主义运动未能推翻天皇制而以失败告终，黑田恶党对东大寺的抗争也以前者的屈服收场。从历史角度来看，二者存在着相似之处。战前的日本共产主义运动没能创造新的时代，黑田恶党最终也未能开辟中世社会的新道路。书中主张"黑田恶党败给了自己"，其实也是对孤立于一般大众之外且无力抵抗日本军国主义打压的知识分子的批判，更是石母田正的自我批判。

第二次世界大战期间，石母田正一度陷入了绝望深渊，而他的绝望也在《中世世界的形成》一书中有所反映——恶党的形象显得十分暗淡。《中世世界的形成》以黑田恶党屈服于东大寺结尾，整本书颇为忧郁沉闷地讲述了黑田庄这个小世界"充满挫折与败北的历史"（不过，业界赞誉这正是其魅力所在）。第二次世界大战以后，在共产主义革命的可能性带有了现实意味后，日本出现了一部分倾向于给予恶党更加肯定评价的研究者。这些研究者以松本新八郎为代表，他们认为恶党是主导镰仓幕府毁灭和南北朝内乱的"革命性势力"（可能是考虑到"恶党"一词容易给人造成负面印象，于是松本新八郎采用了"党的、一揆的势力"这一词语，强调他们是新兴势力）。

笔者大胆地将石母田正对恶党的评价概括为以下两点：

（1）可以期待恶党成为变革主体；

（2）恶党未曾（未能）充分发挥自身的作用。

自石母田正以后，领主制论者（以永原庆二为代表）侧重于强调（1）的要素。

在日本史研究者对日本的未来充满憧憬的时期，恶党的形象自然"光明"起来，黑田恶党的故事也被以"乐天"的叙事方式重新解读。因此在战后历史学的语境中，"恶党"是具有"反体制英雄"意义的名誉性称号，楠木正成擅长的滚木、掷石等特殊战法和神出鬼没的机动能力也被当作"恶党的特性"而受到称赞。

直到 20 世纪 60 年代，视在地领主为中世社会主人公的领主制论才受到了学界真正意义上的批判。尽管批判者见解不一，但是他们普遍认为"在地领主不是体制的反抗者，而是和庄园领主共同压迫民众的统治者"。在批评声中，对恶党的评价自然有所回落，以致被归结为镰仓时代末期（14 世纪初）社会结构性矛盾的集中体现。简而言之，"他们不就是一群犯罪者吗？"

这一时期，镰仓幕府最大的问题外有元军威胁，内有恶党作祟。也有研究者主张镰仓幕府的灭亡源于恶党的活跃。因此，要理解这一时代，就必须了解恶党。

在粗略整理研究史资料的过程中，笔者发现过去的恶党研究在很大程度上侧重理论先行。无论对恶党持肯定还是持否定态度，研究者过于强烈的个人思绪使恶党的形象产生了扭曲。

近年来，研究者对这一点进行了反思，并且试图准确地把握当时史料中使用的"恶党"一词的含义。然而，随着研究的不断进展，人们发现"恶党"一词被用在了各种不同的语境中，颇为讽刺的是，"恶党是什么"这个问题变得越发难解。接下来，笔者将在介绍有关恶党的各类学说梗概的基础上尝试对恶党问题提出一些见解。

《峰相记》所描绘的虚像

记录着恶党真实形象的《峰相记》是研究过程中必然要触及的史料。《峰相记》是以南北朝时期的贞和四年（1348年）十月十八日一名参诣姬路峯相山鸡足寺的旅行僧与该寺老僧的谈话记录为题材的历史书。因此，《峰相记》也具备佛学问答与播磨地方志的特点。

在交谈中，旅行僧询问道："如今全国各地恶党群起，播磨国的恶党尤为猖獗，敢问这些人是从什么时候开始这些勾当的？"于是老僧概述了播磨恶党的历史。

按照老僧的说法，自正安、乾元年间（1299—1302年）以降，恶党的活动已是屡见不鲜，海贼、强盗、山贼之流在各地纵横肆

《融通念佛缘起绘卷》（部分）**中异类异形之人**（京都清凉寺）
注：这幅图容易引起误解，但其实描绘的并不是"恶党"

虐。恶党的形象绝非常人，足以用"异类异形"来形容：他们经常身披柿帷（柿色的帷子），下身不着袴；头顶六方笠（女式遮阳草帽）而不戴乌帽子，又常蒙面遮颜勿使人知其样貌；背负箭矢数量不定的竹矢笼（用竹筒制成的弓箭袋），腰插无柄无鞘的太刀，手持竹长柄（用竹子制成的长柄武器）、撮棒（圆头细杆的棒子）或杖一类的武器，不穿戴大铠、腹卷等护具。这些人往往以一二十人为一伙，充当战场上的援手却经常对友军倒戈相向，有的党徒嗜赌如命，有的则擅长偷鸡摸狗之类的勾当。

恶党的数量与日俱增，直到元应元年（1319 年）山阳道、南海道十二国展开清除恶党的行动，播磨一带的恶党才在数年之内销声匿迹。

然而，好景不长。在主持清剿恶党事务的大佛维贞调任以后，播磨一带的恶党立刻卷土重来。正中、嘉历年间（1324—1328 年）的恶党形象较之以前发生了极大的变化，这些人骑着骏马良驹，可以组成五十骑至一百骑规模的队伍，他们在兵器上镶金嵌银，大铠和腹卷更是光彩夺目。恶党们经常明目张胆地烧杀劫掠，彼此之间时常争斗不休。肩负清除恶党重任的守护和武士畏惧恶党的威势，对这些人无计可施。老僧指出恶党猖獗的原因在于"武家政道有失"，而且正是这一点导致了镰仓幕府的灭亡。

《峰相记》是罕有的直观、生动地记述恶党形象的史料。尽管研究者们经常告诫自己"不可以轻易将《峰相记》所反映的当成恶党的真实形象"，结果却是身不由己。特别是一部分面向大众的通史类著作必然会援引《峰相记》提供的恶党形象。因此，在问及"恶党究竟是什么"时，总是不乏"他们是些装束怪异的可怕家伙"

之类的超级简洁的回答。通常来说，抽象的概述不适合对问题毫无头绪的初学之人，初学者更容易接受形象具体的表述。

然而，《峰相记》的问题恰恰就在于其记述太过容易理解，因此让人怀疑。在《峰相记》的影响下，现代人心目中的恶党全然是一副凶神恶煞的嘴脸，他们以团伙的形式到处为非作歹，不断扩大势力，同时热衷于聚敛财富，追求光鲜的外表和华丽的排场，拥有使当地治安机构都无法对其出手的力量。在笔者看来，这更符合第二次世界大战以后日本黑市中"愚连队"①成长为暴力团伙的情况。笔者认为，使遥远的后世之人没有违和感且轻松接纳的史料反而值得怀疑其内容的真实性。

尽管《峰相记》通过回顾贞和年间以前数十年的历史，以及列举"正安、乾元""正中、嘉历""饭尾兵卫大夫为赖"等具体的年号和人名，使得人们很容易认同其记述是真实的，然而其记录的恶党发展史，作为犯罪组织发展史而言相当常见，让人感觉缺乏作为实录所应具备的真实性。

暴力组织也好，黑手党也好，由缺乏全面系统知识之人讲述这种反社会势力抬头的过程，恐怕只会得出上述陈腐的故事。实际上，也有研究者从《峰相记》的记述联想到《水浒传》。当然，《峰相记》的内容并非全部虚构，但是也不能否认存在着创作者用想象将零散的信息串联起来的可能性。

《峰相记》作者被认为是僧侣，抱有宗教人员特有的对恶党的强烈厌恶感。在当时，柿帷是被称为"非人"的被歧视者穿着的服

---

① 指战后日本的一些不良青年、无赖或流氓的团体。——译者注

装，而乌帽子和袴则是每个成年男子必然穿戴的衣物。《峰相记》将恶党刻画为寒酸落魄、衣着奇异之徒，从中可以看出该书作者对恶党的情感差别。既然存在偏见，也就不难想象作者会将恶党刻画得尤为丑陋不堪。

不仅限于恶党的故事，《峰相记》还收录了很多难以辨别真伪的、像是传说的内容。中世之人会将传说与物语当成历史，而在现代人看来这些"历史"很难说是对客观事实的记录，对此必须加以区分。

在研读古文书这种正宗的一手史料时，不会遇到仅凭一眼就能辨认出是恶者的恶党形象。正如渡边浩史所言，唯独《峰相记》是唯一的例外，因为其他的同时代史料（包含绘画史料在内）都没有将恶党描述为"异类异形"的情况。后文中将会提到，当时有很多声名显赫的御家人被称为"恶党"，我们很难认为这些人的装束会十分标新立异。《峰相记》展示了游手好闲之人发展成为佣兵集团或者说盗贼武士团伙的状况，但是问题在于《峰相记》的说明与经由武士团联合形成的正规武装集团被称为"恶党"的事实如何整合一致，这一点并没有被认真研究。

实际上，正是由于《峰相记》的"恶党物语"与赞美反体制的"阶级斗争史观"的高度统一，日本史研究者才会没有深思熟虑便接纳了《峰相记》的说法。黑田俊雄曾经指出："除了'恶党'以外，确实没有更加合适的字眼能够形容这些社会集团，它们是以异常姿态出现的特殊的存在。"但是是否真的可以这么说尚有疑问。总而言之，对于《峰相记》中充斥着夸大和不实之词的说明不宜直接采信。

作为诉讼用语的"恶党"

战后历史学一贯偏爱"恶党",以致在史料文献中没有"恶党"表述的情况下,也会把镰仓后期社会中肆虐的团伙纳入恶党的范畴,并且强调其具备反体制的一面。由此一来,不可避免地会产生随意划定恶党的倾向,使得相关争论陷入混乱。为了理清这些争论,势必要明确作为史料用语的"恶党"的意义。

中世史料中出现的"恶党"并非指代某种特定的身份或职务,而是来自他者的称呼,这一点大家很早就知道。但是,因为没有弄清楚是谁对谁,在何种情况下,基于何种意图而使用"恶党"一词,结果就是停留在"反社会集团"的印象上。到了20世纪70年代后期,日本史学界真正对此重新进行了全面反思。其大致情况如下:

镰仓时代后期与恶党相关的史料急速增加,其中多数是涉及诉讼事务的史料。控诉方在请求朝廷或幕府逮捕敌对者之际,经常使用"恶党"一词。概括地说,控诉方会极力强调:"对方是恶党!快逮捕他!"在寺院内部发生纠纷之际,主流派有时会将反主流派斥为恶党,出现主流派请求朝廷或幕府给反主流派定罪的情况。其实并不会有人表示"我是恶党",也不存在谁都能判断其为恶党的特定不法集团。

实际上,在诉状中罗列的恶党的不法行径已经模式化,无论在什么地方,恶党都在重复着掠夺、纵火、不法占据等恶行。惯用的表述也有很多。诉状中会经常声称对方采取了破坏宣旨、踩踏院宣等反抗朝廷命令的举动,但这实在是太出格了,应该看作是一种修辞。我们当然不能把强调敌对者之恶的表述全部视为谎言，但是也不能全盘接受。

山阴加春夫指出，承久之乱过后，镰仓幕府开始在法律、判决书中使用"恶党"一词。这是指代山贼、强盗、谋叛者等犯下危害国家罪行（或者被以这些罪名起诉）之人。此后几经迂回曲折，终于在正嘉二年（1258年）以幕府法的形式将"恶党"的内容限定为夜袭者、强盗、山贼、海贼。这是承久之乱以后，镰仓幕府掌握了全国的军事、警察大权后的举措，为了维护日本国内的治安，镰仓幕府将镇压恶党列为自己的重要任务。

不过，镰仓幕府并非满怀斗志地投入到维持治安的活动当中。在很早以前就已失去自身武装力量的朝廷根本无法发挥维持治安的作用，镰仓幕府是不得不接过这项任务。渡边浩史十分重视本所在与敌对者的纷争中，为了将幕府的武力拉向自己一方，把敌对者斥为恶党即刑事犯的事例。镰仓幕府认为应该由朝廷裁定西国的"本所一元地"之间的边界之争，故而采取不介入的姿态，但如果边界之争演变为双方的武力冲突，那么幕府及守护负有行使警察权的义务（道理上如此）。

大致从1270年前后开始，本所（庄园领主）请求幕府逮捕庄园内恶党的案件不断增加。为了应对本所的要求，镰仓幕府也完善了恶党诉讼的相关程序。阐明这一程序的近藤成一将之命名为"召捕恶党的构造"。

本所向上皇（院方）控诉恶党的罪行（这种情况下，大多会附上被称为"恶党人交名"的恶党成员名单），由院方向六波罗探题（幕府在京都六波罗设立的管辖西国行政、司法事务的机关）发布院宣。这种院宣又被特别称为"违敕院宣"。

这里的"违敕"究竟是什么？本所不会突然告发恶党，而是首先向朝廷（公家政权）提出诉讼。但如果被告方不服从法庭的传唤命令或拒绝判决，本所就能够以"违敕"即不服从朝廷命令的罪名告发对方。也就是说，"恶党"是忤逆朝廷之人和国家罪犯的代名词。

受理"违敕院宣"的六波罗探题会向当地守护或两使（由六波罗探题派遣至地方的两名使者）发出被称为"衾御教书"的恶党逮捕令。如此一来，接到逮捕令的守护或六波罗探题的使者就能够直接进入庄园搜捕恶党。

如前一章所述，幕府不介入"本所一元地"是镰仓幕府创建以来奉行的原则。即便有刑事案件发生，幕府的警察权也不得涉及"本所一元地"。幕府不能随意逮捕逃入"本所一元地"的犯罪者，只能要求管理当地庄园的"沙汰人"①移交犯人（有时会遭到庄园方面的拒绝）。总之，"衾御教书"授予了幕府进入原本被禁止涉足的庄园的权力，而"违敕院宣"则是批准这一特别举措的文书。

在这一时期，一向希望独立自主的本所为什么会积极地寻求幕府的介入呢？这是一个很难解答的问题。"本所的庄园统治动摇到了不得不依赖幕府的军事力量的程度"似乎是一个不错的答案，但是从遗留的史料来看，公家和寺社的庄园统治在整个中世都处于动摇状态。

研究前近代史，特别是研究中世史令人经常苦恼的事情，莫过于很难有证明万事顺利的史料被遗留下来。正是因为存在各种各

---

① 日本中世负责传达庄园领主命令和征收年贡等事务的下级庄官。——译者注

样的纠纷，人们才会制作诉状或留下记录，后世的历史学通过这些"流传至今的史料"重塑了历史的模样，同时也难免会陷入（这段历史）"充满纠纷，十分糟糕"的结论当中。

再结合强调民众是为打倒当权者而奋起抗争的"阶级斗争史观"和强调经济发展造成了阶级间矛盾的"唯物史观"，很多研究者只能局限在"体制动摇、混乱"的结论中。实际上，翻阅过去的通史著作，不难发现在任何时代的叙述中都包含类似"农民阶层的崛起"和"货币经济的渗透"导致统治动摇的说明。直截了当地说，这些陈词滥调等于什么也没说。

尽管如此镰仓后期的庄园制较之前期和中期出现了相当程度的动摇却是无可争辩的事实。只是笔者并不认为"农民阶层的崛起"和"货币经济的渗透"是这种现象出现的根本原因。至于根本原因是什么，后文将另行交代。接下来，笔者想在此指出本所寻求幕府行使警察权的直接原因。在前一个章节中笔者提到，镰仓幕府对"本所一元地住人"开展军事动员是其应对蒙古袭来的一项策略。对于庄园方面而言，在无论如何都不能避免幕府的军事介入的情况下，与其勉强维持独立自主，不如利用幕府的军事力量。幕府希望本所方面能够负担军役，自然不会轻易拒绝本所的要求。

在蒙古袭来这一共同的"外患"面前，幕府与本所建立了协调关系，从而能够携手探索解决恶党这一"内忧"的道路。

作为宗教用语的"恶党"

然而值得注意的是，告发恶党的本所大多是寺院和神社（以下简称"寺社")。寺社方面经常控诉的恶党行为，有在庄园内采伐树木、狩猎、捕鱼等。在现代人看来，恶党应该和大罪挂钩，但"不得杀害生灵"是寺社庄园奉行的重要原则，也就是说，寺社庄园是禁止杀生之地，随意杀害生灵是玷污圣域的恶行。可以看出寺社会将触犯佛教意义上的罪行的人判定为恶党。

不过，并不是说要在寺社庄园全域范围内严格遵守禁止杀生规则。如果不能搜集柴薪、捕鱼，武士和庄民将无法维持生计。当然，这个时候就需要取得寺社的许可了。"禁止杀生"只是寺社的借口，其真正目的是掌握对庄民的生杀予夺大权，以及排除外部势力的入侵。以"违背禁止杀生规则者将遭受佛祖的惩罚"相恐吓的做法，用专业术语来说，是"杀生禁断意识"。总而言之，就是利用世人的信仰心实施宗教统治和精神控制。下面是题外话，亲鸾的"恶人正机"说（主张"恶人才能得救"），有别于将杀生的生计视为沉重罪孽的旧式佛教观念，带有救济因此被歧视的渔猎者的意味。

镰仓后期，叡尊、忍性等西大寺律僧 [①] 在幕府支持下持续扩大教圈。与此同时，他们还大力复兴因僧人堕落而早已形同虚设的戒律（凡是不遵守戒律的僧侣都将被指责为"恶僧"），重视禁止杀生的规则。有研究者认为，强化禁止杀生规则和镰仓后期的恶党问题有着密切关联。

在上述基础上，海津一朗将作为国家公敌的恶党和宗教意义上的恶党结合起来，从而将恶党定义为作为国家之敌、神佛之敌，必

---

① 律僧，即律宗僧人。——译者注

须被强制清除的存在。海津一朗没有将恶党视为实体，而是将其视为为了镇压而贴上的标签。仅就这部分观点而言，海津一朗与山阴加春夫、近藤成一的看法大致相同。不过，将镇压恶党政策视为蒙古袭来直接影响下的产物则是海津说的与众不同之处。

正如前一章节介绍的那样，当时有不少人认为是日本的神佛击退了元军。寺社更是大肆宣传："正是因为我们（供奉的）神明大显神威，才取得了胜利！"即便是镰仓幕府，也曾命令诸寺社为顺利降伏元军进行祈祷，所以不得不回应寺社提出的恩赏要求。

蒙古袭来以后，镰仓幕府经过多次立法，最后确立了"神领兴行法"。根据"神领兴行法"的规定，所有权已经转入武士或庶民手中的寺社领地应当无条件返还原来的寺社。幕府将此举称为"德政"。——在那个时代，向寺社提供援助通常被认为是善政。然而，镰仓幕府的这一德政却否定了武士等人的既得权益，因而遭到了强烈的抵抗。于是，幕府和寺社给这些抵抗势力打上"恶党"的烙印，并且对他们进行了彻底的打压（镰仓幕府灭亡之后，建武政权继承了这一政策）。此外，幕府贯彻德政、打压恶党之举也得到了狂热追捧日本神佛之伟大力量的民众的支持。以上是对海津说的笼统概括。

虽然是非常生动且清晰的论述，但是也难免会遭到"这么简单就能得出论断"之类的批评。首先，畏惧元军的日本民众在寺社的巧妙宣传和诱惑下，倾向于寻求日本神佛的庇佑（第一章中提到过的"神国思想"），于是出现了"敬神之世"，这一主张乃是海津说的基础。事实上，这部分观点并没有得到证实。虽然海津一朗探讨了这一时期的各类宗教运动，但是正如渡边浩史等人批评的那样，尚不能断定这些现象起因于对蒙古袭来的恐惧，也不能确定这些现象得到了民众的广泛支持。

因为这个时代的史料匮乏，所以很难弄清当时的武士、贵族、僧侣等精英分子的真实想法，更不可能解读一般民众的内心世界。因此海津说的上述观点既有可能是正确的，又有可能是错误的。无论如何，没有人能够证明"民众对神佛的敬畏之心与日俱增"的命题，而以此作为出发点的海津说势必要被打上巨大的问号。

另一个问题点在于，海津说认为，神国思想的高涨使日本全国掀起了兴建寺社的浪潮，禁止杀生的圣域不断扩大，但"神领兴行"在不同地域有所差异。海津一朗考察了以镰仓幕府武力为后盾推进"神领兴行"的寺院和神社，例如高野山金刚峰寺、伊势神宫、宇佐八幡宫等。但这些倒不如说是例外——笔者无法消除这样的疑虑。比如就黑田恶党的情况而言，蒙古袭来和"神领兴行法"就很难被证明是恶党活动的契机。另外，围绕"神领兴行"展开的争斗并不局限在"寺社 vs 武士"的框架内，也有很多是寺社之间的纷争。将神佛之敌贴上"恶党"标签，未必就能成为解决问题的关键手段。

自 20 世纪 90 年代以来，海津一朗投入大量精力研究德政和恶党之间的关系。正如海津氏本人所言，其最初的契机是对中曾根行政改革①以后的民营化路线进行批判。在"改革"的美名下，对公共领域进行过度的结构性调整，并得到一般民众欢迎的状况让他感觉十分不安，由此构建了一个论点，即当权者将反抗德政之人斥为恶党并予以打压，并且得到（愚昧无知的？）民众的支持。

---

① 日本前首相中曾根康弘在20世纪80年代推行的一系列行政改革，以削减政府开支、提高行政效率、减少官僚主义、加强民营化为主要目标。——译者注

得益于海津一朗的巨大贡献，日本学界内部普遍认识到恶党的"异类异形"的形象只是体制侧的宣传，实际上不存在这种特定反社会暴力集团的事实。不过，在前述问题意识的背景下，海津说明显侧重于强调体制侧的压迫。海津一朗得出的是一幅遭受镰仓幕府打压的人们最终联合起来打倒幕府的图式。就这个结论而言，海津说与以往"阶级斗争史观"的观点没有太大差别。

恶党论的局限

以海津说为典型，恶党研究史专注于探讨镰仓后期至南北朝时期的恶党。不过，"恶党"这个词在很久以前就已经存在了。"恶党"一词最早出现于平安时代初期编纂的官方历史书《续日本书纪》，但是此后在很长一段时间里，这个词都没有出现在史料当中。

渡边浩史认为，"恶党"一词开始被频繁使用是在12世纪中叶，正好是中世庄园普遍兴起的时代。什么是中世庄园？这是一个很难回答的问题。尽可能简单地说，所谓"中世庄园"，就是作为国家土地制度单位得到官方认可的庄园。

在古代，日本的土地原则上都是律令国家的土地（也就是所谓的"公地公民制"），唯有贵族的庄园是被例外承认的私有土地。然而，最终庄园数量不断增加，其领域也持续扩张。为了抑制庄园的增加和扩张，11世纪后半叶以降，从摄关家手中夺回政治实权的天皇家（学界称之为"王家"）曾多次颁布庄园整理令。

但庄园整理令是以一定的基准裁断庄园存废的法令，满足庄园整理令条件的庄园便得到国家的公认。另外，推进庄园整理政策的王家也矛盾地开始新建自己的庄园（称为"王家领庄园"），于是形成了以庄园的存在为前提的国家土地制度。学界一直将这种土地制度称为"庄园领主制"，近年来也有学者认为应该称其为"中世庄园制"。由于涉及庄园领主制的论争过于复杂，而且与本书的主题也没有直接的关系，故不予以详述。

12 世纪中后期的鸟羽院政、后白河院政时期是中世庄园建立的最高峰，新的庄园层出不穷。正是在这一时期，"恶党"一词开始被频繁使用，这引起了渡边浩史的注意。

在建立新的庄园（称为"立庄"）之际，必须要确定其领域范围。这个过程带有"圈地"的性质。既然如此，就要竖起"从这里开始属于某某庄园"的标识。当然，这样一来会与邻接势力发生摩擦。因此，寺社才会强调庄园的神圣性，将外来入侵者斥为恶党。渡边浩史把这些人称为庄园"外部"的恶党，并且举例说明这一时期恶党问题特征是与边界之争相关。

但是到了 13 世纪末，情况发生了变化，应该向本所交纳年贡的庄官的反抗（学术界称之为"本所敌对行动"）愈加引人注目。渡边浩史将这些反抗者称为庄园"内部"的恶党，并且主张应该将其与之前的庄园"外部"的恶党加以区别。换句话说，在这一时期可以看到"外部"的恶党到"内部"的恶党的变化。

笔者认为，渡边说是目前恶党研究中最为精细的成果。特别重要的是，渡边说与以往只是针对镰仓后期至南北朝时期恶党进行研究的情况明显不同，是从恶党出现期 12 世纪中叶开始讨论，明确了恶党的性质变化。不过，渡边浩史的研究也在某种程度上暴露出，使用"恶党"这一分析概念来解释南北朝内乱以及向着内乱期迈进的镰仓末期社会变动的研究手段存在局限性。

小泉宜右将镰仓后期至南北朝时期登场的恶党定义为"当时代固有的恶党"，使之与社会上的落伍者即"超时代的恶党"区别开来。也就是说，镰仓后期至南北朝时期以外任何一个时代登场的恶党都不能被视为时代的代表，作为历史研究对象的价值很低。小泉宜右的观点支配着现在的学术界，而渡边说则对此展开了批判。

然而，社会变革的担当者也好，社会矛盾的体现者也好，只有不存在于其他时代，恶党才能够被认为是其所属时代的象征。既然恶党不是"当时代固有"的存在，也就很难以"恶党"作为关键词来解读镰仓后期的社会。虽然与本章标题相左，但笔者还是对于到目前为止将镰仓后期至南北朝时期定位为"恶党时代"的研究抱有疑问。

有德人——中世"Hills 族"的登场

那么，能够象征镰仓后期至南北朝内乱时期的究竟是什么样的群体呢？笔者认为应该是"有德人"。

笔者在前著《一揆的原理》中也对"有德人"做了简单说明。归根结底，"有德人"就是有钱之人。在镰仓后期至南北朝时期的兼好法师（吉田兼好）的随笔作品《徒然草》中登场的"大福长者"不以为然地表示："贫穷的生活毫无意义，唯有富贵傍身者才算是人。"这很容易让人联想到数年前日本国内名噪一时的"Hills

族"① (现如今似乎被称为"Neo-Hills族")。

按照当时人的观念,"德"等同于"得"。这虽然反映出拜金主义的盛行,但是也可以认为,这是一种通过勤劳、节约、信用等行为积累财富,而在其过程中需要陶冶情操、培育人格的逻辑。即便是现在,有钱人的成功学指南中也包含"不能只想着赚钱,只要肯为别人行动,金钱自然会增加"等大道理。

然而,现实中有很多用令人厌恶的手段聚敛财富的"有德人"。其中一个典型人物,便是从高野山金刚峰寺调任备后国大田庄(今广岛县世罗郡世罗町)杂掌(当地管理人)的高野山僧人和泉法眼渊信,此人是(学界认为的)著名的"有德人"(《高野山文书》)。

大田庄分为大田方和桑原方两部分,渊信原本是桑原方的预所。正应三年(1290年),渊信赶赴镰仓,向幕府控诉担任桑原方地头职务的御家人大田氏未缴纳年贡之事。本所高野山认可了渊信在这场诉讼中的功绩,于是在永仁五年(1297年)下令渊信兼任大田方的预所。

然而,大田方的庄官和百姓却反对渊信的统治。正安二年(1300年)四月,反对者向高野山提出解除渊信职务的请求(《高野山文书》)。根据大田方庄官和百姓的说法,渊信以极为苛刻的手段在大田方征收年贡,即使是欠缴极少量的年贡,渊信都会用质押的名义强行带走百姓家中的耕牛和驮马。实际上,渊信将掠夺而

---

① Hills族:又称"六本木Hills族",指进入21世纪以后,在东京六本木之丘设立总部的企业群代表,以及生活在六本木新城高级公寓中的居民,包括企业家、金融业者、IT精英和各界名流。——译者注

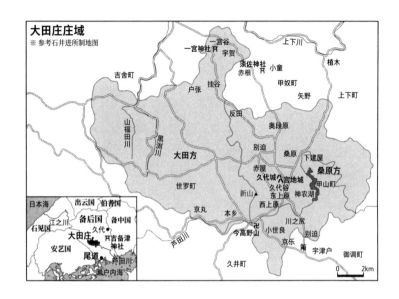

来的数百匹牛马全部中饱私囊。另外，大田庄的预所应该由严守戒
律且品行高洁的僧人担任，渊信的身边却总是有为数众多的女子服
侍。而且渊信在担任桑原方预所期间就依靠横征暴敛积累了庞大的
财富。

　　顺便一提，常驻大田方剥削当地百姓之人实际上是渊信的儿子
范方。渊信本人在濑户内海沿岸的尾道建立了据点。大田庄是一处
位于山谷中间的庄园，从当地征缴的年贡通过河川运往尾道。尾道
设立仓库，收集、保管从各地征缴来的年贡，这些物资将经由海路
运送出去。除了大田庄以外，渊信还被委托经营东大寺领有的伊予
国新居庄和石清水八幡宫领有的长门国位佐庄，因此在水陆交通要
冲尾道建立据点是最为合适的选择。

　　渊信出入尾道之际，随行队伍包括五六顶轿子、骑马女子数
十人，以及家子郎党百余骑，此外还有二三百人担当护卫，这样的

排场恐怕就连一国的守护也会自叹不如。当然，上述说法存在夸张的成分，但是却足以说明渊信的庞大经济实力并不是单纯建立在掠夺农民的基础上。正如先行研究指出的那样，渊信应该是通过涉足建设、流通、金融等领域，依托多边经营的协同效用实现了资产的增值。

正安二年七月以后，渊信在史料记录中消失了踪迹。据此推断，应该是有其他人接任了大田庄的杂掌，渊信在诉讼中失利的同时也被解除了杂掌的职务。嘉元四年（1306 年），渊信再度登场。据记载当时渊信向奈良西大寺僧人定证重建的尾道净土寺进行了捐赠。

这一事件乍一看或许会让人觉得是渊信在信仰觉醒后选择了改过自新。然而，当时西大寺流律宗不仅仅是宗教集团，还是拥有向镰仓幕府提请建设、修筑、管理各类道路、桥梁、港湾设施资格的承包商集团。渊信极有可能是为了染指"公共事业"的利权才会主动接近西大寺。正所谓"江山易改，本性难移"，渊信确实是个非常精明的僧人。

有的研究者将渊信这类"恶代官"式的有德人和恶党结合，提出了"有德人与恶党表里一体"的主张。在这部分研究者中，网野善彦主张与建筑、流通、金融相关的"经历非凡的非农业民"是挑战既存的农本主义（农业中心主义）价值观的恶党，其观点最具代表性。

确实，有德人和被称为"恶党"的存在，在现实中是重合的。本乡惠子认为"二者的活动基础是庄园的经营和承包年贡物资的输送、兑换等业务，以及为了实现以上目的所开展的整备事业，作为社会实业家活跃的是有德人，招致纷争的则是恶党"。即使是依靠肮脏手段聚敛财富的实业家，也会为社会做出些许贡献。在当代的日本，从"时代的宠儿"堕落为犯罪分子并饱受责难的堀江贵文（诨名"Horiemon"）就是一个最典型的例子。

遭到寺社谴责的恶党应该具备十分强大的经济实力（如果是贫弱之人就不会被寺社当成眼中钉），有德人也会被怀疑在积蓄巨大资本的过程中存在违法行为或铤而走险。不过，并不是所有的有德人都会被称为"恶党"（实际上，高野山十分欣赏渊信的铁腕，没有指责他是恶党），金钱的多寡并非判断恶党的依据。

笔者之所以反对将有德人称为"恶党"，是因为"恶党"一词的冲击力太强。如果用恶党的兴起来解释有德人的登场，就无法摆脱主张新兴势力针对既存秩序掀起反旗的"阶级斗争史观"。如前文所述，渊信的行动与其说是"与本所敌对的行动"，倒不如说是通过维护既有的权力不断地积累财富。

同时代的安东莲圣也是一位颇具名气的有德人。安东莲圣一面利用濑户内海便利的水路运输条件大肆承包西国各地的庄园经营事务，一面操办金融业务。依托丰厚的财力，安东莲圣重建了荒废已久的和泉国久米田寺（位于现在大阪府岸和田市），并且招揽了西大寺叡尊和尚的高徒行圆房显尊。然后，在行圆上人着手整备播磨国福泊（今姬路市的形町福泊）的港口之际，莲圣为他提供了经济援助。当工事完成以后，福泊一跃成为丝毫不逊色于兵库岛的优良港口。

其实，安东莲圣拥有御内人（侍奉北条得宗家的武士）身份。从其一系列活动的背景中，不难发现北条得宗家与西大寺律宗控制濑户内海海运的意图。换句话说，莲圣是与权力中枢有着密切联系的人物。莲圣之所以被视为恶党一样的存在，其原因之一便是学界内有观点认为镰仓幕府的正式成员是御家人，而御内人是没有正式编制的他者。

但是，根据近年来细川重男的研究，御内人其实是充当了北条得宗的侍从的御家人，成为御内人并不意味着失去御家人的身份。因此，强调御家人与御内人的对立，将前者定位为主流派，将后者置于次要地位的观点是错误的。从这个意义上说，笔者也反对把莲圣看作恶党。

有德人为什么是僧侣？

接下来的问题是探寻有德人在这个时代出现的原因。这个问题的答案基本上可以用"货币经济发展"来概括。

战后历史学界动辄用"货币经济的发展导致差距扩大"图式来解释，因此不足以使笔者完全信服。因为镰仓时代、战国时代、江户时代都可以说存在"货币经济发展"的迹象。虽说如此，仅就本章讨论的 13 世纪后半期而言，货币流通显著活跃，确实造就了经济的飞跃式成长。得出这一判断的最大根据，就是年贡的"代钱纳制"成立。

所谓"代钱纳"，是指不再使用米、盐、木材等实物缴纳年贡，而是将物资在现地出售或兑换，再将所得金钱上缴给中央的方法。相较于直接搬运物产，换成金钱再行搬运的方式更加便捷，可以有效地提高运输年贡的效率。更为重要的是，原本只从产地运往中央的各种年贡物资，将会以商品的形式散布全国。随之而来的，将是全国地方市场的繁荣景气。换句话说，货币的普及带动了物流的扩大，从而使日本诞生了真正的市场经济。

绢和麻布等纤维制品的"代钱纳"化是在13世纪20年代；而作为年贡核心的大米，其"代钱纳"化是在13世纪70年代。为什么是这个时期呢？这个问题的答案长期以来都是一个谜。以往存在着"国内经济发展到一定阶段，货币需求便会增加"这种十分模糊的说明。推崇生产力至上价值的马克思主义历史学则采取了"生产力的提升创造了剩余产品，剩余产品之间的交易日益频繁，作为交易媒介，人们对货币的需求也随之提高"的观点，但是这一思路也并不能解释"代钱纳"普及的原因。

然而，大田由纪夫的研究表明，日本中世"代钱纳制"成立的背景和中国国内形势有着深切关联。为了加速纸币的流通，取代此前一直作为货币使用的铜钱，13世纪20年代金王朝统治下的中国北方地区实行了禁止铜钱政策，13世纪70年代元朝统治下的中国江南地区也推行了禁止铜钱政策（金王朝于1234年被蒙古政权消灭，割据江南地区的南宋王朝也于1276年被元王朝攻灭）。中国国内对铜钱的需求骤减，导致过剩的铜钱大量流向日本和东南亚诸国。以这些"渡来钱"（中国输入的铜钱）的大量输入为契机，日本的年贡"代钱纳制"得以迅速普及。

货币流通量的增长带来了繁荣景气，就仿佛安倍经济学（Abenomics）一般。总而言之，伴随着经济构造变化浪潮登场的正是前面提到的"有德人"。有德人作为庄园的代官担负着输送年贡的任务，他们将原本作为年贡征收的各种物资拿到地方市场上贩卖，再将所得钱财运送中央，在这个过程中绝对不缺有德人发财致富的机会。这是因为，产品的市场价格会因为地域和时间的不同而存在差异，掌握船只和仓库的有德人密切关注着各个地方、各个时间段的市场行情，便可以确保自己能够在低价时买入、在高价时卖出，从而获取高额的利润。

到了这步，有德人便成了投机商人了，以至于镰仓后期无论景气不景气，都完全处在有德人金钱游戏的操纵之下，这一点我们需要更加注意。

这个时代有德人的特征之一，便是僧侣在这些人中占据着相当高的比例。为何是僧侣呢？第一，寺院社会拥有很多精通金融业务的人士。镰仓末期，京都的土仓（经营高利贷的店铺）有335轩，其中处于山门（比叡山延历寺）影响下的土仓超过280轩。由山僧（延历寺僧人）、神人（日吉社神人）主导的金融活动自镰仓前期开始出名，镰仓幕府曾经多次取缔这些人的非法催收活动。

对此，现代人应该很容易萌生"出家人居然还要赚钱！"的想法，但中世寺院与金融活动之间存在着难以割舍的关系是不争的事实。中世寺院的财产多数由檀家捐赠的土地和金钱构成，而檀家的捐赠并非不求回报的。檀家希望寺院能够永远供养自己的先祖，捐赠的财物往往用于此目的。因此，寺院为了确保供养活动能够永久持续下去，必须具备运作资产的技能，使檀家们提供的资金不断增值。

另外，在中世社会，寺院的财产被视为佛祖之物（"佛物"），所以当时的人们在心理上对借贷寺院财物不还的行为抱有抵触感。从这个意义上来说，寺院从事金融信贷业务具有一定的合理性。而且在地方上，也只有当地为数不多的有实力寺院能够集中一定规模的资金，所以地方社会也期待寺院能够为人们融通资本。结果，寺院内部便产生了专门从事金融活动的人员。

第二，寺院社会拥有大量掌握了经营庄园所必需的知识和计算能力的人才。中世的日本还不存在公共教育机构。贵族阶层会对子弟进行教育，但是武士和庶民中间很少有人有机会接受系统教育。因此，在日本中世社会发挥教育机构功能的主要是寺院。在寺院掌握了文书制作和财务处理技能的人才，将有机会前往缺乏相应技能人才的地方，以代官的身份活动。通过年贡的保管、输送、贩卖等业务，这些人才逐渐掌握了流通业和金融业。

第三，寺院在获取人脉和信息方面占据了极大的优势。在现代社会中，要想取得商业和诉讼的成功，人脉和信息必不可少。在日本中世时期，即便是偏僻乡间的小寺院，也有很多能够通过本寺与末寺的关系与中央的大寺院保持联络。正如渊信和莲圣的事例中所见，在京都或奈良活动的高僧被邀请至地方寺院的情况也不在少数。对于往来于中央和地方，将二者紧密结合，并借此积蓄了大量财富的有德人而言，容易和中央建立关系的僧侣身份十分有用。

由此一来，地方寺院成了汇集人力、财力、物力、情报的地域社会中心。有德人凭借僧侣的立场与地方寺院建立关联，同时作为"地方名士"开展丰富多彩的经济活动。

僧人形象的武士

有钱的人很容易成为人们的目标。因此，有德人通常会像前文中提到的渊信一样，通过组建自己的武装力量来保卫自己，甚至将其武力应用于庄园统治。

与上述情况相反，有些有德人原本就是武士出身的僧侣。即使在成为僧侣后，这些人也没有舍弃武士的本性，因此或许这部分人更应该被称为"僧人形象的武士"。在学术界中，这类人被称为"僧形武士"。

以僧人鉴严为例。出身京都醍醐寺的僧人亲玄在镰仓担任专门为幕府祈祷的"武家护持僧"。元亨二年（1322 年），自觉大限将至的亲玄决定将自己担任管理者的寺院让予门下弟子。此时，镰仓幕府的安堵奉行摄津亲鉴却强迫亲玄将镰仓的久远寿量院让渡给自己的儿子，否则不许亲玄将其他的寺院让给门下弟子。在万般无奈之下，亲玄只得接纳亲鉴之子为弟子，并且将久远寿量院管理者的职务让予此人（《宝菩提院文书》）。摄津亲鉴之子正是鉴严。

摄津氏原本是朝廷下级官吏之家。出仕镰仓幕府之后，摄津氏作为熟悉法律和行政事务的官僚武士表现活跃。通过与北条得宗家加深关系，到了摄津亲鉴这一代，摄津氏已经跻身镰仓幕府最高领导层的行列。摄津氏居住在镰仓，但是在全国各地拥有大量领地，因而也带有安东莲圣那样的有德人特征。

担任久远寿量院管理者职务的鉴严确确实实是僧人。南北朝内乱期间，鉴严加入后醍醐天皇一方对抗足利尊氏。摄津亲鉴、摄津高亲父子二人在镰仓幕府灭亡时殉节，摄津亲鉴之弟摄津亲秀继任惣领后投靠了足利氏一方。因此，鉴严支持后醍醐天皇对抗足利尊氏也可以被视为他对摄津亲秀投降足利氏的抗争。建武三年（1336年）八月，鉴严在山城国八幡的战斗中作为后醍醐天皇一方的"大将"亲自上阵拼杀，结果战败被俘。

足利氏一方的赤松律师则祐同样是有名的"僧形武士"。赤松则祐是赤松圆心第三子，在比叡山出家为僧。也就是说，赤松则祐是山僧的一员。当时的天台座主（比叡山延历寺的首席僧人）是后醍醐天皇的皇子尊云法亲王，赤松则祐作为其亲信侍奉在其左右。后来，尊云还俗称护良亲王，开始倒幕活动。赤松则祐向赤松圆心传达了护良亲王的令旨，催促父亲举兵倒幕。尽管赤松圆心、赤松则祐父子为倒幕事业做出了巨大贡献，但是护良亲王在建武政权中失势以后，赤松氏也遭受冷遇，对此心怀不满的赤松圆心转而接近足利尊氏。赤松氏在镰仓末期将濑户内海水运要冲尼崎作为自家的据点进行活动，因此也应该将赤松氏视为有德人。

像这样的"僧形武士"在地方上还有很多。以常陆国（今茨城县）御家人长冈氏一族为例。长冈氏的庶子了珍房妙干出家为僧以后，通过经营金融等业务积蓄了强大的经济实力，在南北朝初期一度担任了长冈氏的惣领（《真壁长冈古宇田文书》）。

由于妙干是南朝阵营即"败者组"的一员，最终应该是以没落收场。接下来，再来看一个成功者的例子。讼师道俊出身于橘姓宇田氏一族。橘姓宇田氏一族以近江国甲贺郡柏木御厨宇田（今滋贺县甲贺市水口町宇田）为根据地，且世代担任管理伊势神宫下属柏木御厨的庄官，由于地域背景，和延历寺也颇有渊源。道俊本人也很有可能是与延历寺有关系的僧人。

道俊依靠经营金融业务积蓄了财富，又通过开发荒野和河滩不断扩大领地。后来，道俊和同族的沟端为显一道，成为镰仓御家人山中氏俊的养子（按照家谱，山中氏俊应是道俊的舅父）。当时贫困潦倒的山中氏俊以山中村（今滋贺县甲贺市土山町山中）作为根据地。南北朝内乱期间，道俊和沟端为显二人作为山中氏"两惣领"转战各地（《山中文书》）。在具备有德人特征的"僧形武士"中，道俊可谓是成功者的典型。

视恶党为变革者的日本战后史学认为，镰仓后期流通经济的发展促进了有德人旺盛的经济活动。虽然这种观点不无道理，但是有德人未必是因喜爱而涉足金融和流通领域，他们中间也有很多人是迫于无奈才投身于金融和流通领域之中。关于这个问题，笔者将会在以后进行讨论。

"一元化"的生存策略

那么，让我们回到恶党的问题上。从迄今为止的说明中可以看出，所谓的恶党问题并不是指反社会势力兴起从而扰乱治安。因为接壤庄园之间的小规模冲突也会被幕府法庭当作恶党事件进行审理，所以恶党问题只是庄园制变质、动摇而引发的各种纠纷。因此，重要的不是谁是恶党或者恶党在做什么，而是揭示这一时期庄园制变质问题的根源究竟是什么。

解答这个问题的关键词是"一元化"。这个概念是网野善彦在1970年提出的，后来成为学界的公认理论。下面说明其概要：

在13世纪上半叶以前的中世庄园之中，每一块土地上都被设定了无数的权利。中世庄园的终极所有者被称为"本家"，王家和摄关家的人物处在"本家"的地位上，但是这些人并不直接参与庄园的经营，而是将庄园委托下级的"领家"（贵族和寺社）管理。

"领家"再将庄园事务委托给更下级的"预所","预所"又委托给"下司"（如果是幕府的御家人担任该职务则称为"地头"）。更为严格地说，"下司"的手下还有"公文"和"田所"，但因为太过繁杂，此处暂且省略。用现代的话来形容这种复杂的经营关系，就相当于分包、再分包、多次分包的"重层分包"模式。

本家、领家、预所、下司、地头分别从庄园中获得一定程度的收益，其所得的份额被称为"得分"。获得与职务相应"得分"的权利被称为"职"，具体分为本家职、领家职、预所职、下司职、地头职。所以，一所庄园内部存在"本家职—领家职—预所职—下司职—地头职"式的重层权利设定。学界根据永原庆二的命名将其称为"职的体系"。

近年来，有学者批评"职的体系"论是一种图式化的理解。确实，"职的体系"论所展示的中世庄园形象过于井然有序。人们很容易想到，虽然庄园在成立之初确立了上下关系严密且非常完备的体系，但是随着时间的推移，这套体系会逐渐崩溃瓦解。实际上，一所庄园不一定都包括本家、领家、预所，各个"职"的职务和权利从最开始就是十分不确定的，彼此之间围绕权限展开争夺的情况时有发生。

尽管如此，一所庄园中被设定了无数权利却是不可否认的事实。而且，整理庄园内部复杂权利关系的倾向在镰仓后期十分明显。其中最著名的举措，便是教科书中都会提及的"下地中分"。本所（本家或领家）为了解决自己与地头之间的权利争夺，有时会将当地的土地分给地头，并且相互承认排他的支配权。由此一来，本所的剩余土地成了地头权限不能干预的"本所一元地"。与此同时，地头掌握的土地也成了本所权限无法干预的"地头一元领"，即"武家领"。

不仅限于上述本所和地头的纠纷，本家和领家、本家和预所之间的诉讼在这一时期也十分常见。争论的焦点在于本家是否拥有人事权。换言之，究竟是本家能够自由任免领家和预所，还是本家不得随意解除领家和预所的任命，并且由领家和预所自行决定继任者。对此双方各执一词，互不相让。庄园的情况各异，最终孰胜孰负也无法一概而论，但是不论结局如何，必然是一方的权利受到压缩，另一方的权利得到相应延展，庄园内部的权利关系更为单纯化。中世史研究者将此类现象统称为"一元化"。

通过"下地中分"，（基本上）以和平形式实现"一元化"是理想的结果。若是单方面强制地推行"一元化"，势必会造成激烈摩擦，其结果便是恶党问题的出现。

其实，前文中提到的海津说也涉及了"一元化"问题。寺社本所在德政的名义下推行"一元化"，在此过程中倘若有人因为既得权益遭到损害而对本所做出敌对动作，这些敌对者就会被当作恶党予以镇压。

不过，在这个时代试图推进"一元化"的不仅仅是寺社，地头和预所也向往实现"一元化"。海津说关注寺社的宗教意识形态问题，可能会使"一元化"这一更广泛的社会趋势被局限化。换言之，不能仅仅将视线停留在德政和"神领兴行"方面，还需要广泛关注镰仓后期的诸多矛盾。

无论如何，到此为止，学界已经基本达成了共识。问题在后面，即这一时期"一元化"在各地兴起的原因是什么？网野善彦的观点概括来说，是"职的体系"崩溃瓦解，导致了"一元化"的形成。不过，作为网野说前提的"职的体系"论现在却面临着挑战。

现在，围绕对庄园制的评价争议不断，但是始终没有定论。可见在当前研究阶段探究"一元化"形成的要因是非常棘手的。大概正是出于这个原因，近年来一部分研究者转换视角，提出蒙古袭来之际镰仓幕府进行军制改革对"一元化"的形成存在影响。高桥典幸认为，"本所一元地"这一表述在镰仓末期就已经出现，原本是幕府为了对非御家人展开军事动员而创造的法律用语。不难想象，镰仓幕府在将全国领地区分为"武家领"和"本所一元地"的过程中，也极有可能对土地权利关系进行了整理。

然而，本书所要考察的是与"自上而下的契机"不同的要因。在研究中，笔者掌握了一条重要线索，就是继承法的变化。在镰仓时代的武士之家，家长的所领由众多子女瓜分继承，这便是分割继承法。通过这种方法，获取所领的庶子们会纷纷自立门户。换句话说，分割继承意味着庶子们将成立独立的分家。可是到了镰仓后期，家长的所领几乎全部由嫡子继承，庶子与嫡子（新的惣领）之间则会形成从属关系，而这就是嫡子单独继承法。以上事实早已为人所知，教科书上也做了相关的记载。

其实，继承方式的变化并非武士世界独有的现象。按照市泽哲的观点，镰仓后期的贵族世界之中同样出现了由分割继承到单独继承的变化。

关于继承方式变化的背景，存在各种讨论，但从根本上来说，乃是经过数个世代的分割继承以后，个别家庭的财产过少，以致无法继续分割继承。在那个时代，最大的财产当属不动产，也就是所领，而如果耕地面积无法达到一定的规模，农业经营也就无从谈起。

特别是耕种水田时，使用同一水源的各个家庭必须团结起来分配和管理水资源。如此一来，自然会产生以水利为轴心的农业合作组织。通常来说，这些农业合作组织相当于"村"，而武士和贵族等领主的所领实质上是村的集合体。也就是说，村是最小的经营单位，对村进行分割继承基本上是非常困难的事情。在这种情况下，分割继承不得不停止。

在新庄园纷纷"立庄"的 12 世纪中后期，王家和摄关家凭借丰厚的资金开展了大规模土地开发。镰仓时代，在地领主（武家）在庄园领主（公家、寺社）带领下，不断进行未开垦地的开发和荒地的再开发活动，这一系列的开发活动是在镰仓后期达到极限的。当然，通过大规模的灌溉工程，也可以在低洼湿地等区域开垦新田地，但是当时的技术水平还很难实现这一目标。因此，到了 13 世纪后期，可供简单开垦的土地已经基本开发完毕。

对于武士而言，在战争中建立功勋，就能够以获得恩赏地的形式增加新的所领。然而，如同第一章所示，宝治合战以后，武士们获得恩赏的机会锐减。看似是无谋之举的出兵高丽计划，恐怕也是为了向贫困的御家人提供新的领土，但是此次的出兵计划以未遂告终。如此一来，领主们只能选择以拒不承认新家分立的嫡子单独继承方式来防止家产减少。

以家的存续作为最优先考虑事项也许是领主们的无奈之举，但是对于无法得到土地作为收入来源的庶子来说却是无法忍受的。放弃农业经营"本业"的众别子中，一部分人进入寺院学习"金钱的艺术"。结果，幸运之人赚得盆满钵满，甚至成为"有德人"。

原本从众多子嗣中选派某人进入寺院为家族祈福、超度亡灵乃是中世武家和公家普遍存在的现象。然而，从 13 世纪末到 14 世纪，出现了赤松则祐和长冈妙干这种"僧形武士"——作为未能继承武士家业而进入寺院的庶子，结果却获得了比惣领更加强大的实力。

另一方面，依赖农业生产的本家、领家和地头等领主阶层，在对进一步扩大耕地规模不抱有任何期望的情况下，为了增加现有耕地面积的收获量，致力于推进"二毛作"（不同作物一年两作）。但是，在有限面积的土地上采用集中投入资本和劳动力的方式来提高生产力的过程中，一块土地上多名权利持有者并存的领有体系即"职的体系"势必会成为障碍。即使领家要求"从今往后在这片土地上推广二毛作"，地头也可能以"事先不打招呼就随意推行新的耕作方式会令人十分为难的"为理由进行反驳。

脱离粗放的农业经营模式，转型为充分利用有限的农地进行精耕细作，就不得不淘汰那些极力主张自身权利的他者，否则新的模式将无法推进。这不正是"一元化"现象的本质吗？归根结底，这是对有限资源的争夺，这种激烈的生存竞争如果演变成刑事案件，幕府和朝廷就会将其视为恶党问题。

"都鄙名誉恶党"寺田法念

在镰仓后期至南北朝初期肆虐的恶党，此后突然消失了踪迹。由此一来，探究"恶党去哪里了"也成了恶党论的主要课题之一。

按照以往的解释，开展反体制运动之人在伦理道德方面的沦丧使他们从民众中孤立并走向毁灭。而海津说认为是幕府等方面的权力将"反对者"从庄园（神佛领地）中强制清除了，在消灭恶党这一点上，与古典学说相似。

对此，也有人认为，恶党没有被消灭，而是在发展的过程中自行消散。例如，小林一岳构想的"从恶党到一揆"图式，就主张恶党在保留了独立特性的同时也被纳入了体制之中。高桥典幸则指出，随着内乱的终结，与庄园制对立的恶党也改变了姿态，重新回归了支持庄园制的一方。

二者看似是截然相反的学说，但是将武士团结合、在地领主联合视为恶党的基本思路却是相同的。尽管明知特定属性、特定身份的群体不能以"恶党"称呼，但是不知为何研究者们还是会被石母田正以来的"恶党＝在地领主"观念所拘束。他们怎么也无法摆脱武士聚集强大势力在庄园横行无阻的印象。

"恶党去哪里了"这个提问原本就是错误的，我们不应该把拥有实体的无政府主义集团即恶党的存在作为前提进行思考。如果局限在这一思维模式中，就无法摆脱"阶级斗争史观"的影响。

那么，不使用"恶党"一词是否就行了呢？对于主张镰仓后期出现了超越单一庄园的广域式在地领主联合，而且这一现象成为南北朝时期一揆前提条件的观点，笔者是不同意的。接下来，笔者将根据实例阐述自己的想法。

在众多的恶党之中，作为大规模武力集团的领导者而受到研究者特别关注的是被称为"都鄙名誉恶党"（在京都和地方上均十分有名的恶党）的寺田太郎入道法念（《东寺百合文书》）。

寺田法念长期活动的播磨国矢野庄（今兵库县相生市）起初是鸟羽院的皇后美福门院得子支配的庄园。美福门院得子死后，这片庄园由其女八条院暲子内亲王继承，但是当时庄园内约有四成的田地被划为欢喜光院领。这便是"别名"，正安二年（1300年），龟山上皇将其捐给南禅寺。

其余的"例名"部分田地后来也被并入欢喜光院领，由美福门院的乳母伯耆局获得该领家职，此后这部分土地由伯耆局的孙辈藤原隆信[①]一族世代统治。寺田法念曾是矢野庄例名的公文职。寺田一族世代以矢野庄重藤名[②]作为根据地，乃是名幅其实的当地人。镰仓幕府成立以后，寺田一族顺势投靠幕府成为御家人的一员。然而，相较于那些自源赖朝举兵之初便追随其征战沙场的东国武士末裔（东国御家人），寺田一族地位低微，寺田法念也没有被镰仓幕府任命为地头。像寺田法念这样的西国土著武士，虽然身为御家人却要屈居于东国御家人之下，也被称为"国御家人"。

永仁五年（1297年），在寺田法念的积极活动下，除例名中被称为"浦分"的海岸部分以外，领家藤原氏和地头海老名氏进行了下地中分。与此同时，寺田法念对例名中重藤名的排他性支配权也得到了各方的认同。如此一来，藤原氏的"例名西方"、海老名氏的"例名东方"和寺田氏的"重藤名"三方推进了各自所领的"一元化"。可惜好景不长，例名领家藤原氏和例名公文寺田氏之间爆发了利害冲突，双方为了实现进一步的"一元化"展开了激烈的争

---

① 藤原隆信：平安末期至镰仓初期的宫廷画家、歌人。法名戒心。相传神护寺所藏的源赖朝像、平重盛像均是藤原隆信的作品。——译者注

② 重藤名是矢野庄内的一个名，即庄园内部的小型土地单位。——译者注

夺。此番冲突，为日后寺田法念的暴动埋下了伏笔。

恶党很强吗？

正和二年（1313年），后宇多上皇解除了藤原氏的领家职务，将矢野庄例名领家方的土地捐给东寺（教王护国寺）。如此一来，矢野庄内部形成了东寺领的例名西方、海老名氏领的例名东方、南禅寺领的别名三足鼎立的结构。正和三年至四年，寺田法念对南禅寺领的别名多次实施侵略。最终，忍无可忍的南禅寺向后宇多院提出控诉，请求逮捕肇事的恶党寺田法念。

根据南禅寺领矢野庄别名的杂掌觉真的诉状，正和四年十月二十八日、二十九日，寺田法念发起了规模殊为庞大的入侵活动。此次入侵活动，寺田法念不仅率领着自己的子、孙、弟、侄等一众亲族和家臣，还联合了坂越庄地头饱间八郎泰继的代官亲性、小犬丸保的地头岩间三郎入道道贵、矢野庄例名那波浦地头海老名孙太郎、下揖保庄东方地头周防孙三郎入道、上揖保庄地头揖保七郎等近邻地头御家人，以及山僧石见房等。

这股总数达数百人的恶党以坂越庄地头饱间泰继的住所作为基地，攻入邻近的矢野庄别名，焚毁政所（庄园经营的据点兼事务所，庄官所在地）及周边数十所民宅房屋，对庄民暴力相向，掠夺年贡数百石，还在当地修筑城郭。的确，倘若采信了觉真在诉状中的记述，便会很容易产生当时寺田法念等人结成了非常广域的在地领主联合的想法。

在研究者中间，不乏有人认为觉真诉状中"（寺田法念）率领恶党数百名"的记述是真实的。在此，笔者希望这部分研究者能够冷静下来重新进行思考。在武士仅率领数名随从参与对他国战争亦不罕见的时代（参照第一章），寺田法念作为一所庄园半数土地的下级庄官，仅凭一己之力是不可能纠集数百人规模的兵力的。即便一说真正的领导者是海老名氏，动员数百人也是极为夸张的。

事实上，历应三年（1340 年），东寺领伊予国弓削岛庄（位于现在的爱媛县弓削岛）鲸方曾做出规定，凡是紧急时刻必须集合数十人的兵力守护庄园（《东寺百合文书》）。即使在战乱不断的南北朝时代，兵力规模也就只有数十人。因此，较为妥当的结论是将南禅寺被害陈述中的"数百人"视为夸大其词。在诉讼相关的文书中控诉方为了维护自身利益会进行夸大陈述是基本的，这一点是必须注意的。

南禅寺恳请后宇多院要求六波罗探题逮捕"法念以下恶党等"并破坏其私自修筑的城郭，受理此事的后宇多院对六波罗探题发布院宣，于是六波罗探题派遣守护代、两使前往矢野庄。"召捕恶党的构造"正式展开。

然而六波罗探题最终并未实际逮捕寺田法念等人，恼怒不已的后宇多院于文保元年（1317 年）将重藤名、那波浦、佐方浦捐给东寺。如此一来，围绕重藤名，东寺和寺田法念之间又出现了权限冲突。起初，寺田法念向东寺宣誓效忠，最终双方还是走向了决裂。文保二年，东寺将寺田法念斥为恶党。此后，直到建武二年（1335 年）寺田法念的孙子寺田范长向东寺投降为止，东寺与寺田一族之间始终断断续续进行着战斗。

看过以上说明，应该会有人萌生"寺田法念真是粗暴！"的想法。其实寺田法念发起的只是一些规模较小的战斗。根据小川弘和的研究，在东寺与寺田一族的战斗中，昔日和法念一起侵略南禅寺领矢野庄别名的海老名氏等邻近御家人没有加入任何一方势力。

海老名氏等邻近的御家人属于西迁御家人（从东国移居至西国的御家人），较之国御家人寺田氏一族的地位更高。因此，他们不会积极地援助寺田氏，以致与东寺为敌。考虑到寺田氏就这样被邻近御家人轻易地抛弃的事实，"武士团结合"和"在地领主联合"的结论实在是太过夸张了。另外，从现存史料来推测，寺田氏一族的兵力充其量在二十人左右。

另一方面，本所即庄园领主东寺所能动员的军事力量是名主（上层农民、村中的领导层）和百姓，并没有武士参与。在这种情况下，本所的兵力最多不过数十人。"长年以来持续对抗庄园领主东寺的'都鄙名誉恶党'"的光环恐怕会让很多人误以为寺田法念是楠木正成那样的游击战天才，而事实却并非如此，真正的原因在于寺田法念的对手是一群不谙战事的新手。

奉东寺之命与寺田一族对战的名主，后来向东寺力陈自己英勇奋战的功绩。然而，考虑到寺田一族只不过是弱小的御家人，却能持续抗争近二十年之久，东寺方名主们的武勇事迹很难让人全然相信。大概这些名主们也没有认真战斗。这些人背弃了"赌上性命战斗"的誓言，从遗留下的史料中也找不到任何关于这一系列战斗中战死者的记录。

这一时期"广域的在地领主联合"的实际情况是流动的，相当脆弱。《峰相记》描述的强势武士集团尚未成立。因此，在面对将镰仓后期的恶党视为南北朝时期"一揆"前提的高度评价时必须十分慎重。

为什么镰仓幕府会灭亡？

镰仓幕府灭亡究竟是什么原因？直截了当地说，日本中世史学界对这个难题给出的最新回答是"不知道"。

也许有人会觉得这样的回答实在愚蠢，然而这是不争的事实。在此举一例说明。在 2007 年日本史研究会大会的中世史部会上，熊谷隆之做了题为"镰仓幕府统治的展开和守护"的报告。不同于以往的观点，熊谷隆之在报告中提出了全新的看法，即随着时代的变迁，镰仓幕府的地方统治实际上在不断地强化。在讨论会期间，部分与会者批评道："按照熊谷氏的说明，镰仓幕府覆灭的原因将无从谈起。"而熊谷隆之则回答："制度不断强化的结果却是镰仓幕府的灭亡，至于具体的原因很难用三言两语说清楚。"换句话说，答案是"不知道"。

到目前为止，已有众多学者针对镰仓幕府灭亡的原因进行了考察分析，提出了各种各样的假说。然而讽刺的是，随着研究的不断推进，这些假说被逐一证明是无法成立的，于是便陷入了"不知道"的窘境。

例如，有观点关注御家人家中惣领和庶子之间的对立。镰仓幕府同意惣领和庶子分别承担"异国警固番役"，为了确保兵源展现出支持庶子独立的倾向。不过，在惣领一方的强烈反对下，最终幕府回归了优待惣领的方针。对于这个结果，有观点认为"被镰仓幕府背叛的庶子与日俱增，造成了地方潜在的反幕府势力不断壮大"。

不过，这一观点显然是臆测。无论是庶子参与倒幕的事实，还是惣领支持幕府方的事实都没有得到确认。

还有观点认为，御家人对于本来与自己一样是御家人的北条氏施行的专制统治极为不满，御家人们的愤怒最终爆发。此外，通过参与流通和贸易积蓄了大量财富的北条得宗家及御内人遭到了被货币经济发展的潮流所遗弃而陷入相对贫困境地的众御家人的严重反感。

然而，这个观点无法说明为什么与北条氏有着姻亲关系且作为幕府内部有实力御家人受到尊重的足利高氏（日后的足利尊氏）会向镰仓幕府举起反旗。

与御家人不满的说法相反，也有观点认为是那些非御家人武士的反抗导致了镰仓幕府的灭亡。本书第一章中探讨了"御家人身份的限定"问题。换言之，当时的社会中存在着大量希望成为御家人却得不到这一身份的武士。尽管非御家人武士因为镰仓幕府应对蒙古袭来的策略承担了军役，可是事后幕府既没有同意这些人获得御家人身份，又没有给予他们应有的保护。非御家人对于幕府的差别对待极为不满，在他们的反抗下，镰仓幕府走向了灭亡。这种观点以"恶党即非御家人的新兴武士"的古典解释为基础，其典型的例子是在倒幕过程中立下大功的楠木正成和赤松圆心。

但是，近年来的研究指出，楠木氏是御内人，赤松氏是六波罗探题属下的御家人。别说是反体制派了，他们完全是体制内的成员。

以上种种说法的共同点，在于全都认为是脱离体制势力的暴动推翻了体制。想必读者诸贤已经注意到了，这些学说不过是"阶级斗争史观"的变奏曲。

不论是御家人还是非御家人，对镰仓幕府，特别是对北条氏的专制心怀不满者确实都大有人在。可以说，除了那些在镰仓幕府中枢攫取利益的特权支配阶层，99%的人对幕府和北条氏持反感态度。但是，这与他们是否将推翻幕府、推翻北条氏作为打破现状的手段进行现实讨论完全是两回事。

后世历史学家提出的"通过专制统治，表面上抑制了世人的反对活动，可是在社会的深处却造成了矛盾的扩大"等合理解说，乃是基于事情的结果得出的论断，而当时的人可能不会想象到镰仓幕府灭亡等状况的发生。在苦于北条氏专横的亲信贵族吉田定房看来，后醍醐天皇的倒幕计划完全是无谋之举。于是，吉田定房劝谏天皇："东国武士皆是一骑当千的勇者，幕府权力非常强大，而且也没有露出衰退的迹象。倒幕为时过早，现在失败的可能性很大。难道天皇家就此灭亡也无妨吗？"（《吉田定房奏状》）

原本前近代的权力普遍是专制的，所以"对专制统治不满的高涨，产生了打倒体制的气运"的说明是不切实际的空谈。这就如同日本的保守派评论家从十多年以前就开始宣传的"不关心民众生活，继续推行先军政治的朝鲜国运不会长久""贫富差距不断扩大的中国迟早会崩溃"等口号一样，毫无价值。

现在的日本同样如此。每当被问及是否对现在的政治感到不满时，几乎所有的人都会给出"是"的回答，但是这并不意味着现在的政治体制会因为革命风暴而崩溃瓦解。归根结底，民众对专制统治的愤怒会导致体制崩溃的论调，不过是热切期盼革命的"阶级斗争史观"的残影。

随着今后研究的继续推进，也许在不久的将来就能够阐明镰仓幕府灭亡的根本原因。现阶段唯有"不知道"才是无愧于良心的回答。对于尚未明了的问题，强行得出结论也是徒劳的。

那么，姑且将"镰仓幕府的灭亡是必然的"这一默认前提条件排除如何？也许是"阶级斗争史观"的影响，日本历史学界出现了相对于探寻体制崩溃的直接契机，更侧重于指出体制构造性矛盾的巨大风潮，但是"发现"对体制心怀不满者并不意味着能够断定

畿内合战参考地图①

"这就是体制崩坏的根本原因！某某是应当灭亡才灭亡的"。因此，还是有必要认真考虑镰仓幕府灭亡的契机。

如果像这样转换思路，那么楠木正成所发挥的作用就极大了。元德三年（1331 年）四月，由于吉田定房的告发，后醍醐天皇的倒幕计划被镰仓幕府获悉。在镰仓幕府为如何处置后醍醐天皇而犯难期间，后醍醐天皇逃离了京都，并于当年九月抵达了山城国（今京都府）笠置山。此时，楠木正成为呼应后醍醐天皇而举兵，以河内国的赤坂、千早两座山城（今大阪府南河内郡千早赤阪）为据点，展开了长达一年半的山地游击战。

即使镰仓幕府坐拥大军，也无法攻陷千早城，反而被楠木正成一人牵制。此时，镰仓幕府的狼狈不堪全部被世人看在眼里。镰仓幕府，或者说北条氏的"不败神话"崩溃瓦解了。对于通过持续取得胜利来维持自身统治正当性的北条氏而言，这无疑是致命的打

击。世人开始设想"不存在镰仓幕府的社会"的可能性，迄今为止隐藏在心中的不满与愤恨一起迸发出来。

市泽哲推测，围攻千早城的武士们逐渐被厌战的情绪吞噬，他们中的一些人意识到了倒幕的可行性，而且这一想法很快蔓延开来。于是，千早城之战成了毁灭镰仓幕府大堤的一处蝼蚁之穴。

第三章

新的"战争"——南北朝内乱

后醍醐天皇与足利尊氏

元弘三年（1333年）六月，得到镰仓幕府灭亡消息的后醍醐天皇回到京都，宣布恢复自己的皇位（元弘元年，镰仓幕府废黜后醍醐天皇，另立光严天皇）。次年正月，后醍醐天皇改元"建武"，昭示世人自己即将开启新政。这便是"建武新政"（二战以前通常称之为"建武中兴"）之始。

然而，建武新政终究没能逃过短命的厄运。战后历史学就建武政权短时间内崩溃瓦解进行了各种各样的分析，将其原因归结为建武政权存在的诸多"缺陷"，但这些结论绝大部分是根据结果做出的逆向推导。也就是说，正因为其短命，战后历史学才认为"这样或那样的缺陷，导致建武新政失败"。近年来，学界对战后历史学的研究动向进行了反思，并指出建武政权推行的诉讼制度和财政政策等为室町幕府的施政提供了范式。

结果，"建武政权没有将当时最具实力的武士足利尊氏纳入政权的中枢，从而导致足利尊氏的背叛"被归结为建武新政崩溃瓦解的主要原因之一。足利尊氏希望由自己出任征夷大将军并开创新的幕府，可是后醍醐天皇却不愿意让足利尊氏成为征夷大将军。

建武二年（1335年）七月，镰仓幕府灭亡时自杀的末代得宗（北条高时）之遗孤北条时行举兵叛乱，围攻镰仓（史称"中先代之乱"）。足利尊氏请求朝廷允许其亲自前往关东讨伐北条时行，同时希望朝廷任命自己为征夷大将军、总追捕使，而后醍醐天皇却一概不允（《神皇正统记》《梅松论》）。是年八月，足利尊氏在没有得到天皇许可的情况下，亲自率领军队从京都出发，最终成功击败北条时行的军队并控制关东地区。自此以后，足利尊氏对后醍醐天皇的归京命令置若罔闻，同时按照自己的判断统治关东。在建武政权方面看来，足利尊氏的行为分明是以镰仓幕府后继者的姿态打造新的武家政权，最终双方决裂。至此，建武政权踏上了崩溃瓦解的不归之路。

针对这个问题，也有观点认为足利尊氏未必希望与后醍醐天皇对立，脱离建武政权在东国建立幕府这一构想的实际推进者是足利尊氏的弟弟足利直义。恐怕这才是事情的真相。不过，从希望建武政权任命自己为征夷大将军一事来看，足利尊氏应该是有意开设新的幕府。只是足利尊氏并不认为此举是对后醍醐天皇的背叛。

后醍醐天皇将废除幕府，实现"公家一统"，即建立以天皇为中心的政治（"天皇亲政"）视为目标。足利尊氏消灭北条氏，希望由自己出任征夷大将军并开设新的幕府。抱有截然不同的"政权构想"的后醍醐天皇和足利尊氏，在"反北条氏"这一点上有着共同的利害，所以能够达成临时性的协作，而"政权交代"过后双方自然会产生对立，这就导致了建武政权自身的崩溃——此番推论早已有之，而且现在依然保持着极其强大的影响力。

不过，后醍醐天皇是否真的从一开始就不打算赋予武士政治实权，而是专注于确立由自己和近臣运营政权的专制政治体制呢？另外，后醍醐天皇是否抱有将足利尊氏等有实力的武士从政权中枢排除的构想呢？

根据佐藤进一在 1965 年提出的观点，后醍醐天皇不是单纯地抱持回归天皇亲政的复古思想，而是以实现更激进的独裁政治为目标。由此可以推断，后醍醐天皇倾向于宋学（朱子学），试图以中国宋王朝的皇帝独裁制度作为蓝本打造新的国家，所以他势必要将镰仓幕府视为障碍并彻底消灭。

佐藤进一的观点现在依然是学界的通说。然而，正如新田一郎所批判的那样，宋学的思想内容和后醍醐天皇的君主独裁制度之间不存在直接的关系。提到朱子学，通常将其视为使身份秩序正当化的意识形态，即维系政治统治的工具，但朱子学原本是旨在阐明森罗万象的普遍性学问体系（粗略地说，就是一种哲学），通过礼仪法度来维系社会秩序的机能只是其一个侧面。因此，学习宋学并不会自然而然加深对皇帝独裁制度的理解。

以宋学重视的《孟子》（记录了儒学学者孟子的诸多言行）为例。《孟子》成书于秦始皇出现以前的中国战国时代。因此，无论怎么阅读《孟子》，都不会由此理解皇帝独裁的政治机制。可见，佐藤进一推测后醍醐天皇在学习中国宋学的过程中开始关注宋王朝政治制度并进行研究这一点完全没有明确的史料作为依据。中国将宋学确立为维护国家体制的学说是在明代，宋代宋学也不一定是皇帝独裁制度的基础。

不过，也有观点指出，即使没有学习政治体制，后醍醐天皇也可以从宋学中学习到"优秀君主的独裁是至高无上的政治形态"的政治理念，而这恰恰成为倒幕的原动力。在笔者看来，这种观点是不通的。同时代的花园上皇比后醍醐天皇更加热衷于学习宋学。元德二年（1330 年），花园上皇赠予当时已成为皇太子的侄子量仁亲王（后来的光严天皇）一部关于天皇从政心得的《诫太子书》。

在《诫太子书》中，花园上皇引用了《孟子》的放伐论（在古代中国，身为臣子的周武王讨伐了自己的君主殷商王朝的纣王。孟子认为，纣王无道所以失去了天命，周武王的行为乃是正当之举），意在告诫皇太子日本也可能会出现同样的情况。花园上皇还教谕量仁亲王，时值乱世，如果天皇不能积德行善就会导致国家灭亡，所以要勤加研习学问。通过认真学习宋学，才能具备如此高尚的思想，不至于得出"君主真的是可以为所欲为"的结论。

后醍醐天皇热衷于学习宋学是事实，但是他从宋学中不可能获得倒幕正当化的理论依据（按照宋学的理念，相较于倒幕，君主更应该提升自身的德行）。如此一来，就有必要对后醍醐天皇在宋学影响下从一开始就将独裁政治作为目标的前提进行质疑。后醍醐天皇确实实行了倒幕，但是这并不能说明后醍醐天皇此举是为了实现中国宋王朝那样的君主独裁制度。

迷失在"压倒性胜利"自信中的后醍醐天皇

后醍醐天皇之所以决心倒幕，一个很明确的理由是要让自己的皇子继承皇位。由于承久之乱的失败，朝廷被镰仓幕府解除了武装，并且被迫"放弃战争，不再保持战力"。从此以后，朝廷不得不对镰仓幕府言听计从，甚至是关系到皇位继承这种朝廷最重要的事务也不能例外。

在日本高中的学习中应该有所涉及——当时的王家分裂为后深草院流的持明院统和龟山院流的大觉寺统两派，每逢天皇更迭，双方都会展开激烈的争夺。镰仓幕府在两统之争中每次都扮演着裁定者的角色。持明院统的量仁亲王成为大觉寺统的后醍醐天皇皇太子一事（即后醍醐天皇之后的天皇由量仁亲王担任）便是镰仓幕府的决定。另外，后醍醐天皇是以大觉寺统旁系身份继承的天皇大位，所以后醍醐天皇想要自己的子嗣在量仁亲王之后继任天皇是极为困难的。

在后醍醐天皇看来，要想让自己的子嗣成为下一任天皇，就要推翻镰仓幕府先前的决定，那么摆在后醍醐天皇面前的是令幕府改变主意或者消灭幕府两个选项。由于镰仓幕府不可能撤销先前的裁定，后醍醐天皇只能选择后一种道路。反过来说，如果自己的子嗣能够成为天皇，后醍醐天皇也就没有消灭镰仓幕府的必要了。

假设建武政权任命足利尊氏为征夷大将军并允许其开设新的幕府，那么在这种情况下，后醍醐天皇让位于自己的皇子，足利尊氏是否会表示反对呢？答案是否定的。近年来的研究成果显示，镰仓幕府存在时期的后醍醐天皇政治基本上沿袭了以往的朝廷政治，并未推出划时代的举措。据此可以推测，后醍醐天皇的政治与"不干预皇位继承的幕府"之间原本具有共存的可能性。恐怕后醍醐天皇倒幕后的"政治构想"也是对参与倒幕大军的武士相当关照，所以足利尊氏才会背叛镰仓幕府，选择投靠后醍醐天皇一方。

那么，在灭亡了镰仓幕府之后，后醍醐天皇为什么没有选择与以足利尊氏为首的武士们共存的道路，而是坚决反对复活幕府呢？应该说，后醍醐天皇的“变心”，与镰仓幕府的灭亡过程有很大的关系。

据军记物《太平记》记载，元弘三年（1333 年）五月，在伯耆国船上山（今鸟取县东伯郡琴浦町）接到足利高氏、赤松圆心等人攻灭六波罗探题消息的后醍醐天皇，召开会议咨询今后的应对策略。会上，部分臣僚建议立刻返回京都，但是也有人表示反对。实际上，在当时流行着一句谚语：“关东八国军势可敌日本全国军势，镰仓军势可敌关东八国军势。”反对者认为承久之乱期间，朝廷在京都也取得了前哨战的胜利，但是在镰仓幕府大军上洛（赴京都）后便失败了。镰仓幕府仍在，返回京都为时尚早，云云。

结果，由于占卜得出了吉卦，后醍醐天皇决心返回京都。途中接到新田义贞在镰仓消灭北条高时等人的消息以后，一直苦苦思索如何进攻关东的后醍醐天皇顿时欣喜万分。

由于是《太平记》记载的逸闻，是否与史实相符仍存疑。不过，笔者认为后醍醐天皇的真实感受应该和书中的描述相近。即便是现代的历史研究者，也会对镰仓幕府突如其来的灭亡感到惊讶不已，在亲身体验过镰仓幕府大军恐怖围攻的后醍醐天皇看来，对这种结局唯一合理的解释是“天佑”。

在极为困难的事业出乎意料地取得成功时，成功者往往会在不经意间滋生出骄傲的心理。由此一来，难免会出现“我实在是太厉害了，我是天选之人”的想法。毫无疑问，后醍醐天皇正是对自己的超凡魅力过度自信，才难以对足利尊氏妥协，最终导致建武新政的崩溃。

足利尊氏的躁郁症问题

建武二年（1335年）十一月，建武政权决定讨伐占据镰仓拒不服从召还命令的足利尊氏。根据《太平记》记载，足利直义遭到北条时行军队追击准备逃离镰仓之际，趁乱将护良亲王杀害。[①]另外，足利尊氏和足利直义兄弟意图讨伐新田义贞之事也在此时被发觉。于是建武政权众议决定，讨伐足利氏。于是以后醍醐天皇的皇子尊良亲王担任上将军，新田义贞担任大将军的讨伐军被迅速组建起来。

得知消息的足利尊氏表示"不敢对天皇弓矢相向，余愿出家谢罪"，无心对战。这让那些催促其出征的部将们感到失望。足利尊氏有时会做出这种令人费解的举动，战后的历史学家们也为了解释他的行为绞尽脑汁。佐藤进一认为，足利氏一族世世代代都具有躁郁倾向，足利尊氏的奇异行为"应该与其异常的血统不无关系"。

在佐藤进一提出足利尊氏患有躁郁症的年代，精神医学还没有现在这般发达。在条件有限，特别是在缺乏充足证据的情况下，得出"躁郁症是遗传的""精神病患者会做出常人无法理解的异常行为"的判断，恐怕会助长不平等和偏见，所以在处理此类问题时需要格外慎重。

---

① 护良亲王与足利尊氏对立，又被朝廷怀疑要篡夺皇位，所以被囚禁在镰仓。——译者注

　　在笔者看来，足利尊氏的行为并非不可理解。尽管没有被任命为征夷大将军，足利尊氏还是得到了后醍醐天皇的巨大恩赏。足利尊氏对后醍醐天皇感恩戴德是理所应当的，那么他在对抗后醍醐天皇一事上犹豫不决也是自然反应。

　　之所以觉得足利尊氏的行动"令人焦急"，是因为历史学者们的先入为主。战后历史学认为天皇制是将日本引向了第二次世界大战深渊的罪魁祸首，因此将批判天皇制作为研究的一大支柱。战后的历史学者们认为挑战天皇是正义之举，所以对足利尊氏的踌躇不前感到焦急。他们普遍抱有"什么时候奋起？就是现在吧"的心情。然而，足利尊氏本人丝毫没有"必须与天皇制进行对决"的思想，所以对举兵踌躇是理所当然的。

　　针对笔者的上述见解，可能会出现"既然不等到后醍醐天皇的命令便擅自出京，那么足利尊氏应该已经做好了被讨伐的准备。现在还会迟疑岂不是很奇怪"之类的反驳。但是，笔者认为这也是前提错误。足利尊氏不是抱着与后醍醐天皇对决的觉悟才擅自出京的。正如成书于南北朝时期的历史著作《梅松论》所记载的那样，足利尊氏认为"讨伐北条时行是为了天下的必要之举"，并没有把有无天皇的许可视为问题。足利尊氏对擅自出京一事应该是抱持相当乐观的态度：只要取得圆满的结果，顺利讨伐北条时行，事后必然会得到后醍醐天皇的追认。

　　如前所述，足利尊氏开设幕府或者作为武家栋梁约束天下的武士，这些和足利尊氏效忠后醍醐天皇之间并不存在矛盾（至少足利尊氏本人是如此认为的）。即使是被足利尊氏视为榜样的源赖朝，也始终表露对朝廷忠诚。石母田正在《中世世界的形成》一书中，强烈谴责源赖朝没有与旧制度展开对决，而是选择与之妥协并建立了"源赖朝的保守退缩政治"。虽然战后历史学者对"看门狗思想"嗤之以鼻，但是却无法否认这是中世武士的真实情况。

由于足利尊氏闭门蛰居，无奈之下其弟足利直义只得肩负起总大将的重任，率军迎击沿东海道而来的新田义贞大军。然而，在新田义贞的攻势面前，足利直义节节败退。据《梅松论》记载，足利尊氏在听到足利直义战败的消息以后，一面表示"若是直义殒命沙场，我一人独活也就失去了意义，所以我决心出征。但是此番出征绝对没有忤逆天皇的意思"，一面整装出征。

足利尊氏和足利直义这对年龄仅相差一岁的同母兄弟之间的关系实际上非常亲密，足利尊氏为了救助心爱的弟弟而出征应该不是后世的强行艺术创作。安田次郎推测，中先代之乱期间，足利尊氏之所以不等天皇下达的出征命令就驰离京都，也是担心遭受北条时行猛烈攻击而败走的足利直义。如此说来，不正是足利尊氏和足利直义的兄弟情深最终瓦解了建武新政吗？也许历史的真相就是这样充满了意外。

东奔西走的兄长——足利尊氏

足利尊氏亲自出马使足利一方勇气倍增。建武二年（1335年）十二月，足利尊氏在箱根、竹下的战斗中接连击败新田义贞的讨伐军。趁此机会，足利军向京都发动进击。第二年正月，足利一方取得京都攻防战的胜利，后醍醐天皇、新田义贞等人逃往近江（今滋贺县）。

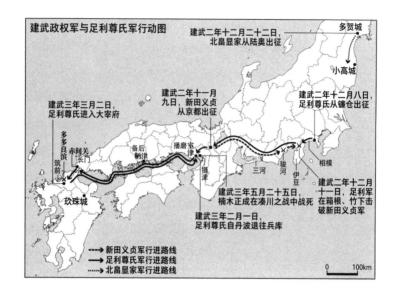

建武政权军与足利尊氏军行动图

然而，就在世人以为足利方取得胜利的时候，足利方的军队却在战斗中意外地败给了从陆奥国奔袭而来的北畠显家，足利尊氏只得逃往丹波筱村（今京都府龟冈市筱町）暂避（《梅松论》）。足利尊氏为何要逃往筱村？因为当地是足利氏的庄园。顺便一提，足利尊氏在决定背叛镰仓幕府之际，也是先向筱村八幡宫奉纳了祷告文，然后才举起反旗。

同年二月，足利尊氏从筱村退至兵库，整顿兵力并试图重新夺取京都。然而，在摄津丰岛河原（今大阪府箕面市、池田市附近）的交战中，足利方的军队再度被新田义贞和北畠显家的军队击败（根据《梅松论》记载，足利尊氏听从了赤松圆心的建议主动从战斗中撤离。但是这些应该是后人创作的桥段），退往兵库。

此时，怒火中烧的足利直义从兵库前往摄津的摩耶城（位于现在的神户市滩区摩耶山），企图为夺回京都进行决死突击。得知消息的足利尊氏火速派遣使者劝说足利直义，使其返回兵库（《梅松论》）。平时素以沉着冷静著称的足利直义此刻居然如此鲁莽，想必是这次战败的冲击极大。

随后，足利尊氏从兵库乘船出海，一度在室津停泊。在室津期间，足利尊氏开会讨论善后策略。会议最终决定，足利尊氏前往九州谋求东山再起，而在挽回局势以前，足利方诸将暂时分散在山阳道各国和四国地区，尽可能阻止后醍醐天皇一方的追击。这场为研究者们熟知的著名的作战会议被称为"室津军议"。关于室津军议的详细情况，在后文中将另有交代。

虽说是"谋求东山再起"，但是并不意味着前往九州就一定能够重整旗鼓，只能说这是基于"远离京都较为安全"的模糊想法所做出的判断，实际上就是一场大逃亡。

尽管败走九州，但是足利尊氏也没有一味地逃亡。在此期间，他秘密地与京都的光严上皇取得了联系，并且获得了光严上皇颁发的院宣（《梅松论》）。在此之前，足利一方被视为忤逆后醍醐天皇的"朝敌"，在与北畠氏、新田氏、楠木氏等"官军"交战时，精神上已经处于败北的状态。然而，在足利一方得到了光严上皇的院宣以后，战争的格局已经不再是"官军 vs 朝敌"，而是变成了"后醍醐天皇方 vs 光严上皇方"，足利一方获得了与"官军"对等的大义名分。不过，在足利尊氏败走期间，光严上皇的院宣未必能够充分发挥效果，此时距离足利一方卷土重来还需要一段时间。

足利尊氏在九州受到了少贰赖尚等当地武士的欢迎。建武三年（1336年）三月，足利尊氏在多多良滨（今福冈市东区）的战斗中击败了后醍醐天皇方的菊池武敏所率领的大军，从而成功地控制了九州地区。

由于我们知道足利尊氏最终夺取了天下，往往会轻描淡写地说一句"啊，（足利一方）就是在这里重整态势了"，而现实中的多多良滨之战是足利尊氏一方在极端不利的战况下实现逆转的奇迹般的巨大胜利。据说足利尊氏在多多良滨之战前夕曾梦到地藏菩萨从绝境中搭救了自己，所以足利尊氏坚信此战能够取胜是地藏菩萨保佑的结果（《空华日用工夫略集》）。从此以后，足利尊氏开始尊崇地藏信仰，而且有多幅由足利尊氏亲手绘制的地藏画像保存至今。由此可见，在足利尊氏的主观意识中，多多良滨的胜利显然是一次"奇迹"。

重整旗鼓的足利尊氏再度东进，兵锋直指京都。建武三年五月，足利尊氏在摄津的凑川（今神户市中央区、兵库区一带）的战斗中击败新田义贞和楠木正成，楠木正成自裁身亡（讲述楠木正成与其子楠木正行死别的逸闻"樱井诀别"便发生在此时）。在听闻兵库失陷的消息后，后醍醐天皇匆忙避居比叡山。

同年六月，足利尊氏奉戴光严上皇威风凛凛地凯旋京都。八月，光严上皇之弟丰仁亲王践祚（继承皇位），是为光明天皇。

十月，后醍醐天皇忍受不住足利一方对比叡山的持续围攻（断粮战术），终于答应了足利尊氏的媾和请求。但是，担心遭到背叛的新田义贞极力反对议和，后醍醐天皇只得将帝位让与恒良亲王，并劝说新田义贞携恒良亲王和尊良亲王一同逃往北陆地区。于是，新田义贞侍奉着两位亲王从比叡山前往越前（今福井县岭北地区、敦贺市），后醍醐天皇则返回京都。

十一月，光明天皇即位（正式向天下万民昭示新天皇即位），后醍醐天皇将三件神器交给光明天皇。但在不久后的十二月，后醍醐天皇从京都逃往吉野。随后，后醍醐天皇宣布此前交给光明天皇的三件神器是赝品，真正的神器仍由自己掌握，所以自己才是天皇的正统。如此一来，日本出现了同时存在两位天皇的局面。历史学家通常将京都的朝廷称为"北朝"，吉野的朝廷称为"南朝"，并将南北两个朝廷对立的阶段称为"南北朝时代"。

正如大多数研究者指出的那样，后醍醐天皇是否有余裕伪造神器值得怀疑，但无论如何，任由后醍醐天皇逃亡是足利一方的巨大失误。在这件事上，足利尊氏确实过于疏忽，大概他做梦也没有想到后醍醐天皇会逃出京都。

随着光明天皇的即位，后醍醐天皇被赠予太上天皇的尊号，后醍醐天皇的皇子成良亲王被册立为皇太子。换句话说，后醍醐上皇今后不仅能够在京都悠然度日，还可以在成良亲王即位后以天皇亲生父亲的身份施行院政。这些待遇已经远远超出了对战败者宽大处理的范畴，考虑到镰仓幕府灭亡前后醍醐天皇凭自己的身份根本没有希望扶植自己的子孙继承帝位等事实情况，可以说这是相当破格的优待。

足利尊氏向战败的后醍醐给予了最大限度的敬意，所以丝毫没有预料到对自己的"大出血"仍抱有不满的后醍醐会逃离京都。应该说，在处理后醍醐与自己的关系时，足利尊氏显然是一厢情愿。

肩负"政道"重任的弟弟——足利直义

南北朝时代持续近六十年，但是北朝方的优势地位实际上在早期阶段就已经确立。历应元年（南朝年号为延元三年，1338年），新田义贞、北畠显家相继战死，足利尊氏就任征夷大将军，从此宣告室町幕府正式建立。第二年，后醍醐天皇也在吉野病逝。贞和四年（南朝正平三年，1348年），足利尊氏派遣执事高师直攻打吉野，南朝的朝廷被迫逃往地处深山的贺名生（今奈良县五条市西吉野町）。此时，南朝方面的状况完全可以用"窘迫至极"来形容。

建武三年（1336年）八月，在光明天皇践祚二日后，足利尊氏向京都的清水寺呈送了一份祈愿文。祈愿文的大意为："今世如梦，梦幻缥缈。愿舍今世之幸，以修来世之福；愿今世之福尽归直义，恳请（佛祖）庇佑直义。"（《常盘山文库》）

足利尊氏愿意舍弃世俗的身份和地位，为往生净土而专注于佛教修行，这样的想法确实令人惊讶。梦寐以求的征夷大将军之位已经近在眼前，自己很快就会正式开启征夷大将军之旅，而足利尊氏却在此时此刻突然发布隐退宣言。此举难免让后世的历史学家们猜测"足利尊氏是旧'疾'（指躁郁症）复发"或者"祈祷愿文的真实性存疑"，以至于众说纷纭，始终没有定论。

不过，足利尊氏的举兵原本不是出于积极背叛后醍醐天皇的意图，而是在进退维谷之际迫不得已的选择，也就是说属于自卫行为。因此，足利尊氏在顺利拥戴新帝即位以后，萌生出退隐的想法也并不奇怪。虽然从"阶级斗争史观"独特的视角来看，足利尊氏纯粹是优柔寡断之人，或者说是感情起伏不定的精神失常者，但足利尊氏的表现一贯如此。

由于后醍醐天皇再度举兵，足利尊氏终究没能实现自己的遁世之梦。但在确立北朝军事优势的过程中，足利尊氏将政务几乎全部委托给自己的弟弟足利直义处理。从中可以看出足利尊氏对政务的缺乏兴趣，以及他对足利直义的充分信赖。

关于足利尊氏和足利直义之间的关系，《难太平记》的记述十分有名：在世人眼里，足利尊氏是"弓矢将军"，足利直义是负责"政道"之人。这番评述强调了兄弟二人在权限上的分配。不过，这一评述是在这对兄弟关系恶化之际，众人在纠结追随哪一方的轶事中出现的。在此之前，即二人关系良好的时期，足利直义实际上是代行足利尊氏的所有权限。严格来说，在概说书中经常被提及的足利尊氏和足利直义"二头政治"其实是不正确的。

由室町幕府内部纷争引发的"六十年战争"

室町幕府初期，足利直义一揽行政和司法大权，高师直则在军事方面表现活跃。然而，足利直义与高师直二人却素来不和。足利直义是重视传统和秩序之人，一向尊重王家、公家和寺社的权威。高师直富有进取精神，一贯奉行现实主义和实力主义。高师直为了筹集军费屡屡掠夺公家和寺社的庄园，这些庄园的领主便向足利直义发起控诉。由此一来，高师直和足利直义之间的冲突与日俱增。

根据佐藤进一的整理与分析，足利直义和高师直之间逐渐形成党派对立，东国和九州等边境地区的传统御家人阶层倾向于支持足利直义，而畿内周边地区的新兴武士阶层倾向于支持高师直。不过，佐藤进一的归纳也只是给出了大致的标准，在现实中并不能进行如此明确的划分。

以足利直义一党有力武将之一的山名时氏为例。山名氏一族是足利氏一门的末席，但是在镰仓末期已经相当没落。山名时氏参加了足利尊氏对六波罗探题的进攻，此后在中先代之乱、多多良滨合战、凑川合战等战事中奋勇战斗。换言之，山名时氏是依靠自己的武力在室町幕府中取得显赫地位的武斗派成员。不过，这位凭借自身实力出人头地的山名时氏却追随了拘泥于规矩、严谨实干的足利直义，这是因为山名时氏的竞争对手佐佐木道誉（又作佐佐木导誉）是足利尊氏的亲信重臣（另外，高师直圆满完成了山名时氏未能达成的讨伐楠木正行的任务，此事也让山名时氏颜面扫地）。

与山名时氏的情况相反，千叶氏、宇都宫氏等祖先曾经追随源赖朝起兵的东国名门望族武士则参与了后文中将会提到的高师直政变。

佐藤进一的观点深受当时研究状况的影响，他将镰仓后期的恶党视为新兴武士，从而得出高师直是新兴武士组织者的结论。现在这种形式的结论已经被证明是不成立的，我们也应该摆脱"御家人vs恶党"的图式。

在军记物《太平记》中，高师直被称为"婆娑罗"[①]。换句话说，高师直扮演了对既存秩序不屑一顾的"新人类"代表的角色。正因如此，直至今时今日，高师直也被视为敢于践踏旧秩序的无情破坏者。不过，最近的研究表明，高师直作为负责制度设计和运营的官僚也是十分优秀，尤其是高师直建立的恩赏制度，广泛地吸引了全国的武士。高师直的活跃无疑对执掌幕府政务的足利直义构成了威胁。如果高师直只是恶棍集团的首领，足利直义完全没必要惧怕高师直。

① 此处应指追求奢华的风格，以及无视权威和秩序的做派。——译者注

随着高师直的武功不断积累，其话语权与日俱增。对此充满危机感的足利直义于贞和五年（1349 年）闰六月，强迫兄长足利尊氏撤销高师直的执事职务。同年八月，高师直举兵讨伐足利直义。足利直义逃入兄长足利尊氏的府邸寻求庇护，高师直随后率军包围了足利尊氏的府邸，并且要求交出足利直义的亲信上杉重能、畠山直宗、禅僧妙吉等人。

双方经过交涉，达成以下几点和议条件：其一，流放上杉重能、畠山直宗（妙吉已经逃走）；其二，足利直义将政务交给足利尊氏的嫡子足利义诠管理；其三，恢复高师直的执事职务。然而，上杉重能和畠山直宗在流放越前途中被高师直的手下杀害（《园太历》等）。足利义诠从镰仓来到京都之后，足利直义将自己的宅邸三条坊门亭让给侄子义诠，自己则移居细川显氏的锦小路堀川宿所。同年十二月，足利直义出家，从政界完全退出。此次政变以高师直的完全胜利落下帷幕。

可是到了第二年观应元年（1350 年），局势又发生了转变。足利直义的养子足利直冬在九州地区不断扩张势力，足利尊氏只得亲自西征。足利直义趁机逃离京都，同时呼吁全国讨伐高师直。各地的直义党纷纷起兵与之呼应，很快便压倒了足利尊氏和高师直一方。

观应二年二月，足利尊氏在摄津打出滨（今兵库县芦屋市）之战中失利，于是向足利直义提出议和。最终，双方以高师直、高师泰兄弟出家为条件达成和议，足利尊氏也从兵库返回京都。在返回京都途中，高师直和高师泰恳请与足利尊氏同行，而足利尊氏却以"实在不想看到二位落发为僧的落魄模样"为由加以拒绝，无奈的高氏兄弟只好跟随在队伍的后方。在到达武库川沿岸的鹫林寺（位于现在的兵库县西宫市）附近时，高师直兄弟遇袭身亡，高氏一族家臣也遭到杀害（详见《园太历》观应二年日次记）。讨伐高氏等人的是上杉重能的养子上杉能宪，可谓"以牙还牙，且加倍奉还"。恐怕足利尊氏只是形式上以饶恕高师直等人的性命作为媾和条件，实际上已经抛弃了高氏一族。上述种种情节叠加在一起，简直是一部现实版的《无仁义之战》①。

然而，足利直义的天下也没有维持多久。观应二年七月，近江的佐佐木道誉和播磨的赤松则祐投靠南朝的消息传至京都，足利尊氏立即亲自率军征讨佐佐木道誉，其子足利义诠也引兵讨伐赤松则祐。实际上，出兵讨伐叛逆只是足利尊氏和足利义诠父子离开京都召集己方同党的借口，父子二人的计谋是从东西两面对足利直义进行夹击（《园太历》）。当时，足利直义的弱点在于其麾下武将的根据地（本领）多数在远离京都的区域，所以京都周边只留有少量兵力驻扎。

足利直义见形势不利，立即逃往北陆重整态势。观应二年九月，足利直义在近江的战斗中败北，随后逃至镰仓。足利尊氏为了追击直义，沿东海道进攻，将各地的直义党分子逐个击破。观应三年正月，足利直义投降，足利尊氏携足利直义一同进入镰仓。同年二月，足利直义于镰仓去世。此时距离高师直被害恰好已过去一年。

至此，被称为"观应之乱"的一系列纷争迎来了终幕。但是，

---

① 『仁義なき戦い』，1973年深作欣二执导的黑帮片。——译者注

全国各地的直义党依然活跃，他们联络南朝伺机起事，令足利尊氏和足利义诠困扰不已。"六十年战争"只是刚刚开始。

老实说，笔者着实不明白为什么足利直义和高师直的纷争会在不经意间演变为足利尊氏和足利直义之间的兄弟相残。一般认为，"二头政治"这种不正常的政治形态原本就是不合理的。不过，与其说是"二头政治"，实际上却是足利尊氏将政务全权委托给了弟弟足利直义，所以以往的解释令人无法信服。

从常理的角度来推测，后继者问题也许是引发足利氏兄弟相残的一个重要因素。也许在足利尊氏看来，要想把将军的职务切实交到足利义诠手中，足利直义的存在无疑会成为一个障碍。再者，过继给足利直义当养子的足利直冬原本是足利尊氏庶长子（即足利义诠的庶长兄），此子在贞和四年的初阵[1]中得胜而归，展现出了强大的个人能力。如果足利直冬怀有野心，足利直义可能会为此铤而走险。"明明曾是亲密无间的兄弟啊……"研究这个时代的人无不为世事的无常发出感慨。

守护与大将

话说回来，室町幕府的军事制度是什么样的呢？以往的研究认为，"室津军议"奠定了室町幕府军事制度的基础。根据《梅松论》的记载，室津军议决定的诸将配置方案如下（有＊者代表足利一门）：

---

[1] 指武士初次上阵杀敌。——译者注

　　　四国　＊细川氏一族（其中细川和氏与细川显氏被赋予了
恩赏大权）

　　　播磨　赤松圆心

　　　备前　＊石桥和义、松田氏一族

　　　备后　＊今川显氏、今川贞国

　　　安艺　＊桃井盛义、小早川氏一族

　　　周防　大将：＊大岛义政　守护：大内长弘

　　　长门　大将：＊斯波高经　守护：厚东武实

　　到目前为止，研究者们关注的重点是周防（今山口县东部地区）、长门（今山口县西部地区）两地的足利一门大将和地方出身守护的组合，并且称呼这种组合模式为"守护、大将并置制度"。在山阳道他国也采取了守护、大将并置制度的想法引导下，研究者们进一步推断，除了足利尊氏极为信赖的播磨守护赤松圆心的特殊情况以外，备后（今广岛县东部地区）的大将为今川氏，守护为朝山氏；安艺（今广岛县西部地区）的大将为桃井氏，守护为武田氏。至于备前（今冈山县东南部地区）的并置状况，学界一致认定大将为石桥氏，但是在守护人选上存在着松田盛朝说和赤松圆心说两种意见。至此，似乎不难得出"当时山阳道诸国建立了守护、大将并置制度的事实已然十分明了"的结论。

　　尽管被命名为"守护、大将并置制度"，但是它真的是一个规模宏大的计划吗？由于我们已经知晓了足利尊氏卷土重来并建立室町幕府的结局，难免会不自觉地高估室津军议的作用，从而得出"室津军议决定了室町幕府守护、大将并置制度的基本框架"的评价。然而，室津军议的主题却不是构筑永久性的军事制度。正如前文所说，这次的军议只是设定了一条防御路线，目的是让足利尊氏平安撤退到九州，并为其争取在九州重振势力的时间。实际上，在室津军议召开之际，由于足利尊氏的突然撤退，在京都周边地区陷入孤立的足利方部将并不在少数。很显然，足利尊氏留下了这些棋子，选择了只身逃亡。

士卒逃离败军之将乃是世间之常态，跟随足利尊氏逃亡至室津的部将大多数是足利氏一门之人，而且真正能够期望为足利尊氏的逃亡提供掩护的，也是以足利氏一门为中心的部将。正因如此，室津军议的诸将配置计划中提到名字的几乎都是足利氏一门之人。

处于败势之中，将阻止敌方追击的重任托付给那些随时可能背叛的外样（此处指一门与谱代重臣之外，原本与足利尊氏立场对等的武士）存在着极大的风险，足利尊氏有必要将一门大将派遣至山阳道和四国地区。正因如此，小山氏、结城氏等东国武士追随着足利尊氏一同前往了九州，而足利一门的大将则肩负起了舍命阻止敌方进击和掌握濑户内海制海权的艰难重担。从这个意义上来说，"大将"是临时性的职务。

然而，关于室津军议确立的守护、大将并置制度，日本学界之中还广泛存在一种看法："（足利尊氏）在限制军事指挥权的同时，起用大内氏、厚东氏、朝山氏等非足利系外样守护，派遣一门出身的守护、大将与之并立"，从而确保濑户内海沿岸地区的控制权。这一政策被评价为"足利一门优遇政策"。

究竟在哪个世界，在战争期间，特别是处于劣势的情况下，会出现总司令部给前线指挥官拖后腿的情况呢——虽然很想这么说，但历史上犯下此类愚行的总司令部绝非少数。不过可以肯定的是，这样的总司令部肯定会输。在后文中将会提到的南朝便是一个典型的例子。换句话说，总司令部必须给前线指挥官提供能够充分发挥其自身能力的环境，否则唯有失败一途。

确实，从一般倾向上来说，由一门大将颁发的军功认定文书或授予恩赏文书远远多于外样守护。但是，这并不是因为外样守护的军事指挥权受到了限制。准确地说，这是因为一门大将比外样守护更具人气。

与其说大将和守护是积极主动地（或基于政策性目的）颁发感状（表彰军功的文书）和充行状（给予领地的文书），还不如说他们发出这些证明文书是为了应付那些立下军功（或者主张自己立下功绩）的武士的申请。在武士们看来，从将军足利尊氏手中直接取得文书无疑是最好的结果，但同时也是极其困难的事情。因此，武士们便将希望寄托在大将和守护的身上。

当时的武士普遍认为，从与足利尊氏关系密切的足利氏一门之人那里获得的文书具有更大的效力。因为如果足利尊氏日后宣称"吾从来没有做出这样的约定"，那便一切都泡汤了（实际上，在建武新政期间，后醍醐天皇也宣布护良亲王在倒幕时颁发的恩赏文书无效，护良亲王下台）。足利氏一门之人只是回应这种需求，提供了一大堆文书而已。

令人感到费解的是，为什么"败走中的足利尊氏对外样守护的军事指挥权加以制约"这种超越军事常识的理解会在日本学界中蔓延开来呢？这个问题的答案恐怕是受到了将镰仓时代以来的传统豪族阶层视为旧体制象征的战后历史学视角的影响。换言之，他们认为，新兴武士与足利氏一门大将的结合，打破了自古以来地方上名门望族武士的统治。很显然，这也是"阶级斗争史观"的思路。

南北朝初期，战局是不断变化的，武将和一般武士不会停留在一个地方，而是在列岛四处转战（详情参见下一节的内容），大将或者守护都没有可以称作"军事指挥权"的明确权限。在这次的战斗中隶属 A 指挥官的武士，在下一次合战里就可能在 B 指挥官麾下作战，而类似这样的状况在当时并不稀奇。

四处转战的武士们

虽说武士以战斗为职业，但是武士通常在成为总大将以后都会摆出威严的架势，不再轻易冲锋陷阵。像足利尊氏这样四处驰骋，在战场上身先士卒的武家栋梁，可谓是前无古人后无来者。正如前文所述，在西起福冈、东到镰仓的战斗中，足利尊氏都亲自在阵前指挥。

既然身为将军的足利尊氏在各地转战，追随他的武士自然也要四处奔波。以建武四年（1337 年）八月野本鹤寿丸提交的军忠状（《熊谷家文书》）为例，野本鹤寿丸为求得恩赏，在军忠状中详细列举了亡父野本朝行的军功。野本氏是出身于武藏国比企郡野本（今埼玉县东松山市下野本）的武士。军忠状记载的野本朝行从军情况大致如下：

十二月八日　追随足利尊氏出征

十二月十一日　参加箱根、竹下的战斗（至十三日）

一月三日　参加近江国伊几寿宫（伊岐须宫）合战

一月八日　参加山城国八幡的战斗

一月十六日　参加山城国法胜寺的战斗

一月二十七日　参加山城国中贺茂的战斗

一月三十日　参加山城国法成寺的战斗

二月一日　追随足利尊氏从筱村前往兵库

二月十日　作为足利直义的部属参加了摄津国西宫合战

二月十一日　参加摄津国丰岛河原之战，撤退至兵库

二月十二日　追随足利直义进入摩耶城。由于足利直义匆忙返回兵库，野本朝行等人被留在当地。在万般无奈之下，野本朝行假装向新田义贞的部队投降，回到京都。

二月三十日　逃离京都。在三河国（今爱知县东部）遭到野伏的袭击。

此后，野本朝行又在远江国（今静冈县西部）与后醍醐天皇势力作战，最终回到关东。

接连不断的战斗和持续的行军让野本朝行难以有片刻的闲暇。根据军忠状（为了请求恩赏，递交者会尽可能举出各种战功。战死、负伤在当时也被视为战功）的记述，野本朝行不熟悉西国的地理情况，所以一度迷路，没能和足利氏的军队会合。与地方的纷争不同，远征作战极为辛苦。

与大队人马失散的野本朝行最终返回了关东，但是像小山氏、

结城氏等追随足利尊氏抵达九州的东国武士也不在少数。后来，小山氏等人追随足利尊氏东上，参加了凑川之战，也可谓是吃尽了苦头。

另一方面，也能看到九州武士奔赴东国的例子。以肥前国松浦庄西乡相知村（今佐贺县唐津市相知町）为根据地的相知秀，于观应元年（1350年）十月二十八日参加了足利尊氏的九州远征军（目的在于讨伐足利直冬）（《松浦文书》）。远征军从京都出发沿山阳道一路西进，在接到足利直义党叛乱的消息后，又从备前折返。据说相知秀也加入了这个队列，参与了观应二年正月在京都周边的一系列战斗。此后，相知秀随足利尊氏退往播磨，并且在二月十七日摄津打出滨合战尊氏方全面溃败之际护卫了足利尊氏。

相知秀是坚定的尊氏党成员。足利尊氏和足利直义二人达成和解以后，相知秀也追随尊氏回到京都，又在七月末参加了足利尊

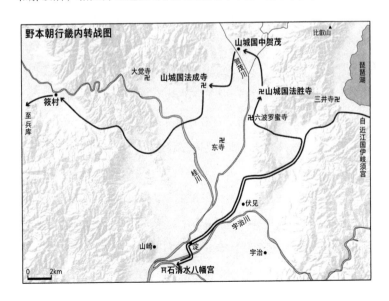

氏发动的佐佐木讨伐战（如前所述，讨伐佐佐木只是足利尊氏的伪装，其真正的意图是讨伐足利直义），转战于近江、山城一带。此后，足利尊氏为了追击逃亡的足利直义奔赴关东，相知秀也随大军前行。观应三年闰二月，旧直义党和南朝势力组成的联军在关东举事，相知秀又一次加入足利尊氏的讨伐军，最终在当年闰二月二十日的武藏金井原（今东京都小金井市）之战中战死。在远离故乡的地方殒命，也是南北朝时代的常态。

与上述南北朝内乱的残酷事实相比，镰仓后期的恶党事件只是些小摩擦。如前章所述，庄园内外发生的纷争不是镰仓后期特有的现象，应该从跨越时代的角度加以观察。告发恶党的诉讼案件不断增加，大量与之相关的史料留存至今，这确实会引起人们的注意。可是，倘若每当有伤害事件发生，便动辄归咎于"社会矛盾"，这样的研究还有什么意义呢？

日本的战后历史学基本上把恶党的活动视为反体制运动，对其积极评价，因此刻意突出恶党问题，将其作为超重要的历史事项进行讨论。结果，学界对恶党的解读远远超出了其实际情况。随后，学界广泛兴起了以恶党问题为代表的镰仓后期社会矛盾引发了南北朝内乱、镰仓后期恶党进化为南北朝时期"一揆"的学说，从而掀起了强调镰仓后期至南北朝时期的连续性的风潮。

然而，当我们从非"阶级斗争史观"的视角重新审视问题后，不难发现，邻里武士之间的纠纷和在日本全国辗转作战的情况根本不应在同一个层级进行讨论。重要的是武士战斗的实际状态，而不是是否针对体制（尽管从表面上看是反体制行动）。

掠夺性军事作战

镰仓幕府原则上要求出征的御家人自备军粮。镰仓时代主要是短期的、小规模的战斗，所以由参战者自备军粮并不会造成问题。可是进入南北朝时代以后，大规模的远征行动日益频繁，如果仍旧沿用自备军粮的方式只会让参战者死于饥饿。于是，现地筹措军粮的方式逐渐流行起来。

说到现地筹措军粮，日本史学界认为这是"对民众进行掠夺"，倾向于先从伦理道德的角度对其进行批评，而不是冷静地加以分析讨论。因此，在研究这个问题时有必要放下"反战和平主义"，将道义问题和军事合理性分开进行讨论。

在日本史研究者编写的"军事"和"战争"题材书籍中，大多持"没有设想过供给远征军的兵站，周边的村庄被掠夺了"等观点，换言之，这些作者认为现地筹措（征发与掠夺）是野蛮、原始的行为，从后方输送粮秣才是先进、高级的补给方法。

掠夺补给的方式确实是不道德的（但是依靠后方的补给同样要从百姓手中征调军粮），可是从军事的观点来看却是合理的手段。正如学者久保健一郎所指出的那样，在战争中军粮是最重要的物资，同时也是极为沉重的"行李"，若是仅仅依靠后方的补给支持大军远征，粮食的运输、保存、管理均需要付出巨大的成本。

军事学者马丁·列维·范·克里维尔德[1]指出，在普法战争期间（1870—1871 年），尽管普鲁士军队制定了利用铁路网的周密补

---

① Martin Levi van Creveld，1946年生，以色列历史学家、军事学者，专攻军事史。——译者注

给计划，但是这一补给制度事实上并没有发挥预期的作用，军队仍然依赖现地征调。在包围巴黎之际，由于大后方输送的粮食补给迟迟无法抵达，数千名普鲁士士兵只好离开岗位，前往巴黎周边的农地收获农作物，再将谷物脱粒，利用水车磨成面粉，然后烤成面包供给前线。即便是一直被推崇为"军需（兵站）之神"的老毛奇①所精心构筑的补给线，实际表现也不过如此，那么其他战争中的补给状况也不难推测。直到第一次世界大战，随着武器弹药消耗量的飞跃式增长，现地征调的补给方式才再也无法维持战争的需求。在此之前，无论是东方还是西方，都以现地征调作为供养军队的标准手段。

那么，南北朝内乱时期掠夺的实际情况是怎样的呢？在现存的史料文献中，经常被引用的是《太平记》第十九卷的"追奥势迹道道合战事"。这则文献记述了历应元年（南朝延元三年，1338 年）正月，陆奥国司北畠显家率领大军攻占镰仓，并以怒涛之势向东海道发动攻势的情况。其文章如下：

> 原本北畠显家的军队就是一群不知廉耻的野蛮之人，他们掠夺沿途的民家，烧毁神社佛阁。北畠显家的军队经过以后，当地基本上被掠夺得一干二净，烟尘散尽后，沿途二三里以内，民家一户不存，草木一株不留。

这段文字充斥着对东北（指陆奥等地）之人的轻蔑，虽然

---

① 赫尔穆特·卡尔·贝恩哈特·冯·毛奇，Helmuth Karl Bernhard von Moltke，1800—1891年。时任普鲁士总参谋长。——译者注

有必要谨慎对待，但是应该足以说明当时行军过程中的掠夺十分激烈。如果实施占领统治，便不能随便进行抢夺，而只是途经当地的军队无须顾及长远。正如谚语所说，"只管眼前，勿顾将来"（後は野となれ山となれ），路过的军队会不遗余力地进行掠夺。以前的历史学家经常对北畠显家军队快速的攻势感到惊讶，发出"大军具有惊人的速度"之类的感叹。不过，反过来想，也许北畠显家的大军正是为了满足饥饿的肠胃才不得不快速地移动。

更为值得信赖的史料是建武四年二月美浓国大井庄（今岐阜县大垣市）庄民向本所东大寺提交的申状（请愿书）。据申状所述，建武二年冬，后醍醐天皇、足利尊氏双方的军队相继侵入庄园，不仅是牛、马等牲畜，就连米、大豆也被全部掠夺，庄民几乎被饿死（《东大寺文书》）。大井庄庄民提交这份申状是为了能够免除东大寺法华会费用，所以损害情况上应该存在夸大其词的地方，但是大体上反映了事实的原貌。另外，军队征调大豆主要是充作马匹的饲料。

在反映战时掠夺情况的史料中，像上述这种地方庄园呈报损害状况的文书非常多。若是仅仅通过这些史料，人们只会加深时代剧中军队进驻农村后，私闯民家、抢粮夺食，百姓痛哭哀号的印象。然而，掠夺和征发的场所应该不仅限于农村地区。

回顾足利尊氏的军事行动历程，他曾多次将兵库作为据点。兵库作为交通要冲便于军队的集结、驻屯和移动，但是利点远不止如此。根据《梅松论》的记载，建武三年二月，细川氏一族等人向致力于夺回京都的足利尊氏提议，希望他将阵营转移至兵库，征调兵库地方的船只，"确保兵马粮草充沛"，然后号令诸国的己方力量一齐围攻京都。根据这个意见可以判断，前往兵库可以获得兵粮和人马的给养（马匹消耗的粮秣大约是普通人的十倍）。

正如前一章中提及的尾道那样，港町（港口市镇）设有仓库，可以收集年贡米等物资。因此，只要占据港町，就可以一举获得大量的军粮补给。相对于像强盗那样劫掠一间间的乡村农舍，占领港町是更加行之有效的方法。

近代军事学创始人卡尔·冯·克劳塞维茨 [1] 在《战争论》[2] 中指出："人口稠密的地区远远比人烟稀少的地区更容易满足军队的需要。"因此，相较于农村，城市绝对更容易成为军队掠夺的目标。正是出于这个原因，北畠显家才会在两年半的时间里三次袭击镰仓。

近年的研究表明，南北朝内乱是以争夺当时被称为"市町"的区域性流通据点的形式展开的。部分研究者推测，参战各方之所以对市町进行争夺，乃是因为在地领主一旦掌握了地方的交通要冲或流通要冲就相当于掌握了当地的主导权。也许如此，但更为实际的原因是各方势力都对"市町"中积蓄的大量粮食垂涎三尺。

兵粮料所的设立

通常情况下，现地征调的粮食数量往往难以估测。而且如果军队行进至某一地点后长时间停留，能够从当地获得的粮食只会是越来越少。这样一来会出现很大的不确定因素，军队也就无法仅仅依靠现地征调的方式维持供给，所以军队还是需要事先确保一定程度

---

[1]　Carl Philipp Gottlieb von Clausewitz，1780—1831年。——译者注
[2]　书名德语为 Vom Kriege。——译者注

的粮食。对此，行之有效的手段是设立"兵粮料所"。

按照辞典中说明，所谓"兵粮料所"，是指为了征收军粮在一定期限内由室町幕府托付给属下武士的土地（南朝也采取了相同的政策）。只是在现实中，通常由诸国的守护或大将自行决定本国兵粮料所的设置，事后再由室町幕府加以追认。

大将和守护通过将兵粮料所托付给下属武士，可以获得他们的支持。换句话说，托付兵粮料所是一种恩赏。兵粮料所的设立是临时的、暂行的措施，但是比赏赐普通的领地更加方便实施，所以在那个时代被多次运用。既然存在授予武士个人征收兵粮的权力的现象，那就说明军需自筹原则在一定程度上发挥着效用。

那么，什么样的地方会被设定为兵粮料所呢？很多情况下，没收的敌方领地会被当作兵粮料所托付给己方的武士。虽说是"没收"，但是并不意味着敌对势力已经从那片土地上消失，部分土地上可能依然残留着敌方势力。在这种情况下，拜领这些兵粮料所的武士必须依靠自身的军事实力清除敌对者。凭借实力完成占领，统治自然会得到认同，这就是俗话所说的"以结果论成败，有能者得而居之"。

另一个需要注意的问题是，"敌对者"的存在方式。在室町幕府看来，南朝方是敌人，但是并非只有怀着"吾人要为了后醍醐天皇陛下讨伐逆贼足利尊氏"想法向幕府发起挑战的武士才是"敌对者"。那些旗帜不鲜明的势力也会被归入"敌对者"的行列。

前揭建武四年大井庄申状还提到：两方军队劫掠风暴席卷过后，美浓国守护在国（离开京都，驻留国中）理事，原本以为美浓国终于迎来了和平的曙光，孰料守护一到任就要求国内的庄园提供兵士，准备军粮、武器和马匹。有传闻说，倘若有人拒绝守护的要求，就会被视为敌人，不仅会被缉拿，家宅房舍也会被尽数焚毁。

守护认为征收军粮是正当行动。因为在守护看来，为了保障地域的安全，国内的庄园承担必要的物资和军费是理所当然的事情。守护的行为大致相当于黑社会暴力团伙在索取保护费。顺带一提，西班牙王位继承战争正在如火如荼进行中的 1704 年，经弗兰德向法国内陆地区进击的英军总司令官马尔博罗公爵 ①，"要求"大军所到之处的市镇村庄以提供食物的方式取得"保护"，从而成功地为部下四万大军筹集到超过一个月的军粮。由此可见，古今东西将帅们有着相同的想法。

考虑到也可以在敌方所领设兵粮料所，兵粮料所也是一种有效的现地征调模式。实际上，大将和守护并不希望看到武士自行征调粮食的情况出现。这倒不是大将和守护反感违背道德的行为，而是他们担心武士自行征调粮食会扰乱军队纪律，从而妨碍大军的前进。这就意味着，虽然设立兵粮料所让庄园提供军粮也属于掠夺，却是一种更加"高明"的掠夺。

小林一岳将通过兵粮料所征收军粮的模式称为"掠夺的体制化"。克劳塞维茨列举过两种现地征调粮食的方法，即"军队自行征调给养"和通过行政组织的"正规征调给养"，而后者是"最简单且最有效的给养方法"。兵粮料所的设立可视为"掠夺的体制化"，应该属于后一种类型。

与此相关，这一时期还有"诸国甲乙人"作为"兵粮借用使

---

① Duke of Marlborough，即约翰·丘吉尔，1650—1722年。——译者注

者"前往庄园强行征收军粮的事例存在(《高城寺文书》)。这里的
"甲乙人"是指既非贵族又非武士的一般庶民。在近代补给组织成
立之前的欧洲,由随军商人承包现地征调的情况十分常见。甲乙人
征调军粮应该也属于这种类型。如果由武士直接征调军粮,恐怕他
们会为了个人的利益肆无忌惮掠夺,由甲乙人负责征调军粮很可能
是为了避免出现此类情况所采取的措施。

何为"半济令"?

如前所述,作为一国军事指挥官的守护需要事先筹集一定数量
的粮食以备战争的不时需求。但即使个别设立兵粮料所,其中很多
还是要交给属下的武士管理,这样一来守护手头就无法储备大量的
粮食。为了应对这种情况,出现了被称为"半济"的方法,即守护
要求国内所有的庄园一律将半数的年贡米作为兵粮上缴。

翻看教科书,不难找到"室町幕府颁布半济令,为了筹集军粮
准许守护征收一半的年贡(半济)"的解说。日本学界曾经围绕半
济令的目的展开了长期的争论。如果详细梳理相关的研究史,至少
需要数十页的篇幅,所以笔者仅予以最简单的说明。

根据半济令,庄园领主(南北朝时期称之为"寺社本所")的
收益减半,而守护对剩余一半的征收权则获得正式承认。如果侧重
于强调"庄园领主只能收取一半的年贡物资",半济令就成了支持
守护权力扩大的改革进步政策。

然而,在制定半济令以前,守护不止征取半数的份额,甚至经
常索取全部的年贡。因此,很有可能不是"庄园领主只能收取一半

的年贡物资"，而是庄园领主"也能获取一半份额的年贡物资"。如果采纳这种解释，我们应该将半济令视为遏制守护强行征收粮米，保护庄园领主权利的保守政策。

最近还出现了将上述两种观点折中的意见，室町幕府曾经数次颁布半济令，其内容因时期的不同而多少存在着差异。松永和浩着眼于这些半济令细微的内容变化，指出室町幕府的半济政策每隔数年就会出现阶段性的差异。

也就是说，随着战况的好转，室町幕府会解除军事体制，同时命令守护返还寺社本所领地；若是出现战况恶化及军费不足的情况，幕府方面就会推进寺社本所领地的兵粮料所化。据此，松永和浩将半济令定义为室町幕府的"军事政策"。

然而半济令的法令条文构成是"武士以调度军费为借口肆意侵占的土地必须全部返还寺社，但是沦为战场的国不受此约束"等，即在原则上返还的前提下附加了部分例外条款。就此而言，将半济令定义为"军事政策"的解释便存在问题了。

松永和浩认为"兵粮料所的设立和裁撤应该是根据形势的变化而展开的"，而问题却在于室町幕府积极、主动地设立和裁撤兵粮料所这一前提究竟是否正确呢？如前所述，室町幕府把设立兵粮料所权限几乎全部交给了当地的指挥官。对于地方一点点设立的兵粮料所，室町幕府只能予以追认或抑制，并未设想过兵粮料所的战略配置。

在松永和浩当作研讨素材的一系列幕府法令中，并没有能够被称为"方针转换"的剧烈政策变更。虽然保护程度会因为不同的时期而存在差异，但是保护寺社本所领地是幕府一贯奉行的方针。在地方武士设立兵粮料所（包含事实上的掠夺）问题上，室町幕府也不曾放弃"返还寺社本所"的立场（或者是方针）。就此而论，守护实施的半济属于军事政策，而室町幕府的半济令却不属于军事政策。

从研究史的角度来看，学界对半济令太过重视。先行研究曾再三指出半济令的实效性较低，换句话说，尽管室町幕府颁布了半济令，地方也未必遵守其规定，武士侵夺庄园的事件依旧经常发生。室町幕府接受寺社本所的抗议，只是以"喂，尔等适可而止哟"的态度发布半济令，其实大多数是流于形式的政策。所以笔者认为，至少在论及南北朝"战争"问题时，不需要对半济令的相关条文进行细致的分析。

阵夫与野伏

守护对庄园的要求不仅限于提供军粮，还包括提供人员。其中一部分便是称为"阵夫""人夫"的非战斗人员。从当时的史料来看，存在着"兵粮持人夫""盐持人夫""材木持人夫""具足持人夫""城诱人夫""在阵夫"等。由此可见，阵夫主要负责运输物资、修筑城郭、筹备食物等杂务，而这些杂务也确实是适合百姓（非战斗人员）的工作。

另一类是"野伏"，属于战斗人员。在中世史的概说书等著作中，通常将野伏解释为雇佣兵式的存在，而且对他们实施的奇袭、伏击等"游击战术"多有着墨。似乎是在用《峰相记》中记载的恶党形象理解野伏。实际上，有很多研究者都曾指出恶党和野伏存在着相似性。

　　然而，正如前文所述，"恶党"基本上是一种标签，在镰仓时代末期至南北朝时代并不存在有别于一般武士的特殊武力集团。因此，针对野伏有必要重新进行讨论。

　　实际上，主要是在《太平记》的记述中，野伏作为神出鬼没的武装势力出场。《太平记》中还提到，楠木正成、赤松圆心、高师直都是以积极、灵活利用野伏而闻名的武将，但是这些并不一定是他们的真实形象。《太平记》将楠木正成等人的角色塑造成不受以往"常识"（无论是好是坏）所束缚的恶党，不能将这样的描述全部当作史实。

　　关于野伏的来源，若是以可信度较高的史料作为分析对象，守护向庄园摊派阵夫役的同时还摊派野伏役的事实便会很快浮出水面。也就是说，不存在名为"野伏"的暴徒集团，野伏是被驱使的百姓。守护在征调百姓时大概会优先挑选村中那些孔武有力之人，可是即便如此，这些人的战斗力也十分有限。

　　由百姓聚集而成的"野伏"部队利用巧妙的战术将身为专业战斗人员的武士们翻弄于股掌之间，这样的场景着实有些令人难以想象。以往"野伏就擅长游击战"的解释，与南北朝内乱时期的实际状况相去甚远。

　　大体上，日本的中世史研究者过于随便地使用"游击"一词。在"正规军"的概念尚未确立的前近代时期，"游击"的概念也应该是不存在的，这个根本性问题暂且不论，游击战术其实是"持久战"的一种形态，是依托民众的支持与地利进行的消耗战。如果是向镰仓幕府发起长期抗战的楠木正成在作战中采取了种种奇思妙计，倒也勉强，但如果只是出其不意地偷袭，就不能说是"游击战术"。

日本史学界之所以使用"游击"一词，乃是受到了"越南人民通过游击战成功战胜了美帝国主义"这一对越南战争观点的强烈影响。这依然属于"阶级斗争史观"的范畴。

书归正题。既然无法期待奇袭攻击使得武士们手足无措，那么野伏在实际中究竟发挥着什么样的作用呢？

康永二年（南朝兴国四年，1343 年）四月，以南朝方武将身份于常陆地区活动的春日显国，在给己方武将结城亲朝的书状中传达当时战况："差遣野伏，阻塞凶徒运送兵粮之通路，借此数度发起合战，凶徒多可授首矣。"（《白河结城文书》）也就是说，当时春日显国指挥野伏截断了足利军的运输线，伺机劫掠对方兵粮。

另外，根据前文中野本鹤寿丸军忠状的记述，建武三年二月三十日，从遍布后醍醐天皇方军队的京都成功脱逃的野本朝行，在三河国多次遭遇野伏的袭击，野本朝行本人险些因此丧命。从这里看得到的野伏行为应该是所谓的"落武者狩"①。

对室町至战国时代民众参与战争情况进行过专门研究的藤木久志认为，通常情况下，武家兵卒在敌人正面与之周旋，而军事动员来的民众则配置在后方，负责落武者狩和阻断道路等任务。可以说，民众就是辅助战斗人员，不应太过高估其战斗能力。参考藤木久志的论断，南北朝时代的野伏不就是上述动员体制的先驱吗？

---

① 指战败的武士（落武者）失去主力部队保护并试图逃命时，被农民、地方武装或其他非正规力量追捕杀害。——译者注

只是在室町时期，民众的武力是以村为单位组织起来的，并且是在守护军队之外独立行动。相较于此，南北朝时期的野伏应该是处在大将的指挥下。《祢寝文书》记载"（室町幕府大将今川满范）差遣甲百余、野伏三百余人"，"甲"是指全副武装上阵的武士，而"野伏"是指作为援军派遣的轻装农民士兵。就这一点而论，南北朝时期和室町时期之间存在着阶段性差异。

另外，在这一时期的古文书中随处可以看到"野伏合战"的表述。学界研究者们多数将"野伏合战"解释为"野伏发起的合战"或"与野伏的合战"，但是如此论断真的合适吗？在战国时代的一些事例中，"野伏"意味着"正式战斗前的小规模冲突"，所以"野伏合战"很可能是指有别于主力军队之间会战的小规模战斗。

结合上述内容，笔者认为不应该对这一时期"野伏"部队即农民军的活动给予过高评价。

"战术革命"是否存在？

据说，南北朝内乱对武器装备的样式产生了诸多影响。一直以来，较腹卷更加轻便的甲胄——"胴丸"的普及备受关注。同样，枪的登场也被学界广泛强调。

胴丸和枪之所以受到重视，乃是因为它们被认为是恶党、野伏等新兴武力集团使用的武器和防具。据说，游击队将确保战术的机动性视为重中之重，他们倾向于使用轻便的胴丸和仅需"突刺"的枪这种即使是武士以外的普通人在经过短时间练习后也能轻易使用的简单武器。甚至有观点认为，步兵集团战兴起。

战后历史学对"民众的崛起"情有独钟，倾向于强调战斗人员阶层的扩大，也就是过度强调既有武士阶层以外人员通过参加战斗成为武士的"下克上"。战术层面革新说的出现，也是这个原因。然而，南北朝时代并不存在被称为"恶党""野伏"的雇佣兵集团崛起的历史事实，主张"从'一骑打'向步兵作战转变"的古典解释也随着近年来实证研究的推进而得到修正。

首先，骑射技术不熟练的下级武士大量参战导致"一骑打"在源平合战阶段就已经不再是主流战法。古典学说认为，恶党和野伏无视战场规则，在战斗中射杀对方武士的坐骑，迫使"一骑打"退出了历史舞台。可是射杀对方坐骑的战法早在源平合战时代就已经被采用，所以没有证据表明这个时代存在"战术革命"。

也有研究者试图以主流兵器的变化，即需要高度技巧的弓箭逐渐被易于操作的刀枪所取代的现象来说明"战术革命"的存在，但是从当时的军忠状和合战负伤申报来看，在南北朝时代的战伤中，箭矢造成的伤害仍然占压倒性多数。说到底，我们无法确定南北朝时代是否流行步兵近战。

根据《太平记》的描述，南北朝时代的合战是激烈的白刃战。受此影响，我们难免会产生当时的参战人员都是英勇无畏之人的错觉。不过，这些参战人员毕竟是有血有肉的凡人，不希望自己殒命疆场，他们会尽可能在敌人接近以前杀伤对方，所以远矢（远程射击）仍然是战斗中的最佳选择。

不过，根据军忠状等史料文献记载的战斗状况，近身战在战斗中占据显著的比重也是事实。关于这个问题，铃木真哉的见解可谓一语中的。依据铃木真哉推论，为了取得敌方首级证明自己的军功，参战者必须挥舞刀枪进行肉搏战。换句话说，当时的战斗是在用远矢击溃敌人的基础上，再进行白刃战。

以往的研究从"恶党、野伏的活跃"这一先入为主观念出发，认为南北朝内乱有别于过去的"战争"的最大特征在于使用太刀和枪作战的步兵（专门术语称之为"打物步兵"）数量的增加。然而近藤好和主张着眼于持太刀和枪的骑马武士（"打物骑兵"）的登场和持弓矢步兵（"弓射步兵"）的增加。

近藤好和认为，随着南北朝时期名为"三枚打弓"的长射距弓的推广，相较于接近敌人后才能对其进行精准狙击的骑射，从远距离即可准确射杀敌人的"步射"变得更加有利。这一时期，以楠木正成的赤坂、千早二城和赤松圆心的播磨白旗城（位于现在的兵库县赤穗郡上郡町赤松）为代表，出现了依托险要地势的常设城塞，即所谓的"山城"，这一点也不容忽视。在攻城战（对防守方而言则是守城战）中，双方势必进行远程步射。弓射步兵在盾板的掩护下引弓放箭，因此装备轻型化。

那么，弓射步兵中包含多少百姓呢？如前所述，弓箭这种武器并非缺乏日常训练之人能够轻易掌握的。尽管有人认为，一般的百姓也可以通过狩猎活动掌握娴熟的弓箭技巧，但是作为生计的狩猎活动和专注于实战的弓矢训练不可同一而论。很难想象把百姓配置在前线作战会造成什么样的后果，所以最多让他们作为野伏配置在后方。

另外，在南北朝内乱时期，室町幕府经常以恩赏的名义诱劝那些被称为"沙汰人"的地方庄园有势力者，对他们展开广泛的军事动员。以往的研究通常将这些地方有势力者理解为上层农民。事实上，"沙汰人"是担任庄园的公文、田所，或者地头代、预所代等中下级庄官职务的领主般的存在。前面章节中提到的寺田法念等人就属于典型的"沙汰人"，比起名主，他们更接近地头御家人。换言之，我们也可以将其视为武士。"沙汰人"投身于战斗的行为不能视为"百姓参加实战"。

随着步兵承担了主要的弓射任务，骑兵得以从骑射战中解放，继而加入短兵相接的"打物战"行列。不过，当时骑兵之间的白刃交锋可不是二马并立的缠斗，而是在错马冲刺中实施一击脱离，这和现代大银幕中的演绎截然不同。毋庸置疑，这些马上作战之人是真正的武士，而且依然是战场上的核心力量。

然而，"游击战"信仰——即使是不具备特别武艺和非凡力量，缺少强大经济实力作为支撑的一般民众，如果他们化身为恶党、野伏，还是可以击退由武士组成的"正规军"，至今依然在学界根深蒂固。

对恶党、野伏、山伏等横行无忌或大显身手的描述多次出现在《峰相记》和《太平记》中。《峰相记》的史料特征前文已有所触及，而《太平记》也是十分棘手的史料。《太平记》原本就是口头传颂的"故事"，其表演者往往被视为卑贱的艺人。为了吸引听众，说唱艺人们当然会像传颂英雄般来讲述"不法暴徒"特立独行的事迹。真的能相信这样的记述吗？大概基于"阶级斗争史观"的思考方式，很容易被洋溢着浪漫主义色彩的《太平记》世界观所左右吧！

那么，南北朝内乱和前代的战争究竟有何不同呢？尽管远战的倾向显而易见，但是却谈不上战术层面的革新。确切地说，伴随着

常陆合战参考地图

远征、长期战和大规模会战的增加，将确保军队的粮食补给列为最优先课题这一点才是南北朝内乱的最大特色。

历应四年（南朝兴国二年，1341年）六月，室町幕府的高师冬（高师直的堂兄弟）率部进逼南朝方北畠亲房盘踞的常陆国小田城（位于现在茨城县筑波市）。但是为了避免强攻城塞，高师冬在可以俯视小田城的宝箧山（三村山）建立大本营，并在周边构筑数个要塞（《白河结城文书》）。这相当于战国时代经常出现的"付城"，南北朝时代的史料称之为"向城""近阵""诘阵"。也就是说，高师冬不打算对小田城发起强攻，而是打算进行持久战，一边等待援军的到达，一边切断小田城的粮道迫使守方军队投降。这种"向城"作战是南北朝时期十分流行的攻城战术。

高师冬的军队一边据守要害，一边屡屡从周边的村庄征调粮食，还对南朝方武将实施离间、挖角等策略。另外，在南北朝时代，通过焚毁城池周边的村落和抢割邻近田地的作物等手段，切断守城方粮食补给的围攻战术也被广泛应用（《祢寝文书》等）。大概高师冬的军队也采取了同样的消耗战术，以尽可能地消磨敌军的战斗意志。

逐渐陷入劣势的北畠亲房再三请求陆奥国的结城亲朝向常陆提

供支援，作为自己的"后诘"①给高师冬的军队施加压力，但是结城亲朝却没有采取行动。该年十一月，小田城城主小田治久归顺室町幕府，北畠亲房率余部从小田城逃走。

说到围城战，"兵粮攻"（断粮）一词的普及使人产生"防守方陷入饥肠辘辘状态"的强烈印象。不过，随着包围的持续，攻城方搜集粮秣的工作也会变得日益困难。例如，在镰仓幕府围攻千早城之际，护良亲王的军队于幕府军背后展开攻势，截断了幕府军的补给路线，致使幕府军队的将兵纷纷脱离战线。像这样为了救援守城的战友而从背后威胁攻城敌军的部队，通常被称为"后诘""后卷""后攻"等，南北朝时代广泛采用"后诘"战术（顺带一提，该战术在战国时代再度流行）。因此，"后诘"的武士突破敌方包围，为城中送入军粮补给的行为也会被算作军功（《毛利家文书》）。反之，攻城方武士捕获为城中输送粮米的人夫也会被当作战功而得到赞赏（《野上文书》）。

换言之，围绕兵粮和将兵展开的争夺战才是南北朝内乱时期"战争"的真实形态，而非《太平记》中激烈的白刃战和巧妙的游击战。极力避免正面攻击这一点可以算是其"创新之处"。

① 军事术语，表示后备军队或执行包抄战术的军队。——译者注

第四章

武士们在南北朝时代的生存之道

不想战斗的武士

在南北朝内乱时代的军忠状中，总是不乏表达"舍身"奋战意愿的文字。为了获取恩赏，参战者必须强调自己的功勋，这就导致军忠状的表述基本上都存在夸大其词的问题。虽然这样的记述不足以被采信，但是以往的内乱史研究认为，在武士们的眼中，南北朝内乱是"出人头地"的绝佳机会，所以他们才会踊跃地奔赴战场。很显然，这种观点深受将武士视为变革主体的"阶级斗争史观"的影响。

伴随着新史料《高幡不动胎内文书》的出现，上述观点从根本上产生了动摇。大正末期至昭和初期，东京都日野市高幡山金刚寺的木造不动明王坐像（通称"高幡不动"）胎身内取出了大量文书残片，这些残片被统称为《高幡不动胎内文书》。所有文书的整个背面都印上了不动明王或大黑天的印佛（刻有神佛姿态的木版）。

然而，文书残缺不全，很多字体难以辨析，而且残片的接合复

《高幡不动胎内文书》的一部分
（高幡山金刚寺、日野市乡土资料馆）
注：上图为文书正面，下图为加盖印佛的文书背面

原状况十分不理想（很难判断哪些残片属于同一文书），导致文书的解读工作一度搁浅。

不过，在日野市史编纂委员会的不懈努力下，文书的接合复原和解读工作不断取得进展，使《高幡不动胎内文书》的全貌得以展露在世人面前。最终，编纂委员会的成果于 1993 年刊行的《日野市史史料集：高幡不动胎内文书》中公布。据史料集所示，存放在高幡不动明王胎内的文书是历应二年（1339 年）高师冬远征常陆之际从军的武藏国多西郡土渊乡（位于现在的日野市、多摩市两地交界地带）武士山内经之及其亲友所遗留的文书（共计六十九份，其中山内经之本人撰写的文书有五十份，亲友撰写的文书有十八份）。据推测，这些文书是专门为了吊唁在常陆战死的山内经之，由其遗属委托金刚寺供奉在不动堂的。

根据以上史料群所示，山内经之在关东执事兼武藏守护高师冬的动员下，于历应二年八月从镰仓出发，经武藏府中和村冈（今埼玉县熊谷市）来到下总国下河边庄，与南朝方发生战斗，随后一路追击撤退的南朝军队直至攻入下总国山川（今茨城县结城市大字上山川）的敌阵。这里紧邻南朝方的重要据点常陆驹城（今茨城县下妻市黑驹），山内经之参与了攻击驹城的战斗。驹城攻防战一直持续至历应三年五月，但是山内经之的书信中却没有提到驹城陷落一事。据此推断，山内经之应该是在驹城陷落前的激战中殒命。

山内经之在远征期间经常给留守家中的妻子和关户观音堂（位于现在多摩市关户）住持等人寄信（这些书信在山内经之死后被供奉于高幡不动明王坐像的胎内）。山内经之的书信记述了当时投身于战场的武士们的"真心话"。

山内经之的孩子尚且年幼，有能力的家人（家臣）又全部跟随自己奔赴疆场，致使家中没有一个可以依托之人，山内经之对此忧心忡忡。随着滞留军中的时间不断延长，山内经之愈加思念自己的妻儿，尽管他曾请求返乡探视，但是却遭到上级的拒绝。

当然，身处与死亡比邻的战场上，自身也会感到不安。也许是为了不让家人太过担心自己，山内经之在书信中对持续增加的伤亡人数和对敌方袭击的警戒等战地状况往往是轻描淡写，事实上山内经之的内心深处应该是相当害怕的。特别是考虑到自己战死沙场后，家人将会面临未知的命运，这更是让山内经之感到巨大不安。山内经之在书信中叮嘱年幼的儿子"（自己）可能无法从这次合战中活着回来"，大概也包含着希望儿子能够在自己死后肩负起守护家族重任的意思。

经费的筹措同样是一个严重的问题。因为这次的战事，山内经之变卖了自己的部分家产，还到处借贷金钱和米粮。尽管如此，随着战斗陷入长期化，山内经之的兵粮和军费日渐枯竭，只好让家中送来柿饼和栗子等方便携带的食品，并且设法筹集一些资金。此外，马匹和武具也有一定的损耗，山内经之要求家中送来替代用的马匹和武具。然而，一贫如洗的家中筹集的补给迟迟不见送达，山内经之只得恳求己方同僚借贷马匹和头盔给自己。除上述情况外，家人带来的随从（指家臣的家臣）接二连三地逃亡，更是让山内经之备受打击。

山内经之急切盼望着回到家乡，但是这不意味着他会选择懦弱地逃亡。根据山内经之的书信，当时军中盛传不服从出击命令之人的领地将会被没收。由此可以推断，高师冬部下武士们的战斗意志大体上已经十分低迷。

驹城攻防战期间，高师冬给相模国武士山内时通（此人很有可能是山内经之的同族）颁发了感状。高师冬在感状中说道："在众多武士返回本国的情况下，阁下却能坚持留守在阵中，着实令人钦佩。"（《山内首藤家文书》）此时，南朝方面截断高师冬军队粮道的战术发挥出了效果（《白河结城文书》），高师冬军中擅自脱离战线之人与日俱增。

北畠亲房和春日显国等南朝将领在常陆国的西部构筑据点，高师冬原本应动员常陆、下总、下野的武士与之进行决战。然而，曾经在建武年间追随足利尊氏转战各地的常陆守护佐竹氏和下野守护小山氏却没有为这次合战提供助力。佐竹氏和小山氏都是自命不凡的名门武士，若是足利尊氏也就罢了，但若是让这些人屈尊听命于区区将军执事高师直的一介族人——高师冬的调遣，他们定然不肯接受。

这样一来，高师冬只能对自己影响力所及的武藏、相模二国的中小武士展开动员，命令他们向常陆进军。不过，在这些被动员的中小武士眼中，常陆的战斗是与自己毫不相干的他国事务，高师冬的动员除了徒增烦恼以外没有半点好处。由于武士们迟迟无法集结完毕，从镰仓出发的日期只能一拖再拖。从最初开始，高师冬部下的武士就严重缺乏士气，随着战况的恶化，厌战情绪很快在军中弥漫开来，自然会陆续出现逃跑者。总而言之，这些武士根本不想战斗。

接连不断的战死者

怀着依依不舍的心情出征，身在战场之上却无时无刻不思念故乡的妻儿——《高幡不动胎内文书》展现了南北朝内乱时期武士们"软弱"的一面，与以往研究中推想的勇敢无畏形象大相径庭，这无疑对中世史学界造成了冲击。

不过，通史和概说书等著作至今仍在采用"武士们积极主动奔赴战场奋勇搏杀"的叙述。尽管书中也会以轶事的形式介绍山内经之等事例，但是过于简单，很难让人留下"当时的武士未必欢迎战争到来"的印象。

出现这种情况，主要是因为研究者们将"南北朝内乱是贫困潦倒的武士打破现状的绝佳机会，他们借着内战的局势，积极地侵略他人领地，以扩张自己的地盘"这一历史认知作为思考问题的前提。然而，参加南北朝内乱真的能给武士们带来巨大的好处吗？

南北朝内乱是前代战事无法比拟的大规模、长期化"战争"，武士们蒙受的损失也极为严重。最严重的损害当然是战死沙场。新井孝重分析了第一章中提及的九州武士少贰氏（武藤氏）的源流，生活在南北朝内乱时期的少贰氏一族共计五十四人，其中战死者达十八人，占总人数的三分之一。

扎根于陆奥国行方郡的陆奥相马氏一族经战争的摧残几乎毁灭。足利尊氏败走九州以后，北畠显家率军返回陆奥，途中遭到了受足利尊氏之命守卫镰仓的斯波家长的阻击。建武三年（1336 年）四月十六日的片濑川之战（战场大致位于现在神奈川县藤泽市片濑海岸一带），北畠显家率军击败斯波家长，追随足利方的相马一族成员泉胤康战死。斯波家长退至镰仓再战，却依然不敌北畠显家军，相马氏惣领相马重胤于法华堂自尽身亡。

此时，相马重胤的嫡男相马亲胤追随足利尊氏转战西国，只得由相马亲胤之弟相马光胤统领陆奥相马一族。相马光胤等人听命于斯波兼赖的指挥。建武三年五月二十四日，北畠显家的军队向相马光胤据守的陆奥小高城（位于现在的福岛县南相马市小高区小高）发动攻击，相马光胤及一族的长胤、胤治、成胤、胤俊全部战死。

此后，相马亲胤的嫡子相马松鹤丸挑起了统率一族的重担，可是陆奥相马氏的战力已经大幅下降，在南朝势力席卷陆奥的局面下，松鹤丸等人不敢轻举妄动。迫于无奈的相马松鹤丸等人在山林之中潜伏了半年之久，直至建武四年正月斯波兼赖等人率军前来支援，陆奥相马氏才得以东山再起（《相马文书》）。

陆奥相马氏幸运地实现了复兴，但是因为失去一家之主而衰亡的家族绝非少数。留下了《高幡不动胎内文书》的武藏山内一族，在当主山内经之死后，便再也没有出现在史料之中。恐怕是山内经之的遗孀和幼子无力维持本家的领地，致使武藏山内一族彻底没落。山内经之生前最担心的事情终究还是变成了现实。

同样的悲剧也发生在筑前国宗像郡朝町村（今福冈县宗像市朝町）的御家人朝町孙太郎入道禅惠的身上。禅惠将家督之位让给嫡子朝町光世，自己隐居幕后。建武三年三月，追随足利尊氏的朝町光世在多多良滨合战中斩敌立功，可是其弟光种却不幸殒命。在历应元年十一月爆发的八代合战中，朝町光世身负重伤，返回家乡后还是因伤重不治身亡。此时，野坂庄（今宗像市南乡）的地头代神崎弥次郎闯入朝町村大肆掠夺，年迈体衰的禅惠无力抵抗，只好向室町幕府提起诉讼，但是没有起到任何效果（《宗像文书》）。

对于相当一部分小型武士团而言，青壮年男性一旦被战争动员，家中便只剩下老人、妇女和儿童负责留守。倘若家中的男儿不幸没能从战场归来，那么家族领地的经营将会面临破败的危机。在这种情况下，如果邻近的武士侵略本家，家中的老弱妇孺根本无力抵抗。

武士不愿意从军参战，并不一定是因为天性懦弱。相较于顾虑自己战死沙场的风险，他们更害怕自己死后遗族无力维持生计及家族的凋零。在中世时期，战死被视为最高的功绩且死者的遗族会得到相应的恩赏。换句话说，如果没有这些荣誉和赏赐作为保证，恐怕武士们也不会冒着生命危险参加战斗吧。

不过，南北朝时代的恩赏通常很敷衍。如前所述，获得敌方领地作为恩赏的武士必须自行清除领地上的敌方势力，"有能者得而居之"乃是当时十分常见的恩赏形式，这就意味着恩赏地的实际支配权并不确定，从上位当权者那里拜领的证明只是一纸空文。

其中一个例子，便是前文中提到的肥前国武士相知秀。相知秀在关东地区与足利直义派的战斗中建立了功勋，于是足利尊氏将原本属于直义党分子上杉能宪的领地——相模国爱甲庄（今神奈川县厚木市爱甲）作为恩赏授予相知秀。然而，仅仅两个月后，上杉氏等直义党分子联合南朝势力起事，相知秀于此时战死。身在九州的相知秀的幼子无力对爱甲庄展开有效支配，最终放弃了这片领地。上层权力者开出的"空头支票"是否值得为其赌上性命呢？笔者对此抱有疑问。

在南北朝内乱时代，指挥官以"若是不来战场效力就没收你的领地""如果迟到，我可不知道会发生什么"等言语胁迫武士的情况十分常见。从这些现象中，不难看出当时有很多武士拒绝参战或者在交战时迟到。

内乱的长期化使亲族中陆续出现战死者，武士们普遍意识到"参加战争是不划算的"。倘若不能正视武士拒绝从军和逃离战场的情况日益增加的事实，依然将武士定位为变革主体，便无法真正了解当时"战争"的实态。

准备赴死的心态

从南北朝时代开始，武士在出征前立下遗书逐渐成为一种惯例。本着"前赴沙场，不知能否生还"的想法，武士会将财产预先分给众子嗣。出征之前，甚至有人致信菩提寺的住持，拜托对方"若是无法确定死亡的日子，可以将十八日作为我的忌日"（《茂木文书》）。武士们赴死的心态由此可见一斑。

准确地说，从南北朝内乱时代以前的元弘之乱阶段开始，预设参加合战的当主和子嗣死于非命而事先分配领地、训诫家人的事例已经十分多见。其中，丰后国守护大友贞宗的让状最为值得探究。

正庆二年（1333年），大友贞宗响应护良亲王的号召，打算对镇西探题（镰仓幕府设立的九州统治机构）发动攻击。为此出征博多之际，大友贞宗向本国发送了一份让状（《大友文书》）。根据让状所示，大友贞宗指定其子千代松丸（后来的大友氏泰）为继任者，并将全部领地转让给千代松丸。千代松丸的两位兄长大友贞顺和大友贞载没有分得父亲的领地，这是因为贞顺、贞载兄弟二人将随同父亲共赴疆场。不过，大友贞宗特别交代千代松丸，如果贞顺、贞载二位兄长能够活着回到家乡，就要拿出一部分领地分给他们。也就是说，大友贞宗不仅考虑到自己战死的可能性，还预想到随自己从军的贞顺、贞载也可能一起战死。

建武二年十一月，足利尊氏向建武政权高举反旗之际，参加足利尊氏上洛军的备后国武士山内通继（山内时通的同族）对自己能否活着回到故乡深感忧虑："既赴沙场，存命与否未可知也。"于是，山内通继决定将自己的外孙土用鹤丸（当时还是婴儿）收为养子，并且事先留下了让状。

此后，在建武三年正月三日近江国的伊须岐宫合战（战场应该位于现在的滋贺县草津市印岐志吕神社）中，山内通继凭借自己精湛的远矢技艺先后射落敌方六名骑兵从而立下战功，最终山内通继在该月三十日的三条河原之战中不幸战死（《山内首藤家文书》）。由此可见，山内通继在出征前决定收养继承人十分明智。

肥前国彼杵庄户町浦（今长崎市户町）的地头深堀氏也采取了

相同的措施。当主深堀时通考虑到儿子深堀时广可能会在合战中战死，所以很早就决定在时广死后由自己的孙子千德继承所领（《深堀文书》）。

此外，备后国的长井贞赖将立下的让状托付给家族中的女性保存，而非嫡子长井赖元（《福原家文书》）。其理由是"逢合战诸事，赖元当同道"，也就是说，一旦发生战事，长井赖元会追随父亲贞赖一道行动。考虑到父子二人双双战死的可能性，长井贞赖才刻意做此安排。现实中，这一让状在订立十年以后，长井贞赖、赖元父子果然同时战死沙场。

从武士们预先将所领让给年幼的孙子和女性等不能前赴战场之人的行为中，可以看出那些抱着全员覆灭的心理准备而出征的武士们所流露的悲壮感。

战死以外的风险

武士参与战争所面临的风险并非只有战死。负伤所造成的问题同样严重。考虑到南北朝时代的医疗技术水平，在战争中负伤导致身体残障的可能性很高。中世时期的武士想要以在地领主的身份生活，不仅要保持武力以抵御外敌，守护自己领地，还须时常接触百姓倾听民愿，在农业和祭祀活动中发挥指导作用。正如新井孝重所指出的那样，在"力量即是正义"的时代，身体上的残疾会给在地领主处理事务带来不便。正因如此，在战场上负伤也会被视为军功。

除了战死、负伤，远征本身就具有极大的风险。像山内经之那样，武士出征的时候会带上多半的家臣，所以很容易给所领经营等日常事务造成困难。当主不在的时间越长，对本领（多个所领中的核心领地，相当于大本营）的支配越弱。

山内经之离开本领期间，留守的家人只得惨淡经营，为了向百姓征收年贡和各种赋役而煞费苦心，更无法及时为山内经之送去急需的兵粮和财物。正因为缺少有能力的家臣可以肩负起留守的重任（全部家臣都已随自己出征），所以山内经之才会再三哀叹："留守之事，当委一机敏者任之。""外出之时，已无可用之人。""有待处理的事务堆积如山。"如果家中只有女人和孩童负责留守，则会被百姓轻视。

出征抽调了大量的兵力，也会导致本领的防御出现问题。建武三年十一月三日，下野国（今栃木县）武士茂木知贞作为足利方一员参加了宇都宫一带的合战。然而，南朝方却趁着战斗的间隙突然对茂木城发动攻击，并于当月七日攻陷该城。为此，茂木城的留守代官祐惠向足利方大将提出申请，希望对方另外给予一处所领以代替本家失去的本领（《茂木文书》）。

此外，公验（权利文书）的丧失也是容易被忽视的重大风险。武士为了维持领地的安定，必须凭借实力进行统治，也需要证明其统治正当性的书面凭据。在现代看来，这些书面凭据大体上相当于土地权利证明。

例如，如果持有足利尊氏签发的"认定某某土地归汝所有"的文书，那么在遭到周边武士侵害之际，就可以在裁判中出示该文书作为证据。反过来说，如果失去了这些证据文书，将会是非常危险的事情。

就像笔者遗失了论文的复印件，只好将论文再复印一次一样，遗失文件是任何时代都可能发生的事情。但在南北朝时代，我们可以发现许多战乱导致文书遗失的事例。

茂木城陷落之际，茂木氏世代保存的各种证据文书悉数遭到焚毁。趁当主不在本领的间隙袭击留守宅邸的战术十分常见。保存着重要公验的馆舍被焚毁的情况也不在少数。

必须避免丢失文书——这样的顾虑有时却适得其反。石见国武士周布兼宗曾经携带历代先祖的公验文书上洛，其目的应该是取得足利尊氏授予的本领安堵（重新认可周布家族自古以来对所领的支配权）。然而，在周布兼宗返回国中之际，恰逢"世上动乱"以致"道路艰难"，也就是说，周布兼宗无法确定自己是否能够在战乱四起的情况下平安回到家乡。于是，周布兼宗将公验寄存在了摄津国神咒寺（位于现在的兵库县西宫市），然后返回石见。遗憾的是，周布氏的公验最终在"凶徒"（南朝方）侵入神咒寺时遗失（《周布家文书》）。将重要文书寄存在安全的寺庙是中世时司空见惯的方法，只是在乱世中，就连寺院也会面临被袭击的风险。

此外不可忽视的是"押领"行为的激化。以往的研究强调在地领主趁内乱之机实施"押领"行动是推进一元领化的社会变革要素。

正如前章中所提到的那样，在南北朝内乱时期，幕府方的武士只要给邻近的武士打上"那家伙是南朝方一分子"的标记，就可以公然侵略对方的领地（毫无疑问，南朝方武士也在做着同样的事情）。将完全出于私利私欲的"押领"行为冠上消灭"御敌""凶徒"的名义便可以实现正当化，而且居于上位的当权者为了拉拢武士会对这类事件采取半默许的态度。

实际上，日后成为战国大名毛利氏麾下一员的安艺国小早川氏，在南北朝时期正是通过"押领"行动将势力延伸至艺予诸岛，使所领大幅扩张的。至今为止，很多研究者仍喜欢用小早川氏的例子来阐释"阶级斗争史观"的历史图景。

不过，与小早川一族类似的"胜者组"案例实在是少之又少。就以上社会形势而论，反倒是遭受外部敌对势力侵略的风险性极高。因主力远征或当主、一族、家臣战死而战斗力削弱的武士之领地无疑是绝佳的猎物。前文中提及的山内时通就是在转战关东期间，其备后国的所领遭到了敌对势力的强占。

石见国武士益田兼见的置文很好地说明了武士对上述风险的认识。益田兼见在置文中坦言："凡生长于弓矢之家者，有些许疏漏，便会酿成重大事故。"（《益田家文书》）也就是说，对于武士而言，任何疏忽大意都有可能造成致命的后果。

也许有人会理所当然地认为"武士的职责就是战斗"，但是像这样充满紧张感的置文在镰仓时代却是不曾有过的。南北朝时代的武士们清楚地意识到"现在是非常时期"。南北朝内乱的爆发使武士们所处的环境发生了剧烈变化。

武士们的危机管理型继承策略

南北朝时代的武士们事先设想了前述"非常时期"特有的风险，并且在继承方面采取了各式各样的应对策略。

第一种策略是尽早选定养子。例如前文介绍的长井贞赖，早已决定长井赖元为下一任惣领，甚至决定了赖元的后继者——若赖元无嗣子，则收宫王丸（日后的长井贞广？）为养子，将领地让给宫王丸；若是赖元日后有了嗣子，则将所领的三分之一让予宫王丸。换言之，在长井赖元诞下嗣子以前，宫王丸就是内定的"下下任"当主人选。如果日后长井赖元的妻室生下嗣子，宫王丸将会失去继承人的资格，但是可以得到长井氏三分之一的所领作为补偿。

另外，前文中提及的茂木知贞也曾于文和二年（1353 年）立下让状。根据让状所示，如果茂木知贞的嫡子知世没有子嗣，将以知世的弟弟知久之子香犬丸（知世的侄子）作为养子；如果他日知世诞下男儿，当以亲子作为继承人，而香犬丸则成为知世的次子。

在一般情况下，只有在没有诞下亲生子女时才会过继养子。可是在南北朝时代，即使是在很有可能诞下亲生子嗣的情况下，也倾向于过继养子。正是因为当主和次任当主战死的风险极高，所以武士们亟须确定继承人选。由此可见，尽早选定养子是"非常时期"特有的现象。

第二种策略是将领地同时分给嫡子和嫡孙的二分法。例如，南朝方有力武将陆奥国武士结城宗广没有把自己的所领尽数让给儿子结城亲朝，而是把本领白河庄南方（今福岛县白河市）等大部分所领直接交给了结城亲朝的嫡子，即自己的嫡孙结城显朝（《白河结城文书》）。根据推测，这种将领地分割给嫡子和嫡孙二人的形式，应该是考虑到嫡男战死的可能性而采取的风险分散措施。

第三种策略是兄弟惣领。在南北朝初期的武士"家"中，经常可以看到惣领追随足利尊氏于京都一带活动的同时，惣领的兄弟作为留守统率一族和家臣的情景。如果惣领的兄弟众多，便从中选择一人（如惣领的同母弟弟等）代为行使惣领的权限。田中大喜将这种南北朝时期特有的惣领和"特别的舍弟"共有惣领权的构造称为"兄弟惣领"。

与"兄弟惣领"结构相对应的，是南北朝时期产生了特殊的继承形式，即兄弟二人平分所领的"兄弟均分继承"。如本书第二章所论述的那样，在至今为止的研究中，武士的继承法被理解为从分割继承转变为嫡子单独继承。田中大喜按照这一通说，将兄弟惣领的均分继承定义为从分割继承向嫡子单独继承转变过程中的过渡形态。

也就是说，田中说认为武士继承法转型过程为：分割继承（多位继承者）→兄弟均分继承（两位继承者）→嫡子单独继承（一位继承者）。然而，主张武士的继承形式从分割继承转变为嫡子单独继承的过程不可逆的通说就一定完全正确吗？

历史唯物主义坚持以人类社会是不断进步发展的历史观（亦称之为"进步史观"）为基轴。自石母田正以来的"领主制论"也不例外地将领主制设想为直线进步的，而近年来学界已经在重新审视"领主制论"。基于研究史的现状，我们也应该对"直线进步的继承形式"这一前提本身进行重新思考。

嘉元元年（1303 年），茂木知盛把所领全部让给嫡子茂木知氏，而不分给其他子嗣。由此可见，茂木氏在镰仓末期已经转变为嫡子单独继承。可是茂木知氏之子茂木知贞却把所领一分为二，让给了知世和知久这两个儿子。这种无疑是从嫡子单独继承向均分继承转变的"逆行"现象，仅依据既存学说无法对此进行合理解释。

萨摩的入来院氏也存在同样的现象。直到镰仓中期，入来院氏不断进行分割继承，结果领地细分导致了经营效率恶化问题，所以入来院氏在镰仓后期对领地进行了重新统合。尽管如此，在南北朝时代的贞和五年（1349年），入来院重胜却再次将收拢起来的所领以均分的形式让给嫡子虎松丸和"特别的舍弟"虎一丸（《入来院文书》）。

入来院氏例子中最有意思的地方，莫过于入来院重胜提出了在虎松丸和虎一丸兄弟二人下一代中选择一位适合之人一并继承双方领地的要求。也就是说，入来院重胜原本是想采取单独继承的方式，但是迫于贞和五年前后的形势不得不改为兄弟均分继承。

现在实行均分继承，将来仍要恢复单独继承。迫使入来院氏采取这种非常规继承法的社会背景只有一个，直截了当地说，就是内乱。

在惣领远征期间，"特别的舍弟"不得不作为代理惣领指挥一族。在父亲相马重胤战死、兄长相马亲胤远征他方之际，作为亲胤代理人统率一族的相马光胤便是一个很好的例子。另外，如果惣领战死，"特别的舍弟"也有可能成为继任者。备后国的长井氏，就是在长井赖元战死后，由其弟长井贞广继任惣领。

这样一来，为承担着惣领代官或备用惣领职责的"特别的舍弟"提供经济方面的照顾可以说是理所当然的措施。总而言之，所谓"兄弟惣领"，乃是武士们为了应对"非常时期"而采取的危机管理策略，只是暂时性的举措。

将武士们视为变革旗手的战后历史学，一直强调武士利用内乱的机会不断成长的一面。可是在现实中，内乱阻碍了从分割继承到嫡子单独继承的潮流，甚至导致了逆流。对于武士们而言，内乱真的是机会吗？在笔者看来，更应该说武士们是在为了保护自己不受到内乱这一"灾难"的侵袭而拼死奋斗。

一族团结的必要性

正如前文所讨论的那样，武士之"家"为了度过南北朝内乱的"非常时期"，不会把"家"全权委托给嫡子，而是将领地和权限分散给"特别的舍弟"、嫡孙、养子等人。尽管这种措施在减轻"家"系断绝的风险方面能够起到一定的效果，但是在某些情况下可能也会酿出嫡子地位相对弱化的隐患。实际上，在南北朝内乱时期，惣领和庶子对立等一族内部争斗的例子随处可见。

不过，正如在第一章中看到的那样，兄弟阋墙的事态并非始于现在。骨肉相争是一种超历史现象，在任何时代都不乏成例，所以并不稀奇。南北朝内乱时期一族内部纷争的特征在于，一族内部的对立与上层权力之间的斗争相互结合，从而造成绝对性的对立。如果惣领支持北朝，那么与惣领对立的庶子就会投靠南朝，在这样的形势下，地方上也会爆发大规模战斗。

当然，这一事实在很早以前就已经被指出，但是似乎一直停留在"一族成员分裂为南朝方和北朝方"的一般性说明上。甚至由此产生了"无论北朝和南朝哪一方取得胜利，家族都能够延续下去，这是武士的生存智慧"等解释。然而，内乱的现实却是残酷的。一族之人持续分裂对抗的结果，有一方存活下来倒也罢了，而最糟糕的情况则是双方同归于尽。

石见国下级武士田村氏的纷争就是比较明显的例子。南北朝时期，围绕石见国长野庄白上乡（今岛根县益田市白上町）地头职，田村盛家和田村氏庶流来原远盛之间爆发争夺。结果这场纷争与观应之乱纠缠在一起，田村盛家加入了足利直冬一方，而来原远盛则加入了足利尊氏一方。

田村氏的纷争是如何收场的呢？实际上，得到白上乡地头职的既不是田村盛家又不是来原远盛，而是附近的武士周布兼氏（《周布家文书》）。田村盛家的子孙后来沦落为益田氏的若党（上层家臣）（《益田家文书》）。最终，周布氏和益田氏坐收渔翁之利，田村氏因为内部纷争而没落。

俗话说，"历史是由胜利者创造的"，而传世至现代的武家文书基本上都是由获胜的武士书写的。如果只看"胜者组"的文书，很容易被武士成长、发展的侧面所吸引。但我们应该留意在成功者光环背后没落、衰亡的武士之家也不在少数。

到了南北朝时期，让状和置文中一般会加入"惣领和庶子们要和睦相处"等强调兄弟合作的规定。茂木知贞也曾叮嘱两个儿子："知久侍奉兄长知世应如同父亲一般，知世对待弟弟知久当如同己出。"武士家中之所以要强调"兄弟协力"，正是因为担忧家族内部发生分裂。

前文中提及的益田兼见的置文便是一份清楚展现了这种顾虑的史料。"兄弟亲族争执不和以致祸起萧墙，或丧其所领，或失其家业"，换言之，兄弟亲族之间的争执不休一旦引发一族之间的武力冲突，可能会导致所领的丧失，而最坏的结果是导致家族的灭亡。正因如此，益田兼见才会再三告诫三个儿子兄弟之间必须团结一致。南北朝时代的武士们苦口婆心地叮嘱自己的子嗣们要保持"兄弟和睦"，不是纯粹的道德教育，也不是空喊口号，而是基于强烈的危机意识所形成的生存智慧。

难以团结的兄弟亲族

尽管制定了这样或那样的兄弟协力规定，但是家中的惣庶关系却难以稳定。这是因为战争时期奉行的是"军事功绩第一"的价值观。

在下一章中将会详细说明——在这个时代，即便没有"证文"，只要加入"军阵"，就也能够取得所领安堵（当权者认可的所领支配权）。对于那些野心勃勃的武士而言，与其收集证明文件进行裁断，还不如奔赴战场，立下战功，后者更为简捷稳妥。

例如，与自己争夺所领的对手加入了幕府的阵营，就可能会从幕府获得所领的安堵。为了避免出现这种情况，要么自己也加入幕府一方，要么反过来加入南朝一方与之对抗。身处这个时代，勿论个人的好恶，为了守护自己的权利就不得不参与战争。

正因为如此，武士的"家"才会强烈倾向于将财产和权利给与具备军事能力之人。例如，安艺国的熊谷直经原本打算将所领让给女儿虎鹤御前，却因为女性无法承担幕府的军役不得不打消了这个念头，改为将所领让给嫡子虎熊丸（《熊谷家文书》）。

入来院氏在决定一族战死者遗属的补偿分配额度时，对男女遗属差别对待。如果战死者留有男性遗属，他们不但能继承死者的全部所领，还能够获得部分新恩赏地等补偿。相比之下，女性遗属只能继承战死者一半的所领。

当主"代官"的活跃，也是南北朝时代的特征之一。在这一时代，如果正值壮年的当主战死沙场，那么有很大概率是由老迈（隐居之人复出）或幼少之人接任当主。这种情况下，新任当主无法参加战斗，只能由当主身边的亲近之人作为"代官"出征。这样一来，担任"代官"者在一族中的地位就会得到提升。

关于上述这一点，以造就了战国时代风云人物毛利元就而闻名的毛利一族内部纷争是一个很值得参考的例子。毛利氏当主毛利时亲决心追随足利尊氏，可是自己已经年迈体衰、步履艰难，而自己的儿子毛利贞亲和孙子毛利亲茂（后来的毛利亲衡）则加入了南朝方，所以毛利时亲只得让曾孙毛利师亲（后来的毛利元春）作为自己的"代官"追随足利尊氏。正是毛利时亲将家督之位让给了多次代替自己出征的曾孙毛利师亲，为毛利亲茂归顺幕府以后的故事埋下了伏笔。另外，毛利时亲生前曾有意将部分所领分给毛利亲茂——如果不分给毛利亲茂，亲茂未免太可怜了。

在时亲死后，毛利亲衡和毛利元春这对亲生父子的矛盾激化，最终对簿公堂。当时，毛利亲衡以儿子元春越过身为父亲的自己直接继承曾祖父财产的行为不合常理为理由批评毛利元春。对此，毛利元春认为："即便是别人，作为代官屡立军功而被让与所领也是理所当然的事情（更何况自己身为曾孙）。"（《毛利家文书》）像这种不注重血缘关系的远近，而是强调应该把家督之位让给立下军功的"代官"的想法，在镰仓时代是不存在的。

另外，在这场诉讼中，毛利元春的弟弟们站在父亲亲衡一方，他们攻讦毛利元春是"不孝之人"。毛利元春则反驳道："亲衡虽已归顺幕府，却在观应元年再度阴谋叛乱（追随足利直义），吾人与父亲分道扬镳，只求为将军恪尽忠义而已。"在亲生父子也会对立（当时称这种情况为"父子各别"）的社会形势下，即使一族家长费尽心思教谕"兄弟之间应和睦相处"的道理，恐怕也是收效甚微的。

正如学界以前所指出的那样，在南北朝时期，有实力的庶子通过与上层权力者结合从而获得超越惣领的权势的情况不在少数。例如，武藏国武士安保直实。此人虽说是一员猛将，却遭到父亲安保光泰的疏远，后者甚至打算以不孝的罪名与直实断绝关系。幸亏有高师直从中游说，此事方才平息。此后，安保直实以畿内和西国为中心展开活动（《安保家文书》）。在《太平记》中，安保直实以"阿保忠实"之名表现活跃，其存在感一度超越了兄长安保泰规。可以说，这也是"军功第一"时代背景下的一个典型现象。

在惣庶关系变化剧烈的武士一族之中，事态也可能会朝着庶子家取代惣领家的方向发展。在石见的益田氏和周防的平子氏等武士一族中间都出现过原本是庶流之人却在南北朝时期得到惣领地位的情况。

尤其值得一提的是南北朝时代"僧形武士"的活跃。第二章介绍过的长冈妙干和山中道俊都是从镰仓末期开始积累财富，而真正登上历史的舞台却始于南北朝时代。

在大将级别的人物中也有很多"僧形武士"的身影，例如细川定禅、细川皇海、岩松赖宥等。他们的崛起，充分反映了当时的社会形势，即只要具备实力，旁支庶流也可以夺取惣领地位。

对上述动向，重视新兴势力崛起的"阶级斗争史观"给予了积极评价，但是这一动向对当时致力于团结一族的武士们无疑是不安定的因素。不管怎么说，镰仓时代是"父亲（家长）的意见是绝对的"的时代，而南北朝时期随着内乱的兴起，家长的权威也逐渐崩溃。因此，让状和置文之中兄弟协力的规定在抑制惣庶关系的混乱方面也自然存在着局限。

在南北朝内乱时期，即使父亲再怎么斥责儿子"连为父的话也不听了吗"，儿子的一句"为一族拼上性命战斗的人可是我啊"也足以让对方沉默不语。如何控制因内乱而陷入不稳定状态的惣领和庶子的力量关系，乃是这一时期试图通过一族团结来谋求生存之道的武士们所面临的重大课题。

出乎意料的长期内乱

综上所述，南北朝内乱给武士们带来了沉重的负担和巨大的牺牲。其最大原因在于这场内乱极为漫长，而当时没有人能够预料到这场内乱前后持续了六十年之久。

正如前文所指出的那样，在这场北朝对南朝纷争的最初十年间，北朝确立了军事上的优势。康永二年（1343年），关东地区南朝势力的总帅北畠亲房逃离关东，常陆合战迎来了终幕。次年闰二月，高师冬卸下关东执事的职务，起身上洛。取代高师冬的高重茂从京都前往镰仓，就任关东执事。高重茂是武斗派居多的高氏一族中罕见的缺乏军事历练的文官式人物。到了贞和年间，几乎看不到关东执事的活动，可以推测关东执事的职权大半已经被中央的室町幕府吸收。

康永四年，作为"陆奥国大将"长年与陆奥的北畠显家、北畠显信兄弟交战的石塔义房（当时已经出家，法名"义庆"）被调回京都，取而代之的吉良贞家、畠山国氏作为"奥州管领"前往陆奥赴任。过去石塔义房有权根据自己的判断授予属下武士恩赏，而吉良贞家、畠山国氏两位管领仅拥有将武士的恩赏要求转达给幕府的权限。

足利尊氏从九州进军京都之际，将统治九州的重任委派给了"镇西大将军"一色范氏（出家之后法名"道猷"）。贞和二年（1346年），在范氏之子一色直氏接替父亲执掌九州（一色直氏出任的职务为"镇西管领"）之际，其权限遭到室町幕府的大幅度削减。尤其是在涉及九州武士领地之争的问题方面，幕府严禁一色氏独自进行裁断，仅保留了镇西管领向幕府报告的权限。这种降级，对身为昔日九州统治者的一色氏无疑是沉重打击。

对于室町幕府此番大幅度人事调动和制度改革，有观点认为应该将之归因于尊氏党和直义党之间的对立。然而，这只是基于日后足利尊氏、直义兄弟对立的事实所得出的结果论式解释。事实上，这一时期的室町幕府，足利直义掌握着政治全权，而以上人事调度和任免更应该被理解为足利直义政治意图的反映。

室町幕府一系列改革的共同点，在于罢免活跃在地方上的战功显赫的勇士或者削弱其权限。室町幕府为了在全国各地对南朝方的作战中取得胜利，在向地方派遣大将的同时也给予了这些人诸多的裁量权力。如果地方大将凡事都要向幕府——报告，便无法应付瞬息万变的战局，而且缺乏权限的大将会遭到武士们的轻视。

然而，这些大将所拥有的始终是非常时期的特权，一旦室町幕府方面的军事优势得以确立，就有必要对无视中央方针随意行动的地方大将进行处理。特别是足利直义，此人是重视秩序的政治家，秉持着大将和守护应该忠实服从幕府命令的政治理念。因此，上述改革措施，可以被理解为随着战况的好转而实施的中央集权化政策。

反过来说，室町幕府政务负责人足利直义判断，"战时"状态已经过去。对于掌握着全国战况最多情报的足利直义而言，预测内乱的结束是十分重要的事情。可是又有谁能预料到，在短短数年之后，室町幕府便陷入观应之乱的内乱泥沼，足利直义的政治生命也因此而完结。

譬如，陆奥武士曾我贞光将自己在建武至历应年间立下的战功一一记录在案，并于贞和三年上书申请恩赏（《南部文书》）。丰后国（今大分县）武士志贺忠能于康永元年（1342年）将自己的所领让与嫡子赖房、嫡孙氏房以及家族女性，后来继任家督的志贺赖房又在贞和四年将全部所领让与嫡子氏房，并且要求氏房"扶持"其他子嗣。换言之，志贺氏于此时转变为单独继承（《志贺文书》）。从这一动向可以推测，地方武士在贞和年间已经普遍意识到充满杀戮的战乱时代即将结束。

足利直义死后，室町幕府的内部纷争也并未平息，这是因为在观应之乱过程中，足利尊氏、足利直义兄弟为了压制对方不惜帮助南朝复权。观应元年（1350年），逃离京都的足利直义认为在与足利尊氏交战之前必须巩固自己的后方，于是向南朝提出议和。南朝方只字不提议和条件，仅回复允许足利直义"投降"。总而言之，与南朝停战成功无疑是足利直义一度战胜足利尊氏的原因之一。

足利直义控制京都以后，继续与南朝进行议和交涉，但是双方在议和条件上没有达成共识，遂导致谈判破裂。翌年，足利直义再度逃离京都，而这一次则是足利尊氏为了专心讨伐弟弟直义，向南朝方面提出议和。足利直义终究是牵挂自己一直以来经营的北朝，所以在议和时提出了"（北朝现任天皇）崇光天皇之后，当拥立南朝之天皇"的建议。相比之下，足利尊氏则愿意废黜北朝的天皇，承认南朝的天皇为正统，表现出一副向南朝全面投降的姿态。此外，足利尊氏还将年号由"观应二年"改为南朝的"正平六年"。学界将这一变动称为"正平一统"。

然而，由于南朝撕毁和约，继而发兵讨伐足利尊氏，正平一统于第二年便宣告破产，局势重新回到南北朝对峙。即使如此解释，想必还是有不少人想说一句："这些人到底在干吗？"这实在是荒唐至极的事情。对于真正开始学习和研究南北朝时代的人而言，最初遇到的障碍便是正平一统。

北朝军即室町幕府的军队，北朝（朝廷）不具备独立的军事实力。因此，放弃北朝，与拥有军事力量的南朝联手的战略，从纯粹的军事角度来看是合理的。然而，轻易背叛迄今为止一直拥立的北朝，实在是毫无节操可言。换言之，正是足利尊氏亲自否定了室町幕府多年来一贯坚持的"为了天皇（北朝）讨伐朝敌（南朝）"的主张。

战后历史学基于"阶级斗争史观"的立场，对武士的反权威动向给予了高度评价，指出"武士们的行动全是为了取得恩赏，与'南北二朝究竟谁为正统'的名分论毫无关系"。只是这种极有可能沦为空头支票的恩赏真的能够成为武士们参战的原动力吗？对于参加风险系数极高的远征军的武士们而言，大义名分也会具有相应的意义吧。不知道为何而战的徒劳感会对武士战争观产生极大的影响。

足利直义死后，在室町幕府内部权力斗争中落败的武将们纷纷投靠南朝，试图以这种方式使自己叛变室町幕府的行为正当化。以往室町幕府的战略是将新田义贞、北畠显家、北畠亲房等南朝诸将列为攻击目标，致力于将这些人一一打倒，可谓是简单明了。但是现在室町幕府中间却出现了归顺南朝之人，如果以打倒"叛徒"作为幕府军事目标的核心，那么这将是一场没有"尽头"的战斗。深陷在敌我难辨的内战泥沼之中，使参战的武士身心俱疲，厌战情绪随之油然而生。

"天下三分"的困惑

观应之乱的爆发，让一直期待着"和平"到来的武士们惊诧不已。笔者在前著《一揆的原理》中曾提到，南北朝内乱产生了武士一揆（学界通常称之为"国人一揆"），更严格地说，国人一揆的正式形成是在观应之乱以后。足利尊氏、足利直义、南朝之间分分合合的关系，加深了政局的混乱，其结果便是前景愈发难以预料，从而引发了结成一揆的热潮。

当时的国人，即武士们是如何认识观应之乱的呢？能够充分说明这个问题的史料中，较为有名的是贞和七年（1351）十月二日山内一族十一人缔结的"一揆契状"。该契状的主要部分如下（《山内首藤家文书》）：

自元弘年间以来，山内一族团结一致立下军功，所以能够蒙受足利尊氏殿下的恩赏，保证我等所领无虞。从去年秋天开始，足利尊氏殿下和足利直义殿下关系不睦，如今世上再也没有太平静谧之日。有人自称隶属南朝一方，也有人自称隶属足利尊氏、足利直义一方，武士们想法各异，而我们山内一族承蒙幕府恩典，无论如何也不能忘记这份大恩。因此，我们山内一族应当尽早奔赴御前建立军功，将我等的武功威名传扬后世。

这份史料使用的年号是"贞和七年"。这一时期，足利尊氏所使用的年号是"观应二年"，而南朝所使用的年号是"正平六年"。贞和七年是足利直义的养子足利直冬（足利尊氏的庶长子）所使用的年号。由此可以判断，当时山内氏一族从属于足利直义、足利直冬父子一方。

因此，关于这份史料，一般的评价是"面对着天下三分的形势，加入足利直义、足利直冬父子一方的山内氏一族，在不断扩大的战乱中，重申一族之人团结、合作的誓约文件"。若以此后追随备后守护岩松赖宥（尊氏派）的长井贞赖遭到山内通广攻击一事为根据，也可以得出"以打倒备后国的足利尊氏派为目的而结成一揆"的见解。

笔者在中学生时代对吉川英治的小说《三国志》如痴如醉，每每听到"天下三分"的话题就会心潮澎湃，所以直到最近还认同上述观点。然而，在仔细分析研究了一揆契状的内容以后，笔者开始对过去的看法产生怀疑。

山内一族的一揆契状，只是一份表明本族会在"武家"（幕府）

与"宫方"（南朝）发生争执时支持武家一方的宣言，并没有明言不会站在足利尊氏一方而是追随足利直义、足利直冬父子一方。其中一个原因可能是，山内一族曾经从将军足利尊氏那里获得恩赏，难以将背叛足利尊氏的行为正当化，才在文书中没有明确表示要追随足利直冬，而是含糊地宣称要为了"武家"而战。不过，笔者认为仅凭这一点，无法很好地解释这种含糊不清的表述。

足利直义于观应二年七月三十日逃离京都以后，足利尊氏、足利义诠父子立即返回京都，开始了与南朝之间的和平交涉。因此，在观应二年十月的时候，南朝是在旁观足利尊氏和足利直义两方的争斗。所以，山内一族"支持武家而非宫方"的宣言偏离了焦点，没有任何意义。换句话说，山内一族并没有意识到当时所谓的"幕府 vs 南朝"对立格局已经失效了。

我们后世之人都知道观应之乱的结果。足利尊氏与足利直义的对立将走向关系最终破裂。后世之人根据《太平记》的叙述便能够轻易做出"天下三分形势"的判断，但是身处内乱漩涡中的同时代之人却无从知晓这些。对于那些认为足利尊氏、足利直义兄弟二人不睦造成世间动荡的同时代之人而言，"希望足利氏兄弟二人重归于好"才是他们的自然情感流露，而呐喊着"这是出人头地的好机会！我要赌直义大人会胜利"的"阶级斗争史观"式的想法是不会出现的。

八月六日，足利尊氏向足利直义提出议和。九月十二日，足利直义在近江的战斗中败北，议和的机会再度出现。十月二日，足利尊氏与足利直义会面（《园太历》）。尽管这些和解的尝试都以失败告终，但是期待双方达成和议的武士应该不在少数。无论是尊氏党还是直义党，就迄今为止的经历而言，他们都认为南朝才是真正的敌人，足利尊氏和足利直义兄弟的对立只是一时的内部纠纷。山内一族为"武家"尽忠的决定，应该按照这一思路进行解释。

那么，为什么没有充分认识到尊氏党和直义党对立已是根深蒂固的山内一族会选择支持足利直义、直冬父子，而非有恩于自己的足利尊氏呢？原因在于山内一族的根据地备后国地毗庄邻近直义党成员山名氏担任守护的出云国国境。所以，实际情况很可能是山内一族畏惧山名氏的侵略，只得暂且加入直义党的阵营。自两年前惣领山内通时战死以后，山内一族只能处于被动应对的状态。

从山内一族一揆契状中浮现出的，并不是影视剧作品里面武士们乘内乱之机采取军事行动，导致内乱进一步扩大的宏壮场景，而是因中央政局的混乱而被反复摆布的地方武士充满悲哀与无奈的身影。

对远征的忌避与"一元化"的推进

战后历史学揭示了武士们的"成功之道"——武士们打破现状引发内乱，进而将内乱作为绝佳的契机，通过侵略庄园等活动逐渐成长起来。近年来，学界愈发强调镰仓后期至南北朝时期的连续性，将内乱直接等同于"革命"的观点逐渐式微（参照第一章）。然而，这样一来，人们很难对南北朝内乱的历史意义留下清楚的印象。

这是因为，尽管与积极赋予南北朝内乱"革命"评价的以往研究划清了界限，但是最近的研究依然延续着"阶级斗争史观"的思路。换言之，尚未有人深入探讨南北朝内乱对武士的消极影响。但是，正如本书目前为止所讨论的那样，内乱对武士压迫的一面是确确实实存在的。前文中提及的由当主远征引发的本领支配动摇，便是内乱对武士的消极影响之一。

伴随着内乱的长期化，出现了许多不参加远征，专心致力于在地方上扩大势力的武士。永和二年（1376 年）三月，山内通忠的代官赖贤提出的目安状（原告或被告在向法庭提交各自的主张时，将己方的主张以逐条列举的形式写成的文书）便充分地反映了这一现象。这通文书是三吉式部大夫入道和山内通忠在围绕地毘庄展开诉讼期间，山内氏针对三吉氏的主张而提交的抗辩状。其内容如下（《山内首藤家文书》）：

在下，山内通忠，在今川了俊殿下出任九州探题南下九州之际，谨遵殿下发布的"备后国地头御家人当供奉左右"之命令。由于须渡海涉远，许多御家人拒绝参加，而在下最初便追随殿下，取得功绩，也向幕府进行了汇报。

正如目安状中所主张的那样，山内通忠在其他备后国人以各种理由拒绝从军的情况下，响应了九州探题今川了俊的动员命令渡海前往九州（在下一章中会对此进行详细说明，此次远征的目的是讨伐盘踞在九州的南朝势力）。通过其他史料可以确定，山内通忠在九州的军事活动从应安四年（1371 年）十二月一直持续到应安七年十二月，历时达三年之久。在这段时间，山内通忠远离本领地毘庄，结果怎样呢？或许前揭史料的后续部分能够回答这个问题。

于是，三吉式部大夫入道道秀言称地毘庄是敌方的所领，以此蒙蔽幕府，与同谋之人捏造虚假证词，从幕府骗取了"将地毘庄给与三吉氏"的官文，趁着通忠在九州征战的空隙，阖入地毘庄……

地毘庄位于现在的广岛县庄原市，而三吉氏是以邻近庄原市的三次市为根据地的武士。换句话说，三吉氏是山内氏的邻居。三吉入道瞄准了山内通忠不在本领的间隙，对地毘庄发动了侵略。

针对三吉氏的行为，山内通忠极力谴责道："违背上命，徒然滞留在国中，侵入参加军旅之人的领地，恣意而为，制造混乱，实是稀世罕有的恶行。"也就是说，逃避军役且滞留国内的武士对参与远征的忠义武士的留守家人发动袭击的行为简直是令人发指。

但是，同样参加了九州远征的长井贞广和田总能里，他们的留守家人也遇到了邻近武士"押领"的情况。因此，三吉氏并不算是特别卑劣。倒不如说，这些已经普遍存在的针对惣领不在领地的"押领"行为，反倒让人感受到一股在乱世中求生存的坚韧之气。相反，那些参与远征的武士，实在是太过正直不阿，致使自己在博弈中陷入劣势。

山内通忠大概是被恩赏所吸引，才敢于投身于战乱之中，但是通过九州远征实际得到的回报少之又少。山内通忠所得到的恩赏，恐怕只是备后国三上郡高乡地头职和一半永江庄作为兵粮料所的程度。即便是这些所领，也只不过是为了填补远征费而暂时交给山内通忠处置的，至于以后未必会由山内氏继续支配。

武士长时间在外征战而造成本领空虚，非但没有得到恩赏使所领扩大，反而导致本领被邻近的武士侵略。尽管并非"正直之人常常吃亏"，但是随着内乱的长期化，顺从幕府出兵命令参加远征，其坏处明显大于好处。最终，山内氏的方针也发生转变，转为扎根于当地的武士。

如第二章所述，镰仓后期以降，武士们不得不专注于扎根地方，被迫推行细致精准的统治。他们领导农业经营、管理用水和山林田野、调停百姓间的纠纷，并为此排除其他的权利主体。以上这些就是所谓的"一元化"的现象。幕府接二连三的军役赋课，对于武士们的"一元化"努力无疑是巨大的妨碍。长时间参与幕府的远征，意味着武士将不可能开展细致周密的所领经营活动。

名为"南北朝内乱"的大规模战争的爆发，使"一元化"的潮流停滞，甚至出现逆流。然而，只有从这场北朝对南朝的毫无结果的"战争"中走出来并致力于"一元化"的武士，才能成功存活下来。

作为"危机管理机制"的一揆

作为武士保卫自己所领的手段，首先便是要聚集武力，完善防卫体制。从幕府取得安堵，即获得支配权的认可也是一种有效的方法。然而，不应该忘记的是与邻近的武士构筑合作关系。在战乱迭起的南北朝时代，与邻近武士的合作尤为重要。

如前文所述，建武三年（1336年）十一月七日，当主茂木知贞外出期间，茂木城遭受南朝方的攻击而陷落。于是，陷入"无足"状态的茂木氏向足利方的大将提出补偿其所领的要求，但是这一愿望没有能够实现。结果，茂木知贞的代官祐惠于同月十七日，在"近邻众人"的帮助下夺回了茂木城。

此后，祐惠请求足利方大将桃井贞直下达委托"近邻之辈"守护茂木城的命令，并递交了此次协助茂木氏夺回茂木城的邻近武士名单（《茂木文书》）。值得一提的是，茂木氏并没有为了防卫茂木城而请求桃井贞直派遣援军。事实上，即便是利用了大将的权威，如果缺少与邻近武士的军事合作关系，武士还是无法守护自己的领地。

参加常陆合战的山内经之也曾叮嘱妻子："万事皆可依赖新井殿下，任何事都可以找新井殿下商议，所领经营也唯有交给新井殿下才能让人安心。"以远征导致的当主长期不在本领的情况为契机，地方武士逐渐突破了纯粹的"近邻关系"，不断地摸索集团自卫的方式。

随后，这种战略互惠关系进一步发展，以"契约"形式实现了明文化，而由此诞生的军事同盟、危机管理机制正是"国人一揆"。

在既存的研究中，有观点认为"一对一的同盟关系不算是一揆"，但是正如拙著《一揆的原理》中所论证的那样，即使只有两个人也可以结成一揆。值得注意的是，这类小规模的一揆往往是以当主战死为契机结成的。

以萨摩的比志岛氏为例。惣领比志岛义范于建武三年的凑川之战中阵亡，其嫡子彦一丸（日后的范平）继任。然而，此时的彦一丸年纪尚幼，于是义范的遗孀将一部分领地让与同族的比志岛贞范，仰赖贞范能够为本家提供助力。彦一丸长大后，再度重申了与比志岛贞范之间的合作关系。贞和四年（1348 年）比志岛彦一丸和比志岛贞范缔结了一揆契约（《比志岛文书》）。

另外，如前文所述，元弘之乱期间，大友贞宗将家督之位让给了千代松丸。然而，千代松丸的长兄大友贞顺对此十分不满。于是，大友贞顺投靠了后醍醐天皇一方，与支持足利一方的千代松丸对抗。建武三年三月，足利方的军队包围了大友贞顺据守的玖珠城（今大分县玖珠郡玖珠町的伐株山），在经过八个月的攻防战以后，玖珠城陷落。

此役期间，支援大友贞顺的大友一族成员出羽季贞战死。随后，出羽季贞的本领丰后国直入郡入田乡半分（半分即一半）和玖珠郡内的大隈村被足利方没收。出羽季贞之子宗雄归顺足利一方并立下战功，一色范氏和畠山直显等足利方大将遂约定将其本领归还宗雄，但是宗雄却在约定实现前不幸去世（战死？）。

此后，经过足利方武士志贺赖房和野津氏的尽力斡旋，"入田乡半分"的半数土地（矢仓名和太田名）以及大隈村的半数土地得以归还宗雄之子千手丸。这便是"将敌方投降武士的所领一半予以没收、一半予以安堵"原则，即"降参半分法"适用的案例之一。此外，出羽季贞遗留下的另一半领地似乎被志贺氏和野津氏获得。

入田乡（今大分县竹田市）原本由出羽氏和入田氏各自支配一半的土地。换言之，两家是邻居。然而，入田泰显却侵略了出羽千手丸的领地。于是在贞和四年（1348年），出羽千手丸和志贺氏、野津氏结成一揆，以防备入田氏的入侵（《志贺文书》）。年幼的千手丸为了守护领地，最佳的策略是同此前就已合作过的志贺氏和野津氏建立共同战线。

如前所述，内乱时期当主（家主）战死的情况并不罕见，所以出现幼年新当主的可能性非常高。如此一来，年幼的当主为了守护自己的领地，必须要与一族之人、邻近武士结成一揆。作为应对这种"非常时期"特有危机的方法，国人一揆应运而生。我们在把握国人一揆概念时，不能将其作为镰仓时期在地领主联合的纯粹延伸。

一揆契状——一种战时立法

石母田正以来的领主制论认为，在地领主的领地支配随着时代推进不断深化。这是基于唯物史观的思维方式。唯物史观认为历史进步的原动力不是观念，而是具体的、物理的生产力和生产方式，也就是"下层基础（各种生产关系）决定上层建筑（政治、文化、意识形态）"。

从唯物史观的立场出发，究明"在地领主"的土地所有方式是最重要的课题。因此，国人一揆的结成也被定位为估测武士们支配所领强弱程度的指标。

以上观念也为现在的学界沿袭。将一揆评价为解决用水问题、边界之争等可能会威胁到所领经营稳定性的日常纠纷的机制——这样的见解已经根深蒂固。正因如此，一揆契状也被解读为在地领主维持地域支配的法律（即"在地领主法"，详情可参照前著）。战后历史学顽强的生命力真的是令人叹为观止。

不过，有一点需要注意的是，这一时期的一揆契状并非平时法，而是南北朝内乱期，特别是观应之乱以后制定的战时法。例如，建武三年（1336年）祢寝氏一族一揆契状中明确记载着"世上骚乱",而前文提到的山内氏一族一揆契状中也载有"如今世上再也没有太平静谧之日"的字句。由此可见,武士们正是以"非常时期"的到来为契机,制定了一揆契状。

对此表述更为明确的史料,当属建德三年(北朝应安五年,1372 年)二月大隅的肝属一族递交给祢寝久清的一揆契状(《祢寝文书》)。这一时期,九州探题今川了俊在北九州地区不断扩大势力,也呼吁祢寝氏等南朝方武士归顺幕府。祢寝氏等地方武士面临着继续追随南朝或转投幕府的重大抉择。

在这种紧迫的政治形势下,肝属氏和祢寝氏均表示"在世上纷乱之际,固应协商相谈,使自己与他人前途无虞,如此当立契约为证",遂结成一揆。也就是说,肝属氏和祢寝氏都已经意识到世间陷入了混乱之中,如果不能订立坚实可靠的"契约",前景将不容乐观。

如上所述,武士们不得不设想与平时关系友好的一族或近邻爆发激烈冲突的可能性,着手应对"非常时期",而具体办法就是缔结一揆契约。由此可见,一揆契约正是一种"战时立法",必须将其与单纯停留在维持亲善、合作关系的镰仓时代"领主结合"进行明确区分。

南北朝时期一揆契状最值得关注的特点,就是其中普遍包括向将军、大将、守护等"公方"起誓忠诚,尤其是宣誓在军事上保持忠诚(即"军忠")的条文。镰仓时代也制定过与之相似的文书,也有研究者将其命名为"一揆之法",只是在镰仓时代的"一揆之法"中见不到向"公方"宣誓"军忠"的条文。可以说,"公方"条目的存在,充分展现了南北朝时期一揆契状作为战时立法的性质。

载有"公方"条目的一揆契状中，最为有名的是松浦一族缔结的一揆契状。应安六年（1373 年），五岛列岛的松浦一族三十二家缔结的一揆契状第一条提出（《青方文书》）：

> 将军家一旦发生大事，我等松浦一族应当同心协力，在同一战场上为将军家而战，不得各执己见任意行动。（君の御大事の時は、一味同心の思を成し、一所において軍忠を抽んずべし。いささかも思い思いの儀あるべからず。）

文中的"君"自然是指将军，而"御大事"是指具体的战事。所谓"君の御大事"，是指在将军的名义下进行的战争。只是当时的将军足利义满肯定是远在京都，实际上指挥九州武士的是九州探题今川了俊。

因此，以往的研究倾向于将以上条文解释为今川了俊要求松浦一族对自己宣誓忠诚。也有意见认为，这通一揆契状的内容本身就是今川了俊想出来的，松浦一族仅仅是依照对方的要求制定了一通一揆契状，纯粹流于形式。

然而，在读过松浦一族的佐志勤于康永元年（1342 年）写给其嫡子佐志成的让状以后，就会发现上述意见均不能成立。佐志勤的让状如此言道（《有浦文书》）：

> 同心合力，待到将军家发生战事，众人当一齐参加合战，以尽军忠为宗旨，至于恩赏方面，由各人申报各自的功绩。（一味同心して、君の御大事出で来たる時は、一所において

合戦を致し、軍忠の旨に任せ、恩賞においては、面々これを
申すべし。）

　　顺带一提，佐志勤分别给了次子披、三子湛、四子彦隈丸、五
子万寿丸、六子实寿丸与上述内容几乎相同的让状（但是佐志勤在
写给无法参与战斗的女性们的让状中则没有提及"君の御大事"一
条）。也就是说，佐志勤叮嘱自己的六个儿子，在参战时不得各行
其是，应该团结一致进行战斗。同时，佐志勤还规定，在申领恩赏
之际，诸子应当各自申报自己的战功。

　　佐志勤提出的这种参加战斗时团结一致，申请恩赏时各取所得
的兄弟合力方式，可以被认为是设想对元战争的镇西御家人相良长
氏在置文中所提及方式的一种延续。

　　正如本章迄今为止所论述的那样，南北朝时代的武士们所害怕
的是"家"内部的对立与"战争"牵扯在一起，从而导致内部纷争
的激化，甚至是"家"的灭亡。因此，以上事例中的种种"规定"，
可以说都是为了维持"家"的团结。

　　一"家"内部的共同军事行动规定扩大到约束多个"家"的范
畴，由此得到的便是一揆契状的"公方"条款。换句话说，"公方"
条款并不是今川了俊的提案，而是武士们自发形成的规范。

　　南北朝时代的武士们没有被自上而下强加"战时法制"，而是
依靠自己绞尽脑汁找到了生存之道。这些人并不是战后历史学家所
推崇的敢于舍命拼搏的革命风云儿，他们是在判断稍有失误就会招
致杀身之祸的极限环境下挣扎求生。对此，笔者想坦率地表达自己
的敬佩之意。

第五章

指挥官们的掌握人心之术

是催促还是劝诱？

学者们通常将命令武士前往战场参加战斗的文书称为"军势催促状"。例如，背叛建武政权的足利尊氏曾向丰后的大友氏泰发布了以下军势催促状（《大友文书》）：

> 新田右卫门佐义贞应该被诛伐。催促一族之人，尽快赶来参见，建功立业。以上。
> 建武二年十二月十三日（花押）（足利尊氏）
> 大友千代松丸（氏泰）

以往认为，足利尊氏不能公开宣称"讨伐后醍醐天皇"，所以只能以讨伐新田义贞的名义传檄四方。不过，正如本书第三章所论及的那样，足利尊氏原本没有打倒后醍醐天皇的意思。足利尊氏与新田义贞是围绕武家栋梁地位的归属而不共戴天的竞争对手，而足利尊氏与后醍醐天皇之间则存在着妥协的余地。

这姑且不论，足利尊氏确实通过这一军势催促状向大友氏泰下达了动员一族尽快前来为自己战斗的命令。

军势催促状源于蒙古袭来之际镰仓幕府和九州地区的守护向御家人发布的动员令，并不是在南北朝时代才出现的。不过，伴随着南北朝时代战争的大规模化，军势催促状的发布量出现了飞跃式增长。无论是幕府还是南朝都在到处发放军势催促状，号令武士加入己方战斗。

还有一点需要注意的是，在南北朝时代的军势催促状中，称之为"命令"的很多内容，实际上过于恭敬。实例如下（《毛利家文书》）：

如若加入我方并恪尽忠节，必定保证阁下本领之安泰，以上。

贞治六年三月五日　（花押）（足利义诠）

毛利右马头殿（元春）

以上是室町幕府第二代将军足利义诠邀请当时背弃幕府转投南朝的毛利元春重新归顺幕府并建立军功的书信，也可以理解为军势催促状的一种。不过，这通军势催促状的措辞并不强硬，看起来更像是将军足利义诠在以保障毛利氏本领安全为诱饵劝说对方归降。换言之，这是在进行劝诱。

即便是将军本人，有时也会发布上述这种低姿态的军势催促状，其麾下的军事指挥官们更不可能以盛气凌人的姿态发号施令。

因此，他们的行为与其说是"军势催促"，倒不如说是"劝诱"。在本章中，将展示大将们挖空心思设计的劝诱之术。

善战的公家

一般在世人的印象里，武士善于执弓矢作战，贵族则沉溺于吟诗和蹴鞠的优雅生活。不过，在动荡的南北朝时代，还是有许多南朝的贵族作为指挥官参与了战斗。

举几个例子来说，建武年间，南朝的石见、安艺两国大将万里小路继平和备后国大将吉田高冬都是贵族出身。尽管二人以往的经历不甚明了，但是万里小路家和吉田家都是被称为"名家"且世代担任实务官职的家族，乃是地地道道的贵族。相较于学问更喜欢武艺，在倒幕战争期间立下诸多功劳的后醍醐天皇宠臣千种忠显同样是名家出身。

身份更高的"善战公家"还有四条隆资。镰仓末期，四条隆资被后醍醐天皇委以中纳言兼检非违使别当的要职，成为后醍醐天皇的侧近之臣，从最开始就与后醍醐的倒幕计划有着很深的关系。元弘之乱期间，四条隆资随同后醍醐天皇前往笠置山，但是笠置山在镰仓幕府军的猛攻下陷落。后醍醐天皇和很多亲信近臣在逃往楠木正成据守的赤坂城时被镰仓幕府军捕获，但是四条隆资却侥幸逃脱（其子四条隆量被镰仓幕府捕获）。此后，镰仓幕府发布全国通缉令继续搜捕行踪不明的四条隆资，由此可见四条隆资是后醍醐天皇派的重要人物之一。

镰仓幕府覆灭以后，四条隆资与护良亲王等人一起凯旋京都，

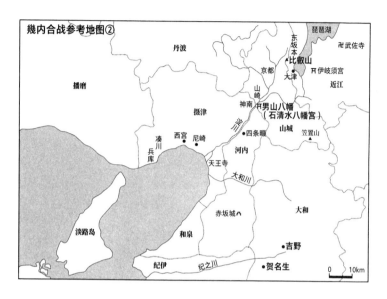

成为建武政权举足轻重的角色。延元元年（1336年），在凑川之战取得胜利的足利尊氏进击京都，四条隆资奉戴后醍醐天皇行幸比叡山。此后，四条隆资在畿内各地转战。待到后醍醐天皇逃往吉野，四条隆资也前往与之会合，作为南朝的重臣继续活动。正平三年（北朝贞和四年，1348年），在四条畷之战中，四条隆资与北畠亲房、楠木正行联手迎敌，终因寡不敌众，完败于高师直大军。

正平七年闰二月，趁着观应之乱带来的混乱局面，南朝方面打破了与足利尊氏之间的和约，攻入京都。在北畠亲房占领京都之际，四条隆资负责留守男山八幡的大本营，护卫后村上天皇（后醍醐天皇之后的南朝天皇）。同年三月，重整态势的足利义诠夺回京都，随即进逼八幡。五月十一日，室町幕府军发动总攻击，八幡城陷落，后村上天皇下山逃向大和地区。四条隆资为了确保后村上天皇能够顺利逃脱，与前来追击的室町幕府军奋力交战，最终殒命沙场。隆资时年六十一岁。

至于四条隆资的诸子，隆量被镰仓幕府捕获后遭到处刑；隆贞作为护良亲王的侧近之臣屡立战功，却在护良亲王垮台的政治风波中被建武政权处决；隆俊于文中二年（1373 年）与室町幕府军队作战时阵亡；有资作为南朝大将在伊予活动，但是在兴国四年（1343 年）以后便失去了踪迹。他们无一不是以悲剧的形式迎来了人生的终幕。无论如何，身份显赫的贵族家中所有男子都有进出战场经验，这一点十分引人瞩目。所以，即使是公家，也不能轻易将其断定为软弱之辈。

比四条隆资知名度更高的善战贵族当数北畠显家。年轻的读者们可能有所不知，在 1991 年播放的日本放送协会（NHK）大河剧《太平记》中，由女演员后藤久美子饰演的北畠显家曾一度成为日本全国上下热议的话题（北畠显家本人无疑是男性）。本书也已经几次提到，北畠显家自陆奥率领大军上洛，将足利尊氏一度驱赶到西国，其军事功绩是巨大的。就连受足利尊氏委任、统治关东地区的斯波家长，在与北畠显家的对阵中也三战三败，最后落得战死疆场的结局。

为什么北畠显家会如此强大呢？这固然与北畠显家本人的能力有关，除此以外，陆奥将军府的存在也发挥了极大的作用。所谓"陆奥将军府"，乃是建武政权为了统治陆奥地区，在陆奥多贺城设置的地方派出机关，对一直以来设置在该城的陆奥国府权限予以了大幅扩充。陆奥原本是北条氏势力盘根错节的地区，镰仓幕府灭亡以后，北条氏的残党一直在这里等待着颠覆建武政权的机会。正因如此，以建立中央集权体制为目标的后醍醐天皇也意识到有必要在陆奥地区设立拥有巨大裁量权的统治机关。

元弘三年（1333 年）八月，北畠显家被任命为陆奥守（陆奥国府长官），同年十月，北畠显家和父亲北畠亲房一同奉戴后醍醐天皇之子义良亲王（日后的后村上天皇）前往陆奥国。据北畠亲房日后撰写的《神皇正统记》记载，北畠显家起初以自己不懂武艺、无力平定陆奥为理由断然请辞，只是后醍醐天皇态度坚决，才不得已从命。

陆奥将军府的支配机构，不仅吸纳了结城宗广等陆奥武士担任要职，还积极起用旧镰仓幕府的官僚属吏，对武士予以高度重视。由此可见，北畠亲房、北畠显家父子显然不是那种因循守旧、观念顽固的公家。后醍醐天皇作为北畠父子的坚实后盾，又于建武二年任命北畠显家为镇守府将军。正是出于这个原因，后世的历史学家往往不直接称呼北畠显家的政厅为"陆奥国府"，而是称之为"陆奥将军府"或"奥州小幕府"。

正视现实，构筑与旧幕府相似的支配体制，取得陆奥武士的支持，这些是北畠显家能够在短时间内创建强大军队的最主要原因。

北畠显家的地方分权论

尽管如此，陆奥地区心向足利尊氏的武士并不在少数。凭借着在畿内击败足利尊氏军的功绩而被任命为镇守大将军（同时也被授予下野、常陆、出羽地区的支配权）、意气风发地返回陆奥的北畠显家发现陆奥方面的战局正朝着不利于南朝的方向倾斜。最后，北畠显家不得不放弃多贺城，转移至伊达郡（今福岛县伊达市）的灵山城。

在此期间，后醍醐天皇命令北畠显家再次上洛。对于逃至吉野的后醍醐天皇而言，北畠显家的军队是夺回京都必不可少的力量。尽管北畠显家十分清楚在立足不稳的状态下不可能发动远征，但是自己又不能违背主命。于是延元二年（北朝建武四年，1337 年）八月十一日，北畠显家奉戴着义良亲王，与结城宗广等人一同离开了灵山。

北畠显家等人沿奥大道一路南下，途中接连遭遇苦战，终于在十二月二十四日攻占镰仓（如前所述，斯波家长于此役战死）。北畠显家的军队在当地补充（或者说掠夺）粮食（《圆觉寺文书》），并迎接新年的到来。

第二年伊始，北畠显家以极为迅猛的速度向东海道进击。延元三年正月二十八日，北畠显家在美浓的赤坂、青野原一带击败了足利方的土岐赖远等人。另外，青野原与著名的关原战场几乎处在同一地域。由此可见，无论时代如何改变，地形都不会发生太多的变化，爆发大规模合战的地点在任何时代都大体相同。

然而，北畠显家军的攻势此时已是强弩之末。北畠显家原本计划继续挺进，径直突破高师泰等人在黑地川东岸构筑的足利方第二道防线，但是考虑到己方的兵力消耗过于严重，只得在垂井改道南下，向伊势路方向前进。

按照以往研究的解释，此时北畠显家已经放弃进攻京都。事实上，北畠显家很有可能计划从伊势迂回，翻越铃鹿山，经甲贺的水口，沿草津、大津一线进击京都。只是铃鹿一带的足利方军队防守严密，北畠显家只得从伊势取道伊贺进入吉野。

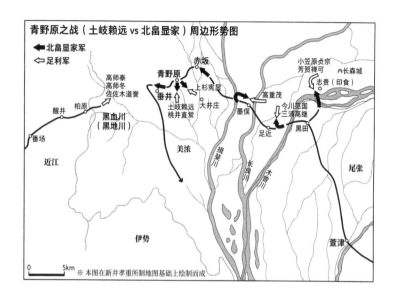

青野原之战（土岐赖远 vs 北畠显家）周边形势图

此后，北畠显家在各地与足利军作战，但是胜算渺茫。五月二十二日，北畠显家于和泉堺浦（今大阪府堺市）战死，终年二十一岁。

就在战死的一周前，北畠显家执笔书写了一份呈交后醍醐天皇的政治建言书。学界通常将这份政治建言书称为"北畠显家奏状"。北畠显家在建言书中严厉地批判了后醍醐天皇的施政，强烈建议天皇转换政策。不知道北畠显家此时是否预感到了自己死期将至，所以有意将这份建言书作为自己的遗书，该书的内容可以说是北畠显家的舍命谏言。对于"现行的体制无法战胜足利军"的强烈危机感无疑是北畠显家执笔撰写建言书的动机。以下是翻译成现代文本的《北畠显家奏状》部分内容（《醍醐寺文书》）：

建武政权发足后，地方分权未得进展。陆奥之人肯顺从朝廷，这是因为在陆奥设立了行政机关（陆奥将军府）。由于没有在九州地方设置行政机关，败走的足利尊氏能够纠集九州武士，再度占领京都。在地方设置行政机关的好处，不言而喻。由中央裁决日本全国的所有事务，导致政治一片混乱。委让给地方一定的权限，乃是古代中国、日本都曾实施过的优秀政策。应该尽速向九州和关东派遣优秀的军政官。同时在山阳道、北陆道也应该分别设置一名军政官，使其负责地方的治理。

北畠显家的主张用现在的话来说，属于"地方分权论"。在镰仓时代，陆奥地区相当于北条氏的"殖民地"。而后北畠显家等人来到此地，开设陆奥将军府。由此，地方武士们的"自治"得到了中央的认可，他们才陆续集结到北畠显家的麾下。

然而，后醍醐天皇为了实现夺回京都的中央大计，强行要求北畠显家发动远征。此举完全没有顾及地方的情况。由于后醍醐天皇的介入，"地方分权"半途而废。北畠显家在奏状中批判吉野的贵族和僧侣未曾立下任何功绩却凭借讨取后醍醐天皇欢心而得到莫大赏赐，同时强调了陆奥的武士们在没有获得后醍醐天皇足够恩赏的情况下依然拼命战斗的事实，他主张没收无功之人的恩赏并将之重新分配给有功的武士们。从中不难看出，北畠显家对于不知道"现场"辛苦的中央之人随意下达指示，致使自己无法专心经营陆奥一事甚为懊恼。

北畠显家是出身名门的上级贵族，对于以武家为中心的政治基本上持反对立场。然而，北畠显家在深入地方与武士们并肩作战的日子里，逐渐意识到没有武士的支持就无法统治天下的事实。因此，不能一概地认为这个时代的公家都是不谙世事之人。

北畠亲房是"高高在上"吗？

另外一位可以被冠以"善战公家"名号的人物，便是北畠显家之父北畠亲房。按照一般的理解，北畠亲房是后醍醐天皇的侧近之臣，但是没有直接参与后醍醐天皇的倒幕计划。北畠亲房也曾对废除摄关和幕府等激进的建武新政提出过批评。北畠亲房登上历史舞台，是在和其子北畠显家一起奔赴陆奥之后。

如前所述，陆奥守北畠显家拥有的权限远非其他国的国守所能够比拟，陆奥国府即陆奥将军府堪称"体制改革特区"。不过，北畠显家就任陆奥守时年仅十六岁，仍是弱冠之年，虽然想要充分发挥巨大的权力，奈何行政经验不足。因此，北畠亲房作为显家的监护人，应该是充当了辅佐北畠显家经营陆奥的角色。

建武二年（1335 年）十月，接到足利尊氏反叛消息的北畠亲房急忙上洛，与后醍醐天皇等人商讨对策。次年，北畠显家挥军上洛，足利尊氏很快被驱逐至西国。随后，北畠显家返回陆奥，而北畠亲房则留在京都担任后醍醐天皇政权的中枢要员。

在此之后，北畠亲房南下伊势，为了扩大南朝势力而煞费苦心。延元三年（1338 年）青野原之战胜利后，北畠显家转入伊势，其目的之一应该是与父亲北畠亲房会合后恢复势力。现实是，南朝在伊势一带的统治力并非坚如磐石。结果，北畠显家在转战各地过程中战死。北畠亲房对儿子的去世悲痛万分，留下了"空将体躯苔下埋，留得忠孝美名传"① 的悼念文句（《神皇正统记》）。

由于北畠显家和新田义贞相继战死，南朝被迫调整战略。延元三年九月，北畠亲房为了重建东国、奥羽（陆奥和出羽）地区南朝的势力，与义良亲王、结城宗广等人一同从伊势的大凑出发，经海路前往陆奥。北畠亲房等人之所以将陆奥作为目标，大概是对昔日"陆奥将军府"这一成功经验抱有幻想，希望能够重拾旧梦。然而，北畠亲房一行在远州沿岸遭遇了暴风雨，义良亲王等人不得不返回伊势，只有北畠亲房漂流到了常陆。

此后，北畠亲房留在常陆继续与室町幕府方面作战，最终因不敌高师冬军队的攻势而逃回吉野。那么，北畠亲房为什么会失败呢？

战后历史学视战前的"南朝忠臣"说为反动观点，故而对北畠亲房的评价极差。按照战后历史学的说法，北畠亲房之所以在常陆失败，原因在于他无法跟上时代的变化、固执于旧的秩序，基于自以为是的"选民意识"而看不起武士们。

作为其典型，几乎必然会被提到的便是北畠亲房的那番"如商人般的想法"的发言。这是延元三年十一月北畠亲房在回复结城亲朝（结城宗广长子）先前写给自己的书信时的言论。以下是北畠亲房回函的部分内容：

　　听闻石川一族有意投效我方，甚为感动。关于石川氏期盼

---

① 《神皇正统记》原文："忠孝の道こゝにきはまりはべりにき。苔の下にうづもれぬ、たゞいたづらに名をのみぞとゞめてし、心うき世にもはべるかな。"与书中的表述略有不同，应该是作者对北畠亲房的原文进行了意译。——译者注

的领地，现在该领地所有者五大院兵卫入道已经加入我方。至于本领安堵一事，诚如阁下（指结城亲朝）所言，石川氏本领现在已是结城宗广以下有功人士的知行地，返还石川氏实在困难。但是考虑到最近的形势，敌方有一人归降，世间风评也会变得有利起来（对南朝一方有利的评价扩散），所以无论如何都要把本领归还石川氏。为此，现在就要和支配石川氏本领的人商议，即便是再小的领地也不会白白索取，会给他们提供作为替代的领地，还请他们务必安心。

因此，可以先行向石川氏传达保证其本领安堵一事。至于石川氏希望的领地，现在还无法给予。原本阁下等人都是世世代代执弓矢奉公的武士，理所应当为朝廷而战。然而，现如今遭逢战乱之世，离经叛道者频出，实为遗憾。如果悖逆朝廷之人能够幡然悔过并且愿意归顺，可以保障领地的一半或三分之一的安堵，这是自古以来的惯例。如今许诺其全部本领（岂止是一半）的安堵，难道不是非常宽大的处置吗？长年以来作为敌方成员活动，现在还没有正式加入我方，却提出了法外要求，身为武士难道不觉得耻辱吗？再者，朝廷只有以理为据起用武士，今后才会赢得全般信赖。那些如商人般抱着趋利避害的卑鄙想法之人又岂能得到重用呢？

因此，先确保本领安堵，今后若能立下大的战功，定当给予恩赏——希望阁下可以将这些话传达给石川氏。我并不是吝惜石川氏期望得到的领地才这么说。现在作为我方伙伴立下过巨大功绩，至今却未曾获得恩赏者可是大有人在。如果为了劝诱朝敌而授予恩赏，将无法贯彻公平政治，即便一时顺遂，终究还是会产生矛盾，致使统一天下的大业难以实现（《白河结城文书》）。

北畠亲房将石川氏索要恩赏视为"如商人般的卑鄙想法"并予以回绝，这遭到了战后历史研究者严厉的批评。批评者们的意见主要是北畠亲房不愿理解那些希望得到恩赏的武士们的感受，所以才会做出如此"高高在上"的发言。

啰里啰嗦说教着"武士就应当如此"的北畠亲房确实令人感到厌恶，但是抛开这些冠冕堂皇的说辞，北畠亲房的主张还是很有道理的。无论多么想劝诱敌人，如果给予其的待遇比一直以来拼命奋战的我方人员更加优渥，任谁看来都存在问题。尽管结城亲朝在北畠亲房和石川氏之间发挥着调解的作用，但实际上白河结城氏和石川氏之间也存在着竞争关系。假如北畠亲房欣然授予石川氏恩赏，恐怕会引起结城亲朝的不满。

实际上，笔者在前著《一揆的原理》中曾提及，九州探题今川了俊为了拉拢一直以来与己方敌对的岛津氏而做出了巨大的让步，结果招致了一直追随今川了俊的武士们的反感。在劝诱敌方的同时，还要避免己方成员的反对，每一步都必须格外慎重。尽管拒绝了石川氏索要新的领地这一贪婪自私的要求，但是依然承诺保障其本领的安堵，这显示了北畠亲房在平衡利益方面的卓越能力。

再者，对于尚未加入阵线的武士不宜过度优待。在这一方面，北畠亲房的姿态也是正确的。这个时代的武士精于算计，虽然送上了表明"会加入贵方"的书信，待到战场上却全然不见踪影，这些人对偷奸耍滑是满不在乎。因此，如果对武士的口头承诺——给予恩赏，便会没完没了。

室町幕府没有给予刚刚归顺的武士新的所领（称之为"新恩地"）作为恩赏。不仅如此，新近加入的武士只有立下战功才能得到本领安堵的保证，这是室町幕府的基本原则（《志贺文书》等）。相对于幕府的方针，北畠亲房许诺石川氏本领安堵的处置已经十分宽大。事实上，在这之后，石川氏一族的大多数成员加入了南朝一方。

北畠亲房的"失败本质"

另外，我们还会经常听到一种意见，即北畠亲房抱有强烈的身份意识，他认为"武家不及公家高贵，无论建立多少功绩都不应该获得高官高位"，所以不愿意武士获得高官厚位。正因如此，北畠亲房才会一败涂地。

北畠亲房确实对擢升有功武士为高官一事提出过批评，他也曾告诫结城亲朝："即使别人用不正当手段取得官职，以传统为傲的武士还是应该恪守惯例，只有在立下重大功绩之时受封官职才是光荣的。"

虽然北畠亲房在言语上颇为愤愤不平，他还是在积极安排，让以结城亲朝为首的己方武士获得所希望的官职。实际上，将给予官位作为对军功的恩赏，南朝比室町幕府做得更早。在这方面，北畠亲房相当热心，为了让下属的武士们能够担任官职，他经常写推荐书。吉野的朝廷会根据北畠亲房的推荐，授予东国武士相应的官职。

近年来的研究表明，将授予官职作为恩赏的办法始于建武政权，南朝继承了这一机制，而室町幕府的政务负责人足利直义视镰仓幕府为理想，所以没有采取建武政权的任官机制。室町幕府将授予官位作为恩赏，是在足利直义倒台的观应之乱之后，比南朝方面要晚许多。

无论如何，对于军事上处于劣势以致可供赏赐领地较少的南朝而言，把授予官位作为恩赏是一种非常便利的方法。北畠亲房充分运用了自己手中的推荐任官权限，从而吸引了相当数量的武士。

如果从这个角度重新审视，北畠亲房的举措是一种意外明智的路线，可以说是在认清内乱实际形势的基础上所采取的有效对策。那么，北畠亲房为什么会在常陆失败呢？要想得到答案，首先要试着对这个问题进行反向思考。也就是说，我们首先要搞清楚的是为什么在幕府具有压倒性优势的军事形势下，北畠亲房还能够在东国地区维持五年之久。

实际上，早在北畠亲房从伊势出发之际，就被后醍醐天皇委以支配东国和奥羽地区的全权。总而言之，吉野的朝廷（南朝）不能直接命令东国和奥羽的武士，而是需要通过北畠亲房传达命令。另外，东国和奥羽的武士也不能直接向吉野朝廷要求安堵和恩赏，必须通过中间人北畠亲房进行申请。

后醍醐天皇对北畠亲房的全权委任，应该是为了实现陆奥将军府的再兴，也就是恢复地方分权。北畠亲房漂流至常陆一带，最终未能进入奥羽地区，只得由北畠亲房的次子（北畠显家之弟）北畠显信担任陆奥介兼镇守府将军前往陆奥。另外，五辻显尚、广桥经泰、多田贞纲、中院具信等贵族和武士也被从吉野召集到陆奥辅佐北畠显信。这样一来，尽管北畠亲房身在常陆，但是依然能够稳步地推进对陆奥的支配。

另一方面，室町幕府分别命令关东执事高师冬讨伐北畠亲房，陆奥国大将石塔义房讨伐北畠显信，可是高师冬和石塔义房之间的上下级关系与职责分派却十分模糊，导致二人未能够进行有效的合作。

然而，后醍醐天皇去世，后村上天皇即位以后，原本应该全权委任北畠亲房的吉野方面开始不断插手东国和奥羽的事务。兴国元年（北朝历应三年，1340 年）五月，后村上天皇亲信的僧人忠云向结城亲朝下达了上洛的命令；同年十二月，四条隆资命令结城亲朝进攻镰仓。这等命令的传达全部无视了北畠亲房。

北畠亲房制定的务实战略是先行压制关东北部，再和北畠显信合力夺回陆奥多贺城，但是缺少耐性的吉野朝廷则希望尽快夺回镰仓和京都。由此可见，从强迫北畠显家远征并导致其最终战死沙场的失败中，南朝丝毫没有取得教训。

次年五月，北畠亲房的侧近在写给结城亲朝的信中如此写道："陆奥、出羽及关东八国武士的任官、恩赏，理应经由亲房之手向朝廷申请，如今却有人仗着与吉野的关系，越过亲房以不正当手段获得纶旨（天皇的亲笔函）。石川一族的矢萱光义于前日呈送的书信中自称'骏河权守'。我们不记得有过这样的推荐。那他又是通过什么人取得的官位？"由此可见，"禁止直接向吉野申请"的规则正在瓦解。

兴国三年五月，陆奥国郡奉行的人事任免也被吉野方面介入。此前陆奥将军府在陆奥国各郡设立了郡奉行。身在常陆的北畠亲房为了恢复陆奥将军府时代的体制，同样设立了郡奉行。原本这项人事任免权属于北畠亲房，可是吉野朝廷却擅自任命多田宗贞担任了石川郡的郡奉行。

正是因为必须通过北畠亲房才能获得恩赏和官位，东国和奥羽的南朝武士们才会为了北畠亲房拼命作战。如果越过北畠亲房直接和吉野朝廷交涉便能够获得恩赏，这些武士也就没有必要再遵从北畠亲房的命令。这样一来，北畠亲房的凝聚力必然会下降。大概这就是常陆作战的后半阶段，东国、奥羽的南朝武士们相继离北畠亲房而去的最大原因。兴国四年八月，结城亲朝投降了足利一方，尽管他的父亲结城宗广曾经为南朝奉献了一生。同年十一月，北畠亲房撤离关东。

夸张地说，北畠亲房是遭到了来自背后的袭击。当时的北畠亲房掌握着南朝内部最大规模的军事集团，不难想象盘踞在吉野的后村上天皇的侧近众臣会对亲房的巨大权势充满戒心。应该说，"没有注意后方"才是北畠亲房失败的真正原因。

今川了俊是"悲剧名将"吗？

逗留常陆的五年间，北畠亲房及其亲信们先后寄给结城亲朝的书信超过了一百封。而且这些书信中有很多篇幅极长，其目的是催促结城亲朝出兵。这样的做法完全可以用"书信狂"来形容，若是换作现代风格的字眼则是"邮件狂"吧！

大约四十年以后，在九州地区也出现了一位和北畠亲房一样疯狂要求众武士们出兵的武将。此人便是室町幕府第三代将军足利义满任命的九州探题今川了俊。当时，南朝已经完全是有名无实。事实上，室町幕府的天下已然确立，唯有九州地区仍属于例外。南朝委任后醍醐天皇之子怀良亲王全权支配九州，怀良亲王南下九州后取得了肥后国武士菊池氏的协助，创设了九州版的"陆奥将军府"，即"征西将军府"。今川了俊的任务正是消灭试图称霸九州的征西将军府。

今川了俊召集毛利氏、熊谷氏、长井氏、山内氏等安艺和备后的武士，在经过充分准备后渡海攻入九州，仅半年时间便从征西将军府手中夺取了大宰府的控制权，确立了对北九州地区的支配。然而，今川了俊却在南九州战线上陷入了连续苦战。

在攻略南九州之际，今川了俊意识到将大隅国的有力武士祢寝久清拉入己方阵营是不可欠缺的条件。但是，祢寝久清只是在形式上依附于室町幕府，未必会积极协助今川了俊的军事活动。为此，今川了俊多次致信祢寝久清，催促其出兵参战。今川了俊及相关人士在十年间先后向祢寝久清送出了一百封书信。虽然致信的频率只有北畠亲房的一半，但是在室町幕府一方的武将当中也是极为突出的例子。

关于今川了俊，学界评价他虽然是成功攻略九州的名将，但是也因此遭到了主君足利义满的戒备，最终被不正当地解除了九州探题的职务。这种观点的形成，与足利义满在讨伐土岐康行之乱的土岐氏、明德之乱的山名氏，以及应永之乱的大内氏过程中反映出的肃清有力武将的倾向有着莫大关联（详情参照本书第六章）。足利义满的所作所为，给人留下的显然是"狡兔死，走狗烹"的印象。后来，今川了俊执笔撰写了《难太平记》。在书中，今川了俊宣泄着对听信佞臣之谗言而贬谪立下大功的自己的足利义满的怒火。

近年来的研究，对今川了俊取得了巨大功绩这一前提产生了疑问。今川了俊的确在攻略北九州方面取得了成功，但是在压制南九州方面却遭遇了失败。因此，我们不能拘泥于将今川了俊视为"悲剧名将"的见解，必须客观地重新审视今川了俊的行动。

永和元年（1375 年）八月，今川了俊将归顺室町幕府的少贰冬资召唤至肥后水岛的阵中（位于现在的熊本县菊池市），随即将其谋杀（《山田圣荣自记》）。这场变故使依附于今川了俊并劝诱少贰冬资归顺室町幕府的岛津氏久颜面扫地。岛津氏久在震怒之下，当即返回国中，并且投靠了南朝。

今川了俊纠合了南九州地区的反岛津派武士，促使他们结成一揆。随后，今川了俊又派遣其族人今川满范担任南九州方面的"大将"，负责统领一揆。然而，今川满范讨伐岛津氏的作战却举步维艰。

永和三年九月，岛津氏久和岛津伊久突然向今川了俊投降。当时今川了俊的最优先任务并不是讨伐投奔南朝的岛津氏，而是征伐作为征西将军府军事核心力量的菊池氏。因此，今川了俊接纳了岛津氏的归降，并且保证其本领的安堵。

然而，今川了俊在组织一揆时，曾经承诺会没收岛津氏

的领地，并将之作为恩赏分给参加一揆的武士。今川了俊保证岛津氏本领安堵的决定显然违反了先前的约定，是对一揆武士们的背信行为。

为了安抚愤恨不平的一揆群体，今川了俊亲自致信对方。在信中，今川了俊苦口婆心地说道："我从来没有出于私利私欲而行动，总是奋不顾身地为了将军家行动。在平定菊池氏的同时也可以平定岛津氏，但是这样一来会让你们付出极大的辛苦，实在是令人过意不去！现在不应该考虑平定岛津氏。再者，如果岛津问题得到和平解决，平定菊池氏的行动也会变得容易，也有益于天下。"最后今川了俊又强行辩解道："岛津氏久归降之事，须另当别论，与尔等并无关系。尔等各人只需对将军家恪尽忠义即可。"（《祢寝文书》）

在强词夺理、胡搅蛮缠方面，今川了俊和北畠亲房确实存在着共通之处。

不过，岛津氏的归降实则是一桩精心伪装的阴谋。很快，到了当年十二月末，"关于岛津氏久参战一事，是不会有结果的。氏久会以各种理由进行拖延""这次背弃岛津氏久，加入我方的国人们，近日正在与岛津氏久筹划着什么"等流言便传入了今川了俊的耳中。岛津氏久此番"投降"只不过是为了争取时间，以便将那些离自己而去转投今川了俊的国人武士们再度变成伙伴，暗中联络内应。

终于，岛津氏久和今川了俊再度变回敌对关系。永和五年（1379 年）三月，岛津氏久在都城合战中大败今川满范。受到此次战败冲击的今川了俊迁怒于一揆众人，他斥责道："你们中间有人漫不经心，擅自归家且拒不参战，导致了此番败绩！"一揆的不合作姿态显然是对今川了俊优待岛津氏举措的不满，以及受到岛津氏挑拨离间的影响。尽管战后历史学家严厉批评北畠亲房只会谴责别人，将自身问题高高挂起，但是却很少有对今川了俊的同类批评。在笔者看来，北畠亲房和今川了俊二人的性格极为相似……

此后，今川了俊重整旗鼓，于永德元年（1381 年）六月再度包围了都城。面对今川大军包围，在都城中陷入穷途末路的岛津氏久再度投降幕府。这一回，今川了俊为了优先攻取南朝征西将军府（或者说菊池氏）的据点八代城，允许了岛津氏的投降。

然而，岛津氏这次同样是伪装投降。今川了俊曾向祢寝久清表达自己对岛津氏的怒火："岛津只是为了利用将军家的威望，口头上宣称'要为幕府而战'，并不是出于真心实意。这次也是因为事态紧急才会投降，我是迫于无奈宽恕了他们，可是他们不仅不为将军家战斗，竟然还侵略追随我的武士们的领地。"被同样伎俩愚弄了两回，恐怕不仅是笔者觉得今川了俊确实存在问题吧！结果，尽管今川了俊将岛津氏的横行无忌视为问题，但是也未能拟定具体的对策，只是对一揆下达了出兵八代的命令。

一揆众人不信任今川了俊的应对方针，终于四分五裂。自此以后，今川了俊和岛津氏之间的纷争，始终是岛津氏占据着优势。室町幕府判断今川了俊无法平定南九州地区，于是解除了今川了俊的职务。由此可见，室町幕府绝不是畏惧今川了俊的威势。正如新名一仁所指出的那样："九州探题今川了俊和岛津氏之间的对抗，以岛津氏实至名归的胜利迎来了终幕。"

受到掣肘的今川了俊

不过，一味地指责今川了俊显然是有失公允的。室町幕府的态度也存在问题。很难说室町幕府为今川了俊提供了全面的支持，幕府越过今川了俊推行九州政策的情况并不在少数。永和二年，幕府单方面计划派遣足利义满之弟足利满诠前往九州，今川了俊匆忙指示下属"在援军到来之前务必要取得一胜"（《祢寝文书》）。所幸幕府很快打消了派遣足利满诠的计划，如果这一计划实现，今川了俊的权限势必受到极大的制约。

不管怎么说，室町幕府轻视今川了俊的最典型的表现是对岛津氏的政策。室町幕府要求九州武士必须通过今川了俊向幕府提出安堵和恩赏的请求，禁止他们直接向幕府提出申请。由此可见，与北畠亲房一样，今川了俊也是得到全权委任的军政官。然而，岛津氏却多次无视今川了俊，试图和室町幕府直接进行交涉，而室町幕府也多次回应了岛津氏的请求。

对室町幕府而言，最重要的是南九州的武士臣服于幕府（而不是征西将军府），至于他们是否服从管理人今川了俊的指挥并不重要。只要效忠室町幕府，把事务委托给岛津氏久亦无妨。结合前述种种状况，岛津氏久也只是厌恶自诩为将军代理人便狐假虎威的今川了俊，并没有对室町幕府举刀相向的意思。室町幕府和岛津氏的利害基本一致，所以经常撇开今川了俊私下往来。

即使在岛津氏久去世，其子岛津元久继任以后，室町幕府的态度也没有发生改变。尽管室町幕府曾应今川了俊的请求，多次发布征讨岛津元久的命令，但实际上，这些命令仅仅流于形式。岛津氏一旦请求投降，室町幕府便立刻接受。在室町幕府意识到稳定南九州必须对岛津氏进行怀柔，将今川了俊召回京都很早以前，今川了俊就多半已经被舍弃了。

即使在现代社会，一度表示"全部委托你来处理"的上司当中也极少有人事后不会再发表意见。因此，今川了俊受到室町幕府的掣肘、排挤，就这一点而言是值得同情的。在下一小节中，笔者将探讨北畠亲房、今川了俊这些中央派遣的地方司令官们所面临的艰难与辛劳。

大将的艰辛

如前面的章节所示，动员武士参战是身为大将之人所面临的一大难题。历应三年（1340 年）十一月，镇西大将军一色范氏（道猷）致信肥前国长岛庄内墓崎村（今佐贺县武雄市武雄町）武士后藤氏，为后藤氏能够在诸多武士临阵退缩之际依然进入筑后国赤司城（今福冈县久留米市北野町赤司）与南朝方对峙一事表示感谢（《武雄神社文书》）。

对于那些难以驱使的武士，大将们不得不采取各种各样的手段。一色道猷在动员九州武士之际，常常以言语胁迫："无视命令拒不出兵之人，今后不得向幕府申请恩赏。"（《龙造寺文书》）"如不尽早出兵，便将尔等视为敌人。"（《都甲文书》）"如若出兵迟缓，定要向幕府报告。"（《深堀文书》）。陆奥国大将石塔义房也频频使用"如果拒不出兵，就把情况悉数报告给京都的将军"等文字恐吓对方（《相马文书》）。由此可见，大将们是以将军足利尊氏的权威作为后盾指挥着武士们的行动。大将是在当地没有领地的"外人"，他们唯一的优势就是和中央的关系。

勉强出战的武士们士气低落，很多人一度临阵却又不战而返。足利尊氏派遣至日向国（今宫崎县）的大将畠山直显就曾叮嘱祢寝清武："即使得到了到达阵地的证明，擅自折返也会导致证明无效。"（《祢寝文书》）

大隅国守护岛津贞久（氏久之父）于历应三年向比志岛彦一丸下达了"把作战期间擅自离开军阵折返家中的一族之人带回来"的命令。贞和三年（1347年），岛津贞久再次要求彦一丸出兵。此时恰逢正月，几乎所有武士都已经返回家中休养，军中人手匮乏，阵线单薄，南朝数百人规模的军队正在步步紧逼，己方处境十分窘迫（《比志岛文书》）。除此以外，那些稍微立下功绩便为了申请恩赏而擅自离开战场的武士（《小代文书》），也令负责现场的指挥官极为头痛。

想让武士们服从，仅靠"皮鞭"的威慑是不够的，"糖果"也是必要之物。至于最美妙的"糖果"，自然是恩赏，是新的领地。话虽如此，大将们的腰包却没有充裕到可以让大将大手大脚地施予恩赏。

历应三年二月，一色道猷向室町幕府提交了申请书。书中包含了以下诉求（《祇园社家记录》）：

> 幕府最初交付的料所多数因为百姓的逃亡而土地荒芜，所以没有收入。剩下的领地除了濑高庄以外，都是一些小规模的土地。通过分配这些土地所召集的家臣，由于苦于生计，几乎

都已经逃走了。现在追随我的部下只有二十余人。去年，以恩赏的形式拜领的新领地——九州的四处土地，除一处外，其余均有名无实。在这种情况下，以前支配濑高庄的武士也提出了返还濑高庄的请求，幕府的引付（裁判所）对此也予以同意。可是一旦归还了濑高庄，就意味着我在九州的领地将实质上清零，还希望另外划拨料所给我。

对此，佐藤进一曾评论道："究竟应该说可怜，还是应该说可鄙呢？简直是滑天下之大稽！"遭受各种各样的数落正是一色道猷最令人可怜的地方吧！

到处下发的约定文书

诚然，一色道猷的诉求，是为了从室町幕府获得料所（暂时划拨给家臣的领地），在言语之中不乏夸大自身困境的一面。实际上，一色道猷对下属武士的奖励十分积极。

可是，在九州地区经济基础薄弱的一色道猷所授予的恩赏，基本上是通过承认对敌方领地的支配权，以"有能者得而居之"的形式实现的，武士们不一定能够实现对拜领地的支配。毕竟，一色道猷自身也无法有效支配从室町幕府拜领的领地。举一个例子，志贺氏从一色道猷手中获得某处恩赏领地，到其实际支配，花费了四年以上的时间（《志贺文书》）。

南北朝时代出现了一种名为"军阵御下文"的新式文书。所谓"下文"，是指上级颁发给下级的公文，内容多为保障领受方的种种权利。简而言之，这是指将军会在战场上授予那些奔赴战场的武士安堵状和充行状等下文。

本来，授予所领安堵或恩赏之时，必须经过严格的审查。不过，为了拉拢武士，最好的办法就是迅速发给对方下文。于是便出现了省略审查的步骤，机械地向参阵的武士们发放下文的现象。

如果不顾后果地乱发下文，当然会在日后引发混乱。观应之乱期间，前往镰仓的足利尊氏在写给身处京都的儿子足利义诠的书信中提到（东京国立博物馆藏）：

> 由于不甚了了，将关东的赤松则祐所领作为恩赏授予了他人。如果西国有合适的所领，希望寻得一处交给则祐作为补偿。

在这个时代，不确认领地的所有权便将之作为恩赏地授予他人的结果，便是经常出现两位武士都持有同一块领地所有权的下文而争执不下的情况。为了解决此类纠纷，另外找寻替地（可以替代的土地）授予当事人的现象也屡见不鲜。

虽然是相当不可靠的字据，但是能够得到下文，总是好过没有。结城亲朝、结城显朝父子相信了足利方提出的"若肯归降必定保证本领安堵"的承诺，于是背叛了北畠亲房，可是结城父子在此后数年里始终没得到室町幕府的"安堵御下文"，于是结城氏以"违背约定"为由向幕府的大将提出抗议（《白河结城文书》）。另外，像这样接受下属武士们的抗议，与幕府交涉"希望尽快予以本领安堵"之事宜，也是大将的职责（《志贺文书》）。

在劝诱敌方之际开出优渥的条件，但是土地数量是有限的，随着归降人数不断增加，终究会出现无法履行约定的情况。结果就是欺骗式的约定越来越多。大量散发约定文书，虽然暂时能够得到武士们的支持，但是如果无法实现约定，就会失去武士们的信赖。因此，约定文书本身就是一柄双刃剑。

话虽如此，指挥官们也只能散发文书，以此安抚那些期待恩赏的武士。指挥官们一方面宣称"立下功绩就有恩赏"，催促武士参战；另一方面，向已参战的武士们颁发感状，告诉对方"恩赏以后会另作安排"。虽然这不是安倍经济学（Abenomics），但是即便是权宜之计，如果无法让人产生期待，从而提高支持率，也没有任何意义。至于是否能够将期待转化为现实，这完全取决于大将的本领。

晓以大义名分

既然作为恩赏的所领土地有限，那么语言的力量，也就是通过书状打动武士的说服术，也是身为大将之人所需具备的重要技能。迄今为止，历史研究者对北畠亲房书简的分析仍是"只有口头约定，毫无诚意""不理解武士们渴求恩赏的心情，只会空谈大道理"，但由于存在恩赏地不足的现实问题，所以身为大将的北畠亲房不得不巧言令色。事实上，这种情况不仅限于北畠亲房，室町幕府和南朝方面的不少大将都曾以文章辞藻来动员武士。

今川了俊在催促九州武士出兵之际，多次用到"为了天下""为了将军家""为了公方"等字眼。换言之，今川了俊在不断向对方晓以大义名分。

对此，值得注意的地方是劝说武士们放下"私心"（私怨）和"私战"，为公方而战。武士们基于"私心"掀起的"私战"，几乎都是围绕所领的争夺，也就是领土纷争。对于每个武士而言，自己的所领遭到其他武士的侵夺是关乎生死的问题，所以在"私战"中取得胜利才是最重要的。然而，从今川了俊的立场来看，"私战"行为无疑是在"破坏团结"，如果有进行内部纷争的武力，那就团结一致对付南朝，不为了所领"私战"，而为天下而战。

今川了俊的说服方法与北畠亲房完全相同。尽管如此，迄今为止，研究者们一直对北畠亲房冷眼相待，认为他只会"固执于轻视武士的传统价值观，空谈大道理"。这样的观点显然还没有从强调作为新兴势力的武家必然会压倒作为守旧势力的公家的"阶级斗争史观"中脱离。若是能够排除"公家冥顽不化""武家代表进步潮流"的先入为主观念，实实在在地阅读史料文献，就不难发现今川了俊的逻辑和修辞其实与北畠亲房相差无几。

北畠亲房是撰写了历史书《神皇正统记》和典章制度类书籍《职源钞》等著作的当时一流学者，而今川了俊是历史书《难太平记》和旅行记《道中见闻》（『道ゆきぶり』）的作者，还是知名的和歌诗人。二人都凭借自己绝妙的文采，不断对武士们进行劝说工作。

然而，这并不意味着身为名门贵族且富有教养的北畠亲房和今川了俊就会无视武士们切实关心的维持所领、以"家"的安泰为第一要务的问题。北畠亲房和今川了俊不断地游说武士们顺从"应有的秩序"，未必是以高傲的姿态俯视对方。

如果单纯考虑利害得失，离开长期留守的领地参加远征军，对武士而言是极不划算的事情。所以仅仅依靠恩赏约定很难诱惑武士。北畠亲房和今川了俊不是不了解南北朝内乱的严酷现实与武士们的功利主义行动原理，正是因为对这些了然于胸，所以才会在有事发生之际搬出大义名分。

大将间的交涉

大将要使部下的武士心服口服，就必须成为众人眼中"值得依赖的大将"。那么在武士们看来，"值得依赖"的条件有哪些呢？善战无疑是一个大前提，与之同样重要的是身为大将之人必须具备将武士的战功及时报告上级当权者，为武士求得安堵和恩赏的交涉能力。正如第三章中所讨论的那样，幕府方面一门和谱代大将之所以具有相当高的人气，是因为相较于外样守护，他们与幕府之间的联系渠道更加顺畅，便于申报恩赏等事宜。

对于武士，特别是那些参加远征之人而言，自己所领的安危是极其令人担忧之事。例如前文中提及的相模国武士山内时通。在山内时通转战关东期间，其位于备后国的所领遭到广泽氏的"押领"。尽管山内时通在幕府的裁判中胜诉，但是广泽氏的"押领"行动并没有就此停止。

当时，山内时通忙于常陆国的战事，只能依靠司令官高师冬从中调停。高师冬先是通过幕府的奉行人（官僚）松田氏向足利直义披露了整个事件的始末。在得到足利直义的认可后，高师冬便拜托备后守护细川赖春："此事已经得到直义殿下的认可，希望尽快驱逐广泽氏，将领地归还时通。"当时，高师冬评价山内时通有"阵前致忠之仁"，即山内时通是在自己手下立下战功之人，希望对方能够多多加以关照（《山内首藤家文书》）。

围绕备后国所领展开的裁判等事务，原本在关东执事高师冬的管辖范围之外。高师冬没有为山内氏尽力的义务，也无权对此事件进行干涉。不过，高师冬正面临着讨伐北畠亲房这一难题，不得不为了消除军中出现的厌战情绪而拼命努力。正因如此，高师冬才会不惜代价为自己麾下献身于战斗的武士们提供种种便利。

室町幕府向全国各地派遣大将一事已是毋庸多言。这些大将肩负着打倒眼前敌人的重要任务，根本无暇顾及全国战局的变化。在大将个人看来，极端地说，即使幕府在其他战线失利，只要自己能够取得胜利便是好事一桩。这里存在着一种潜在的危险，即大将过于优先考虑自身的军事课题而导致总体战略失败。

武藏国武士成田基员于建武年间投身于关东执事斯波家长麾下，在武藏、上野（今群马县）一带征战。于是，播磨守护赤松圆心没收了成田氏位于播磨国的所领，并将之授予其他武士（《八坂神社文书》）。

为幕府征战，反而被幕府大将没收了领地，可谓是令人痛心疾首之事。然而，在赤松圆心看来，"这是因为成田氏并没有居住在播磨国"。换言之，无论成田氏在关东立下何等军功，都与播磨守护赤松圆心没有丝毫关系。赤松圆心所要保护的对象是在播磨地方为自己奋战的武士们，至于那些追随幕府却不在播磨国中的武士们的利益便无从关照了。于是，没收这些人的所领，再将其分配给自己属下的武士们就成了一种合理的手段。总而言之，这是对当地住民实行的"利益诱导"。

话虽如此，但是趁领主不在随意没收其领地，武士们必然无法安心远征。如此一来，大将就要为了自己的部下亲自出马，与其他大将展开交涉。

以安艺国的毛利氏为例。观应之乱爆发之后，毛利师亲（日后的毛利元春）选择为足利尊氏而战，其父亲毛利亲衡则追随了足利直义一方。当时，深得足利尊氏信赖的安艺守护武田信武派遣其子武田氏信前往安艺攻打当地的直义派武士。由于武田军将加入直义派的毛利亲衡视为问题，侵略了毛利氏的所领。在毛利师亲看来，自己所领遭到侵略自然不可，即使是父亲毛利亲衡控制的所领遭到肆意侵略，也让自己无法接受。

这一时期，毛利师亲处于尊氏派有力武将高师泰的指挥下。因此，毛利师亲拜托高师泰与武田信武展开交涉。高师泰在写给武田信武的书信中如是言道："此同仁，多年来于我手下屡尽军忠。"即，毛利师亲长年以来在我（高师泰）的指挥下屡立战功，希望武田军停止对毛利氏所领的侵略。

在众多指挥官转战各地的南北朝时代，甚至出现己方大将之间沟通不便、联络不足而造成己方成员相互攻杀的状况。因此，与其他大将保持密切的联络，维护自己手下武士的权利不受侵害，乃是大将的职责。

高氏一族以能征善战而著称，其秘诀就在于他们能够积极地调动畿内周边的新兴武士作为战力。基于"阶级斗争史观"式的设想，可以解释为高氏一族善于运用恶党的武力。然而，从山内氏和毛利氏的例子中可以看到，在高氏一族麾下奋战的武士并不一定是

"暴发户"，还有很多镰仓时代以来的御家人。因此，对手下武士照顾周全才是高氏军团精锐强悍的根本。

军势的"劝进"

接下来，让我们将视线再度投向常陆的北畠亲房。历应元年（1338年）十一月，北畠亲房进入小田城，随后全力对周边武士展开劝诱活动。因此，在北畠亲房经营东国的初期阶段，虽然整体上存在受压制的倾向，但是南朝一方却能够对室町幕府屡屡发动军事攻势。

如前章所述，自1339年末至第二年，室町幕府的大将高师冬率军攻击常陆驹城，造成了包含山内经之在内的诸多武士牺牲。历应三年（1340年）五月，幕府军一度攻陷驹城，但是很快便被南朝方夺回，高师冬撤退至古河。驹城之役以南朝方的压倒性胜利告终。

同年六月，北畠显信前往陆奥，结城亲朝等陆奥的南朝武士的军事活动愈发活跃，室町幕府大将石塔义房陷入苦战。当时，在意气风发的南朝方面看来，北畠显信集结陆奥北部的南朝势力南下，常陆的北畠亲房也向北进军——针对多贺国府的石塔义房实施南北夹击的宏大战略计划一度提上日程（终究未能实现）。

然而，兴国二年（1341年，北朝历应四年）五月的藤氏一揆的传闻，使一进一退的战局突然为之一变。根据北畠亲房写给结城亲朝的书信，南朝重臣近卫经忠[①]因为此前投靠北朝，却受到冷遇，

---

① 　近卫经忠（1302—1352年），关白近卫家平之子，近卫家第八代家主。官至从一位关白、左大臣。与堂弟近卫基嗣争夺家门领导权，侍奉南朝，但是因为不受重用，一度在南北朝政权之间横跳。——译者注

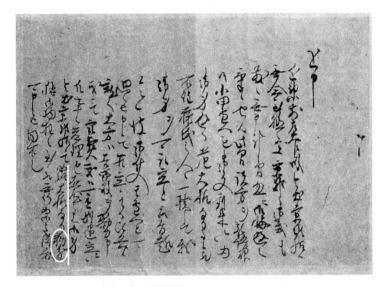

出自《白河结城文书》（白河市历史民俗资料馆）

注：此为北畠亲房近臣致结城亲朝书信的附言部分，画线部分文字为"如此大様なる勧進"

所以暗中组织东国地区的藤原姓武士结成一揆，企图由自己掌握天下霸权，并且扶植藤原秀乡的末裔小山氏出任"坂东管领"。

这事实上是一次否定北畠亲房东国支配权的运动。南朝首脑层的步调不一致，使东国的南朝武士产生动摇。此后，小田氏叛逆等一连串事件导致北畠亲房的势力迅速衰弱。

在这一系列变局中，笔者注意到，北畠亲房在批评近卫经忠的阴谋活动之际使用了"劝进"（勧進）一词，譬如"於前左府勧進事者，非荒说候（意思是近卫经忠的劝进之事并非谣言），乍被坐京都，是程短慮之事ヲ令勧進給候上，可被沙汰之外之御所存歟"（《白河结城文书》）。那么，"劝进"应当做何解释呢？

伊藤喜良认为，"乍被坐京都，是程短慮之事ヲ令勧進給候上，可被沙汰之外御所存欤"一句，可以理解为："（近卫经忠）自己身在京都，竟然发出了如此荒谬绝伦的乞求，只能用'疯癫'来形容此人了吧！"

"劝进"一词确实具有"乞求"的意思。然而，北畠亲房在另一封书信（向结城亲朝求援）中如此言道："在劝进众人的基础上实行大决战方是最好的选择，但是时不我待。万望尽快派遣援军！"换言之，在涉及己方行为时，也可以在表述中使用"劝进"一词，很难认为这里的"劝进"有负面的含义。

首先，需要确认"劝进"的语义。"劝进"一词原本是指劝导众生向佛。然而，到了中世时期，在营造、修复寺社堂塔，以及建造、修缮道路和桥梁等设施之际，往往会发起不问身份高低的广泛募捐活动，"劝进"逐渐被赋予了敦促世人"作善"（佛教意义上的积累善行）的意义（也朝着"乞求"的意义转变）。其基本形态为：通常被称为"劝进圣"或"劝进上人"的律僧（律宗僧人）和山伏（山野中修行的僧人）携带"劝进帐"（著名的歌舞伎曲目《劝进帐》中，弁庆朗朗诵读之物）云游各地，向世人寻求施舍。顺带一提，东京大学2012年入学考试日本史科目的第二道问题正是以"劝进"为中心，想必也让不少考生犯难了吧。

其实，近卫经忠进行的政治工作，在外形上与此类劝进活动极为相似。北畠亲房就曾指出："近卫氏的使节在四处游走。""近卫氏的使节也给本地小田氏带来了书状。"由此可见，携带着近卫经忠书信的使节已经在东国武士之间往来活动。

为了提高结城亲朝对此事的重视程度，北畠亲房在密信中特别叮嘱对方要"告诫各方""一旦有近卫经忠的使者造访，务必立即驱逐",同时还批评近卫经忠"如此冒失劝进,全无理智可言"。密信的内容证明了近卫经忠的使节正在为了"劝进"之事而游走于东国各地。

北畠亲房对这一时期小山氏"纠集一族一揆另外建立门户"的传言早有耳闻。这也被认为与近卫经忠的藤氏一揆计划有关。

所谓"另外建立门户",是指不再服从北畠显家的号令独立行事。这里最值得注意的是"建立"一词的使用。由此可见,北畠亲房使用这个词时,以建立寺院为目的的"劝进"的本义依然在其脑海之中徘徊。北畠亲房在揭示近卫经忠的想法时,刻意使用了佛教术语"旨趣"(主旨),这也足以证明北畠亲房意图将近卫经忠的阴谋比拟为旨在修寺造佛的"劝进"。

换言之,作为南朝反亲房派代表人物的近卫经忠此番的计谋是,为了"建立"藤氏一揆,授意其使节游走各地,对小山氏、结城氏、小田氏等藤原姓武士进行劝诱。这就是军势的"劝进"。

游行僧的脚步

那么,作为近卫经忠的使节实际在各地游走的究竟是何许人也?思考这个问题时,有一个人物值得注意。此人就是在藤氏一揆事件一年后的兴国三年(1342年)携南朝后村上天皇纶旨现身于东国的"吉野殿御使"——"律僧"净光。

根据北畠亲房的说法,这名法号净光的僧人,早先于后醍醐天皇在世时就曾充当使节游走于各方。如前所述,既然北畠亲房受已故的后醍醐天皇全权委任统治东国,那么净光无视北畠亲房随意给予东国武士恩赏的行为无疑侵犯了北畠亲房的权限。北畠亲房对此盛怒不已，并且向结城亲朝流露出自己对吉野朝廷的不信任感。

另外，北畠亲房还曾指出"（小田）治久背叛之际，净光人在小田城中。我从小田城转移至关城时，净光又滞留小田城不出"，暗示了小田治久的叛逆极有可能和净光有关。不仅如此，北畠亲房还怀疑过净光御使身份的真实性，但是无论其是否接受了后村上天皇的命令，净光的背后肯定有吉野的某些人物在暗中教唆。也就是说，南朝内部存在着反亲房派势力。

因此，律僧净光的活动就是造访各地的武士并取得对方的支持，通过"劝进"的方式建立一支有别于北畠亲房集团的独立的南朝势力。

近卫经忠使节的工作也好，律僧净光的工作也好，在纠集反亲房势力这一点上是一脉相通的。尽管不能断言两人就是同一个人，但是净光背后的指使者和近卫经忠很有可能属于南朝的同一派系。那么，近卫经忠的使节会不会也是一名律僧呢？如果近卫经忠的使节在僧侣的带领下造访小山氏府邸，大概旁人只会将之视为宗教活动。

总而言之，与其说北畠亲房出于对近卫经忠的厌恶而轻蔑地将其"劝进"视同于"乞求"行为，倒不如说正是因为近卫经忠使节的活动看起来确实与"劝进"相近，所以北畠亲房才会直接称之为"劝进"。

实际上，北畠显家也曾派遣道显书记和惠纪上人等禅僧（禅宗僧侣）与律僧，以及时众（尊奉一遍和尚为开山祖师的时宗信徒）、山卧（山伏）充当使者向各方求援。此举与近卫经忠大同小异。从客观角度而论，北畠亲房动员东国将士的过程，也是借由游行僧（云游诸国的僧人）开展的军势"劝进"。

网野善彦曾经主张，时众、禅僧和律僧之所以能够以使者身份在交战的军队之间自由往来，正因为他们是掌握了"无缘"原理的"和平"使者。

但从另一个角度来看，众僧侣在各地周游过程中，也扮演着联络武士出兵的"战争"使者角色。如何评价这种两面性才较为妥当呢？

说到这里，笔者想起了镰仓时代末期后醍醐天皇近臣日野俊基的一则轶事。据《太平记》记载，日野俊基故作失态，然后宣布自己要闭门反省，停止出仕。实际上，日野俊基打扮成山伏的模样，前往各地巡游，秘密筹划起兵推翻幕府的事宜。利用山伏等漂泊的宗教旅行者形象往来于诸国之间不容易引起怀疑。由此可见，"劝进圣"的外表是"战争"使者绝佳的掩护。

"劝进"同样是军功

此类打着宗教幌子的军势"劝进"不是南朝方面独有的活动，室町幕府方面也存在。观应三年四月十三日，陆奥的"僧形武士"冈本观胜房良圆在提交给足利尊氏的军忠状中细数了自己的军功，其内容大致如下：

> 去年（观应二年），在下自京都起一路追随足利尊氏殿下左右。在骏河国手越宿（今静冈市骏河区手越）接到尊氏殿下

"以使节的身份前赴东国"的命令，在下遂于观应二年十二月三日从手越宿出发，秘密穿越敌方（足利直义）占领的区域，催促小山氏、宇都宫氏出阵，两家立刻响应。随后在下前往常陆国，催促佐竹贞义出阵，并且从贞义那里得到了请文（出兵承诺书）。又催促那须氏、白河结城氏，那须资忠没有呈交请文。结城显朝（结城亲朝之子）呈交请文，表示加入我方。以上毫无疑问都是在下良圆的军功，万望尊氏殿下给予认可，使在下能够将此作为武勇的凭证，以昭示后世（《冈本文书》）。

冈本良圆不曾在战场之上舞刀奋战，但是他认为自己同样立下了军功，希望得到足利尊氏的肯定。良圆自诩的军功主要有两点。

其一，良圆冒险穿越了足利直义控制的区域，并且与东国有力武士成功会面。在南北朝时代，为了阻止敌方人员与物资的流动，多数情况下会设立关所进行盘查（《白河结城文书》等）。良圆冒着被直义派捕获的风险顺利完成任务，确实立下了汗马功劳。顺便一提，足利尊氏之所以起用"僧形武士"冈本良圆担任使节，应该就是考虑到前述劝进僧人的装扮更容易通过敌方关所这一点吧。

其二，良圆认为自己游说东国诸将，使其加入己方阵营也属于军功。观应二年十二月进行的萨埵山合战是足利尊氏、足利直义两兄弟之间的最终决战，而尊氏方取胜的最大原因，正是被良圆说服的宇都宫氏纲和小山氏政二人率领大军从关东北部地区驰援足利尊氏。

萨埵山合战期间，尽管足利直义军一度包围了足利尊氏大本营所在地萨埵山（位于现在静冈市清水区由比西仓泽），但是南下而来的宇都宫氏军队击败了足柄山（金时山，位于箱根山西北）的直义军队，然后在箱根、竹下（现在静冈县骏东郡小山町竹之下）布阵，而小山氏政则率军在国府津（现在神奈川县小田原市）布阵，战局随即发生逆转。直义方阵营中因担心遭到足利尊氏本队和宇都宫、小山联军的夹击而选择逃亡者陆续增加，足利尊氏军则趁势发起反击。足利尊氏的大军向足利直义的大本营伊豆国府步步紧逼，足利直义最终败走。换言之，宇都宫、小山联军的支援作战决定了此役成败。

熟悉日本战国时代之人应该都知道，战国时期爆发主力决战和歼灭战的情况实为少数，通常情况下是不断地对敌方武将实施"谋略"，从而取得胜利。就此而言，南北朝时代的状况和战国时代大致相同。比起在战场上决死拼杀，通过外交战术将更多的武将拉入自己的阵营反而更容易决定战争的胜负。从这个意义来讲，良圆所主导的"劝进"、劝诱活动的确为足利尊氏的胜利做出了重要贡献。

现代人深陷在历史题材的小说、影视剧作和游戏的重重包围当中，往往只会把战场上挥舞刀枪的拼搏杀敌视为武功，实际上诸多战场以外的活动也可以被算作战功。观应之乱期间，加入足利尊氏一方的备后守护岩松赖宥在备后东南部的正户山城（今广岛县福山市御幸町）构筑了阵地。在此期间，尊氏党的长井贞赖从备后北部的信敷庄（位于现在的庄原市）向岩松赖宥逐一汇报当地战况（《福原家文书》）。后来岩松赖宥将长井贞赖的战地报告列为军功上报给室町幕府。由此可见，提供情报也属于军功。

如前文所述，在南北朝时代，时众作为军事联络人表现活跃乃是不争的事实。例如，游说东国各地武将的良圆，便是以劝进僧的形象四处游走，并且收集了各种各样的情报。为了战争的胜利，必须要取得正确的军事情报，而良圆在情报搜集方面确实为尊氏方的胜利做出了重大贡献。

大将们的"大本营发表"①

无论是鼓舞己方，还是劝诱敌方，有关"我方胜利了"的宣传都是十分重要的。毕竟世人都青睐胜利的一方。

贞和二年（1346年）九月四日，岛津一族的伊作宗久（岛津贞久的堂兄弟）和二阶堂行仲向室町幕府发出救援请求。其求援书信的内容大致如下（《二阶堂文书》）：

> 伊集院忠国再度投靠南朝，在攻打萨摩国日置郡若松城的战斗之际，（幕府方武士）若松氏的亲属、若党战死，城池于八月二十七日沦陷。敌人占据了日置郡中宗久的所领，封锁了道路，我等无法和幕府方的大将取得联络。
>
> 涩谷一族为援助我城而出兵，在阿多郡野崎村修筑了城寨。然而，敌人的大军在贝柄崎修建了"向城"。今天，即九月四日的卯刻，涩谷一族舍弃了野崎城全部撤退。
>
> （中略）
>
> 正如很久以前汇报的那样，萨摩半岛已经被南朝方压制，

---

① 大本营发表：第二次世界大战期间，日本军方发布的官方战况报告。最初陆海军分开发布，1942年起合并，统称"大本营发表"。最初，大本营发表还能较为客观地反映战况，随着日军在战场上的节节败退，军方开始夸大战果、隐瞒损失。作者旨在借此强调南北朝时代武将的战况报告存在夸大不实成分。——译者注

幕府方的城池仅剩下本城一座。（新修筑的）野崎城若是不保，形势必将万分危难，所以我等恳求救援。

（中略）

此城自（足利尊氏）殿下上洛以来，一直孤立在敌人势力之中，我等如此已有十年之久。现在兵粮无以为继，我等决定于近日收割稻米充作食粮。然而如此一来，势必挑起决战，我等已有舍命一搏的觉悟。因此，攻打在萨摩的南朝势力自不必说，但眼下之急是救援本城，请尽快向武士们下达命令。由于敌人阻断了交通要路，（为了不让敌人发现）把书简做成了切纸（裁切的小纸片）大小。希望将这里的情况告知足利尊氏殿下。

面对如此悲恸的紧急请求，足利尊氏是如何回应的呢？足利尊氏给二人送去了一封书信。在信中，足利尊氏表示："伊作宗久、二阶堂行仲坚持不懈地奋战，着实令人感动。我方现已攻占（南朝方盘踞的）尾张国羽豆崎城，而越中的（南朝方武士）井上俊清也已向我投降。目前军事形势一片大好，希望你们能够再接再厉……"（《岛津家文书》）

足利尊氏试图通过传递"（尽管南朝方面目前在萨摩地区可能占有优势）幕府在其他地区接连取得胜利"的信息来激发伊作宗久和二阶堂行仲的勇气。不过，收信者的反应也可想而知，他们一定会发出"这些话怎么说都行，倒是赶紧派来援军呀"的叹息。换言之，这通形势一片大好的战胜报告的背面，折射出的恰恰是本州军事形势难以预测，室町幕府没有余力向萨摩派遣援军的事实。

在南北朝时代，通知远方的自己人与其没有直接关系的地域战况出现好转的事例并不稀罕。尽管听起来是充满勉励的话语，但是对于那些身处艰难险境的武士而言，这样的报告只能聊以慰藉罢了。无论我方在遥远的地方取得多少胜利，自己一旦败北，就会失去一切。

也有人对这类传达战况的形式给予积极的评价，认为这是一种"督战"，也具备警告武士们不要被敌方策反的深意。换句话说，这种战况报告暗含着"你们可能是陷入了苦战，但是现在整体形势已经对我方有利，可不要着急背叛哟"的意思。

接下来，列举一份今川了俊的局势报告。永德元年（1381年）正月，今川了俊致信萨摩南部的南朝方武士。该书信的主要内容如下（《祢寝文书》）：

> 日本国现如今已是处在将军家（足利义满）的支配下，只有九州例外。但是（征西将军府所在的）肥后国也将在今年春天平定。所以我打算立即讨伐岛津氏久。若是你们愿意与我方合作，我势必会想方设法保证你们所领的安堵。无论何时，我都会把你们的诉求当成自己的诉求，一一向幕府汇报。另外，希望你们与萨摩守护岛津伊久切断联系，与我同心协力。此次参战之人，将会分得岛津伊久的领地作为料所。近日，将派遣愚子治部少辅（今川义范）前往萨摩，还望多多关照。

今川了俊为了打倒岛津氏，对岛津氏麾下的萨摩南部武士进行拉拢。然而，岛津氏在萨摩一地拥有压倒性的威势，所以策反萨摩武士的工作十分困难。于是，今川了俊传达了"南朝也许在萨摩占据优势，但是从大局角度来看，室町幕府的胜利已是不言而喻"的信息，试图松动萨摩武士与岛津氏之间的关系。

现实中，征西将军府的据点肥后隈府城（位于现在的熊本县菊池市隈府）于当年六月陷落，今川了俊的预期多少有些乐观。尽管如此，可无论是幕府还是南朝，都把夸大事实进行"我军有利"的宣传视为理所当然的作战手段。

在夸耀己方战果方面，南朝的北畠亲房也不落人后。兴国二年（1341年）六月，身在小田城的北畠亲房向白河的结城亲朝传达了小田城攻防战的情况。北畠亲房宣称，在六月二十三日的合战中，南朝方大胜高师冬的军队，高师冬军队的死伤者达一千人。

然而，现实情况却如同第三章末尾所述，小田城显然正处于危机之中。从这时开始，北畠亲房向结城亲朝提出的出兵要求急增，而且在言辞表达上也逐渐透露出紧迫感。其实，在高师冬大军如铜墙铁壁般的包围作战面前，北畠亲房并没有什么有效的对策。因此，南朝方取得大胜的报告极为可疑。小田城的军队出击之际，高师冬的军队确实一度后退，但此举并非败走，而是既定的行动。可以推断，高师冬希望展开持久战，从而将自己军队的损失控制在最低限度。

北畠亲房以高师冬的军队只对周边村庄进行侵扰而不敢挑起正面决战为根据，强调敌军兵力弱。然而，避免全力攻击，以消耗防守方兵粮为目标，乃是攻城方的铁则。高师冬吸取了驹城攻略战失败的教训，打算在小田城攻略战中以简单却稳妥的方式赢得胜利。

本应是连战连胜的北畠亲房，却接二连三地向结城亲朝请求援军，这是很不自然的。对于这一矛盾，北畠亲房解释为"现在正是我方趁势直刺敌人咽喉的良机""战事的延长对我方不利"等，可谓十分牵强。尽管北畠亲房百般恳求，结城亲朝却不为所动。远征的负担自不必说（结城亲朝参加了陆奥的军事行动），北畠亲房的"大本营发表"本身就令人怀疑。

尽管如此，北畠亲房也只能继续宣称"我们胜利了"。因为一旦说出真相，结城亲朝前来支援的可能性会更低。然而，北畠亲房的战胜报告也成了对方的反驳材料，结城亲朝完全能够以"既然我方处于优势，那么在下不赶着去支援应该也没有关系吧"为由予以回绝。北畠亲房岂会轻易放手，只得继续游说："如果阁下不能亲自前来，至少还请委派一子率领一族前来阵前效力，这也是大功一件。若是连这也无法马上做到的话，那么就请出兵东海道，或者高野（今白河市东栃本）、那须。这样一来，小田城也能够再维持一段时间。"这种无助的样子着实可怜。

北畠亲房利用虚假的战胜报告诱导结城亲朝参战的行为绝对不值得赞扬，但是这份令人感动的努力还是应该得到些许正面的评价。那些指责在苛刻条件下竭尽全力的北畠亲房"高高在上"的后世历史学家们，或许才是在不知不觉中变得"高高在上"了吧。

第六章

武士的"战后"

远征是一柄双刃剑

建武二年（1335 年）十二月八日，足利尊氏为了击退奉建武政权之命沿东海道前来讨伐自己的新田义贞，从镰仓出征。一如前述，小山氏、结城氏、佐竹氏等众多东国武士加入了足利尊氏的远征军。当时，足利尊氏将嫡子千寿王（日后的足利义诠。为方便起见，以下统称足利义诠）留在镰仓。虽然名义上是足利尊氏委任的留守，但是此时的足利义诠毕竟只有六岁，关东的政务实质上由关东执事斯波家长等人主持。

建武三年六月，足利尊氏奉光严上皇入京。当时，视镰仓幕府为理想的足利直义主张返回镰仓，可是后醍醐天皇等人在畿内地区展开的军事活动使足利尊氏不可能离开京都。最终，足利尊氏在京都开设幕府、足利义诠统治关东的体制延续下来。不过，这也造成关东武士无法完全归镰仓的足利义诠指挥。一部分关东武士追随足利尊氏、足利直义一同上洛，并且参加了畿内的战斗。

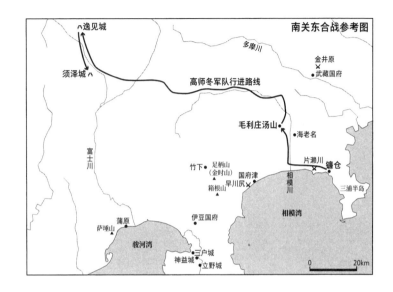

贞和五年（1349 年），高师直的政变导致足利直义下台，足利义诠随即离开镰仓前往京都。足利尊氏将政务交给已是二十岁青年的足利义诠处理，足利义诠的弟弟足利基氏代替义诠前往镰仓（实际上，足利义诠是在足利基氏抵达镰仓以后才从镰仓动身前往京都）。足利基氏的这一关东之主地位被学界称为"镰仓公方"。当时，足利基氏年仅十岁，所以由高师冬和上杉宪显负责辅佐。

高师冬是高师直的堂弟，同时也是其乌帽子子（元服时由高师直为其佩戴乌帽子）；上杉宪显是深受足利直义信赖的武将，由势同水火的二人支持的足利基氏关东统治体制从最初开始就充满了波澜。观应元年（1350 年）十一月，上杉宪显之子上杉能宪在常陆国信太庄（旧茨城县稻敷郡）举兵。在随后的十二月一日，上杉宪显逃出镰仓前往下野国，与上杉能宪的军队会合。高师冬判断自己无法据守镰仓，遂于十二月二十五日带着足利基氏逃离镰仓。

然而，在足利基氏等人行至毛利庄汤山（位于现在的神奈川县厚木市饭山）时遭遇变故。足利基氏的近臣团发生内乱。直义派近臣诛杀了师直派近臣，随后带着足利基氏投靠了上杉宪显的军队。十二月二十九日，足利基氏在上杉宪显等人的保护下返回镰仓（《醍醐寺报恩院所藏古文书录》）。另一方面，失去镰仓公方这张"王牌"的高师冬逃往甲斐国逸见城，但是该城很快陷入危难，于是师冬又辗转前往甲斐国须泽城（位于现在的山梨县南阿尔卑斯市须泽）。观应二年正月十七日，在上杉能宪的攻势下，高师冬自杀身亡（《市河文书》）。

高师冬的败亡，也影响了高师直和足利直义在中央的争斗。京都盛传足利基氏和上杉宪显即将率大军上洛的谣言。事实上，足利基氏本人没有上洛，而是由上杉能宪率领数千骑人马于二月八日进抵京都（《园太历》）。据《太平记》记载，在二月十七日打出滨之战中失败的高师直、高师泰二人，一度计划从兵库乘船逃往镰仓，与高师冬军队会合，以图东山再起。二月二十五日，在接到高师冬自杀身亡的消息之后，高氏兄弟眼见大势已去，于是决定投降。

观应二年七月末，足利尊氏、足利直义两兄弟再度决裂。在近江的战斗中失败的足利直义，经由己方势力控制下的北陆道，通过越后、上野、武藏、相模诸国，最终于十一月十五日抵达足利基氏镇守的镰仓。足利直义之所以选择如此漫长的转进路线，是因为自己的股肱之臣上杉宪显已经压制了越后、上野、武藏、相模等地。

足利尊氏为了讨伐足利直义，先是向南朝请降，随后组织大军亲征。正如第四章曾经提到的那样，许多九州的武士也参加了这支远征军。据说，足利基氏本想在父亲尊氏与叔父直义之间居中斡旋，却遭到足利直义的拒绝，于是足利基氏前往安房避难，并保持局外中立（《喜连川判鉴》）。

击败足利直义军队的足利尊氏，于正平七年（1352年）正月进入镰仓。同年二月，足利直义突然去世。由于上杉宪显等旧直义党势力仍然具有威胁性，足利尊氏只能留在镰仓。此后，室町幕府的支配体制变成了将军足利尊氏以镰仓为据点统治东国、足利义诠以京都为据点统治西国的不规则形式。

闰二月十五日，新田义贞之子新田义兴、新田义宗两兄弟于上野举兵，后醍醐天皇之子宗良亲王紧随其后在信浓举兵。与两股势力相呼应，上杉宪显也举兵作乱。此前，上杉宪显作为幕府方大将曾在越后同宗良亲王和新田一族交战，长久以来的仇敌现在则为了打倒足利尊氏而携手合作。尽管南朝和旧直义党的联军一度攻占了镰仓，可还是在足利尊氏的反击之下仓皇败走（在此期间的一系列战事，统称为"武藏野合战"）。

与此同时，畿内的南朝势力也蜂拥而起。南朝单方面打破与室町幕府之间的和议（"正平一统"），向京都发起进攻。足利义诠大败，只好逃往近江。另外，由于南朝的背叛，足利义诠将现行年号由南朝的正平七年改回北朝的观应三年。时隔十七年再度回到京都的北畠亲房，逮捕了留在京都的光严、光明、崇光三位上皇和直仁亲王，并将他们送往八幡的南朝军大本营。

足利义诠率领美浓的土岐赖康和近江的佐佐木道誉发动反击，在三月夺回了京都，又于五月向八幡发动攻击。然而，三位上皇和直仁亲王还是被南朝挟持而去，三件神器也落入南朝之手。万般无奈的足利义诠只得在没有三件神器的情况下，在观应三年八月，将原本决定出家的光严上皇之子弥仁王拥立为天皇。天皇的践祚必须得到上皇的承认，由于北朝的上皇被南朝悉数掳走，足利义诠不得不让光严天皇之母广义门院宁子代替上皇的角色，经过一系列极为复杂的流程才完成了新天皇的践祚仪式。后光严天皇正式诞生。同年（1352 年）九月，北朝改元文和元年。

由于军记物《太平记》将足利义诠描述为"平庸的第二代"，受此影响，过去学界对足利义诠的评价一向不高。直到近年，立足于一手史料，学界重新审视了对足利义诠的评价。关于此次京都的失陷，必须充分考虑到足利尊氏率领主力部队东进镰仓，足利义诠掌控的留守部队势单力薄这一点。如果将所有的责任归咎于足利义诠一人，未免过于偏颇。足利尊氏为了打倒足利直义而组织的远征军达成了预期的目的，但是京都的防卫却因此门户洞开。远征是打开战局的绝佳手段，同时也是让己方大本营陷入危局的作战。总而言之，远征本身是一柄双刃剑。

然而，这些终究是后世历史学家眼中的客观评价。当时的人们不一定会刻意批评足利尊氏的冒险策略或拥护足利义诠。他们内心一定会对足利义诠将京都白白地交给敌人的愚蠢行为感到惊讶。尽管《太平记》中"义诠懦弱无能"的评价与事实相悖，但是这一评价本身也反映了"同时代的人们认为'义诠无能'"的事实。

足利义诠的挫折

文和元年末，足利直冬向南朝投降。虽说是"投降"，实际上更接近于同盟。次年六月，南朝和直冬党的联军举兵，进逼京都。

足利义诠吸取了上一次的教训，于六月六日先行将后光严上皇送至比叡山避难。六月九日，足利义诠从京都败退，于十日抵达近江的坂本（现在的滋贺县大津市坂本）（《园太历》）。由于比叡山延历寺不愿被卷入战乱，足利义诠带着后光严天皇前往美浓的垂井。足利义诠等人在途中遭遇了"落武者狩"，佐佐木道誉的长男佐佐木秀纲战死（《园太历》）。

足利义诠将后光严天皇托付给美浓守护土岐赖康，自己则回军夺取京都。后光严天皇将土岐赖康位于小岛（现在的岐阜县揖斐郡揖斐川町春日六合）的馆舍作为行宫（帝王的临时住所）。在小岛行宫无聊度日的后光严天皇，对多次丢失京都的足利义诠的能力感到不安，于是请求足利尊氏上洛。

由于关东地区的南朝势力逐渐衰弱，足利尊氏最终决定上洛。足利尊氏在上洛之前，任命畠山国清为关东执事，负责辅佐足利基氏。七月二十八日，足利基氏和畠山国清一同从镰仓出发，在入间川布阵。"入间川阵"的确切位置尚不清楚，据说是在现在埼玉县狭山市德林寺附近。这里是入间川和镰仓街道上道交会的交通要冲。扼守此地可以防御来自越后、上野的新田氏、上杉氏军队的攻击。

在做好万全的布局后，足利尊氏于七月二十九日踏上上洛之途。小山氏政、结城直光、佐竹义笃、小田孝朝、大掾高干、那须资藤、武田信武等东国的有名望的武士几乎全部追随足利尊氏的军队上洛（河越直重、宇都宫氏纲、千叶氏胤则留守关东）。

九月三日，足利尊氏的部队在垂井与后光严天皇会合。此时足利义诠已经夺回京都，但是后光严天皇却迟迟不愿上洛。直到后光严天皇听说足利尊氏会在八月末抵达尾张国（现在爱知县西部），方才从小岛的行宫动身前往垂井。可想而知，后光严天皇是相当不想依靠足利义诠。九月二十一日，后光严天皇和足利尊氏一同返回京都。那些随同足利尊氏上洛的关东武士便留在京都侍奉足利尊氏。

文和三年（1354 年）十月，足利义诠率领佐佐木道誉、赤松则祐等人讨伐足利直冬，在播磨弘山（现在的兵库县龙野市誉田町广山）布阵。与正平七年时的情况相反，此次作战是足利义诠挥师远征，足利尊氏留守京都。从这次亲征，不难看出足利义诠迫切希望通过取得军事功绩使世人对自己的看法有所改善。

义诠军与直冬军展开了反复的攻防战。十二月十三日，足利直冬和山名时氏等人从伯耆国出发，通过佯攻策略将足利义诠的大军牢牢牵制在播磨，然后趁机从山阴道逼近京都。与此同时，越中的桃井直常、越前的斯波高经也举兵呼应，就此展开了一场空前的大作战。

足利义诠率领大军出征播磨，所以京中兵力匮乏。足利尊氏判断京都已经无法防卫，遂于十二月二十四日带着后光严天皇一同逃往近江的武佐寺（《太平记》《田代文书》等）。据说当时佐竹氏、结城氏等东国武士也追随足利尊氏撤离了京都（《源威集》）。

次年年初，即文和四年正月下旬，足利直冬、山名时氏、桃井直常、斯波氏赖等人陆续进抵京都。接到这一消息的足利尊氏则进军东坂本，并登上比叡山布阵。与此同时，察觉到被敌人欺骗的足利义诠也匆忙撤离了弘山阵所，率领大军折返京都。足利义诠的军队在摄津神南山（位于现在的大阪府高槻市）布阵，准备与足利尊氏的军队联手突击京都。为了阻止对方的计划，山名时氏率军在山崎（现在京都府乙训郡大山崎町）布阵，并于二月六日向足利义诠军队发动攻击。敌人几乎攻入足利义诠的本阵，所幸赤松则祐部队拼死奋战，逼退山名军，足利义诠得以进军山崎的天王山。义诠军在神南合战的胜利使得战场转移到了京都市内，但是战线却陷入了胶着。

关东援军的抵达，使战局出现改观。畠山国清之弟畠山义深、畠山义熙率领平一揆、白旗一揆等东国军三千人马上洛。足利尊氏得此助力，遂于三月十二日下令向足利直冬据守的东寺发动总攻。足利直冬也率军出击，双方在七条西洞院爆发激烈战斗。

听闻己方陷入苦战的足利尊氏亲临前线，并唤来那须资藤对其说道："觉得阁下十分可靠，所以一直将阁下留在身边，现在前线陷入苦战，日暮将近，阁下当速速出击。"振奋不已的那须资藤率领一族郎党发动进攻，成功击败了敌军，但是自己却身负重伤。当那须资藤被人用担架抬到足利尊氏的面前时，足利尊氏亲自检验他的伤情，并称赞他"此番表现十分出色"。据说那须资藤在临终之际依然感激不已（《源威集》）。除那须资藤以外，足利尊氏一方的战死者还有佐竹兼义等人。正是东国武士的拼死战斗才使战局出现了逆转，足利直冬的军队被迫撤离京都。这便是后世所谓的"文和东寺合战"。

话虽如此，那些在常陆合战期间不愿意相助高师冬的东国武士们，现在却千里迢迢远征京都，甚至一心一意地拼命战斗，实在令人感到惊讶。应该说"不愧是尊氏"吧。但反过来说，让武士们参加远征、拼命战斗，只有凭借将军尊氏的领袖魅力才能做到。

足利义诠的远征失败也可证明这一点。关于文和四年的京都攻防战，军记物《源威集》的解释是"任由直冬军进入京都，义诠军从西面攻击，尊氏军从东进攻，从而形成夹击作战"，但这仅仅是根据结果进行的推断。如果从最初就打算让足利直冬的军队进入京都，那么足利义诠完全没有必要率领大军在播磨滞留四个月以上。

总而言之，足利义诠的远征军未能成功锁定并歼灭足利直冬的本队，任由对方侵入京都。无论怎么看，这都是足利义诠的失策。尽管足利义诠在神南合战中的胜利为其积累了些许正面评价，但如果不是足利义诠远征的失策，应该可以避免这种不利态势下的决战。这一点足以反映出远征关东迫使足利直义屈服的足利尊氏与儿子足利义诠在将才上的差距。

从此以后，足利义诠放弃了对足利直冬、山名时氏的积极进攻策略，转而委派播磨守护赤松则祐和"中国大将"细川赖之等人压制山名氏。

畠山国清的误算

延文三年（1358 年）四月三十日，足利尊氏五十四岁的人生走到了尽头。追随足利尊氏上京的东国武士们纷纷返回关东。

足利尊氏的继任者当然是其子足利义诠，但问题在于由谁来出任将军的辅佐役——执事。高师直死后，执事一职由忠于足利尊氏的仁木赖章担任。足利尊氏死后，仁木赖章也宣布出家，就此从政界隐退。取而代之成为执事的是在文和东寺合战中立下功绩的细川清氏。

同年十二月，足利义诠被任命为征夷大将军。足利义诠、细川清氏新政权的首要任务是讨伐畿南的南朝势力。即是说，这是一场为了彰显新一代将军威信而进行的军事作战，足利义诠甚至要求关东的弟弟足利基氏派兵助阵。足利基氏遵从将军的命令，先后在延文四年的二月和九月发布动员令，号召东国武士上洛。十月八日，关东执事畠山国清率领数万大军从入间川阵出发，于十一月六日入京（《园太历》）。同月八日，幕府军召开了以足利义诠为中心的作战会议（《愚管记》）。

十二月十九日，足利义诠从京都进发，在摄津的尼崎布阵。畠山国清率领关东部队于同月二十四日离开京都进入河内，并在此地迎来了新年。延文五年（1360 年），畠山国清军从河内进入纪伊，经过苦战，攻取了南朝方面的重要据点龙门山城（位于现在的和歌山县纪川市黑土）。

另一方面，细川清氏也在延文五年五月九日攻陷了河内赤坂城（昔日楠木正成坚守之城，故也称之为"楠木城"）。南朝的后村上天皇驻跸的河内观心寺（位于现在的大阪府河内长野市）与幕府军的前锋已在咫尺之间。

可就在此时，足利义诠于五月二十七日宣布撤兵，二十八日便返回京都（《愚管记》）。细川清氏、畠山国清、土岐赖康等将领也相继返回京都。距离消灭南朝仅一步之遥的幕府军为什么要在这个时候撤退呢？

幕府军的攻势乍看上去十分顺利，但从京都出发后用了半年时间才取得了上述战果。畠山国清麾下的东国武士因此穷困潦倒，他们为了筹集军费不得不卖出军马和武器，最终不经国清的允许擅自折返东国（《太平记》）。由此可见，无法再继续持久战的判断是妥当的。

尽管室町幕府动员了庞大的军队，面对的是明显处于弱势的南朝军，还是陷入了长期战的泥沼。这究竟是什么原因呢？其一，南朝占据地利。作为南朝根据地的大和、河内、纪伊三国山岳地带，属于易守难攻的地形。楠木正成之所以能够将镰仓幕府的大军玩弄于股掌之间，处于严重劣势的南朝政权也在此存续了二十余年，正是因为他们通过山地战弥补了兵力不足的劣势。

其二，幕府将军足利义诠的指挥能力不足。此番远征，仁木赖章之弟、被称赞"勇士之名世间无所隐匿"（《东大寺文书》）的仁木义长也参与其中。仁木义长在西宫坐镇，没有越过淀川，未经一战便退回了京都。仁木义长对于由政敌细川清氏而非自己就任执事一事耿耿于怀，索性放弃了自己的职务。足利义诠在后方的尼崎按兵不动（很可能是为了防范山名氏发动突袭），众将战意低迷，只有畠山国清和细川清氏干劲十足。在这种情况下，远征是不可能顺利的。

无论如何，针对整场远征中未临一阵而始终在一旁观战的仁木义长的恶评之风愈演愈烈。不久之后，南朝的和田正武、楠木正仪（楠木正成的第三子）等人再度起兵。七月六日，细川清氏、畠山国清、土岐赖康等将领不等足利义诠下达命令便引兵出征，前往天王寺。然而，细川清氏等人只是假装出兵，实际上是计划趁机讨伐仁木义长。获得消息的仁木义长以加强将军御所警备为名义挟持了足利义诠，但是足利义诠却在佐佐木道誉的引导下逃离了御所（《太平记》）。同月十八日，自觉形势不利的仁木义长逃离京都。不久后，仁木义长投靠了南朝。

如此一来，幕府执事细川清氏和关东执事畠山国清成功清除了政敌仁木义长，但是二人沉迷权力斗争，也遭到了舆论的巨大抨击。另外，将军足利义诠也对只顾讨伐仁木义长而使自己身陷险境的细川清氏和畠山国清抱有了不信任感。因长期远征而疲惫不堪的东国武士相继脱队。八月，畠山国清率军离开京都。

这次畠山国清上洛，大概是想再现文和二年足利尊氏上洛时的盛况，让新任将军足利义诠和诸将看到自己统率东国武士的英姿，以此彰显自己的权势。如果在讨伐南朝的作战中立下赫赫功绩，就能够增强自己在幕府内部的发言权，甚至获得重返京都政界的机会。

然而，畠山国清不是足利尊氏。畠山国清缺少令东国武士心悦诚服的感召力（领袖魅力）。东国军在上洛途中就已经士气低落，据说畠山国清不得不在尾张的热田神宫等待迟到者。行军迟缓令畠山国清十分不耐烦，他索性独自先行赶往京都，其麾下的东国武士们在两三天后才陆陆续续抵达京都。与文和二年足利尊氏上洛期间众将无不踊跃争先的场景相比，真可谓是天壤之别。战争尚未开始，队伍已毫无纪律，其结果可想而知。

不出所料，由于远征的长期化，东国武士的厌战情绪高涨，接连出现脱离队伍之人。远征最终半途而废。焦躁不已的畠山国清企图通过政变夺取霸权，但是这种强硬的政治手段反而招致了东国武士们的背离。

失意的畠山国清返回关东，于盛怒之下没收了那些擅自归国武士们的领地。对此，东国武士们只得忍气吞声。康安元年（1361

年）九月，畠山国清的盟友细川清氏在京都垮台后，东国的武士终于奋起。起事者结成一揆，要求镰仓公方足利基氏罢免畠山国清。足利基氏的妻子是畠山国清的妹妹，畠山国清是足利基氏的妻兄，但足利基氏也对畠山国清的专横心存不满。于是，这位二十二岁的青年公方决心自立。

康安元年十一月二十三日，足利基氏罢免畠山国清，畠山国清随即逃往自己担当守护之职的伊豆（《镰仓大日记》）。同月二十六日，足利基氏乘胜追击，向关东八国的武士们发出了讨伐畠山国清的命令（《安保家文书》）。

畠山国清似是打算与其弟义深、义熙一同在伊豆抗战到底。然而，这却是畠山国清的一大误算。

畠山国清在这十余年间，以足利基氏为妹婿，家道兴旺至极，且就任关东执事之职，手握巨大权力。因此，畠山国清误以为关东八国武士聚集左右，皆是自己人望所致，只要自己举兵，就会有四五千骑人马前来。没想到他国的援军没有一人一骑出现，最后就连作为大将之一的狩野氏也投降了足利基氏（《太平记》）。

将人们因为头衔而亲近自己误认为"自己充满人格魅力"的悲喜剧在现代也是屡见不鲜。话虽如此，畠山国清终究是骁勇善战之人。征伐畠山国清行动正式开始是在第二年（1362 年）三月，畠山国清一边在三户城（三津城）、神益城（神余城）、立野城（修善寺城）之间移动，一边顽强地抵抗。九月，畠山国清终于投降。即使是关东八国的军队也需要半年的时间才迫使畠山国清屈服，这一事实再度告诉我们远征的困难度。

厌倦远征

就在关东八国的军队征讨畠山国清的同时，京都也发生了混乱。康安元年（1361年）九月，与足利义诠对立的细川清氏逃离京都，前往自己担任守护的若狭国。足利义诠立即派出讨伐军。由于若狭国距离京都很近，对当地的攻略十分容易。不敌讨伐军的细川清氏再度逃亡，最后投靠了南朝。

十二月，细川清氏、楠木正仪等南朝军向京都发动攻击，将军足利义诠携后光严天皇逃至近江的武佐寺。由于此次轻易地占领了京都，南朝方面对前景十分乐观（《太平记》）。

然而，局势的发展却与南朝首脑们的期待背道而驰。大内弘世、桃井直常、新田义宗、仁木义长等分散在诸国的南朝势力遭到幕府军的阻击，无法上洛。特别是拥有最强军团的山名时氏从美作返回伯耆一事，对南朝方面造成了极大的打击。兵力不足的南朝不得不放弃京都。这一次足利义诠仅用了二十天时间便回到了京都。这是南朝最后一次占领京都。

山名时氏之所以未能进军京都，很有可能是因为赤松氏和细川氏构筑的"山名防线"发挥了有效的作用，但山名时氏可能也逐渐失去了推翻幕府的兴趣。《太平记》记述山名时氏是因为军队疲敝问题而选择了撤退，暗示了这一点。

原本位于盆地的京都就是一座易攻难守的城市。正因如此，兵力处于劣势的南朝能够四次占据京都，但是面对幕府军的反击又无力维持京都的防御，只得弃城而去。琵琶湖西岸的湖西路是越前、若狭向京都运输物资的大动脉。如果幕府军扼制了湖西路，占据京都的南朝军将无以为继。足利尊氏和足利义诠父子在遭逢南朝军侵入京都之际，屡屡逃往近江重整态势，再伺机发动反攻作战，其原因就在于此。

随着南朝和直冬党的联军集中全力发动的文和四年京都攻防战以失败收场，山名时氏的心境应该也发生了变化，估计认为"远征是无益的"。从此以后，山名时氏专心致力于在山阴地区扩张势力。换言之，时氏放弃了争夺天下的念头，打算在地方构筑自己的王国。

像这样转变方针政策的并非只有山名时氏一人。征西将军府的怀良亲王被后醍醐天皇派遣至九州之际，原本期待他能够在九州笼络当地武士，发动夺回京都的远征。然而，怀良亲王在康安元年（南朝正平十六年，1361 年）八月压制大宰府，称霸九州以后，却对南朝方面再三提出的援军请求置若罔闻。在军事上支持怀良亲王的菊池氏等人对中央的政治、军事形势失去了兴趣，他们开始考虑将征西将军府打造为独立的地方政权。回想四分之一个世纪以前，陆奥将军府的北畠显家毅然决然地发起了可谓无谋之举的讨伐足利尊氏的大远征，恍如隔世。

既然无法期待各地的援军，最终南朝方面只能放弃夺回京都的念想，固守在深山之中，拮据度日。然而，另一方面，幕府也陷入了困境。无论是讨伐足利直冬的远征，还是消灭南朝的远征，都以受挫告终。由于畠山国清的垮台，幕府也无法期待来自关东地区的援军。尽管幕府现在具有明显的军事优势，但是足利义诠也无力对南朝和直冬党发起致命一击。结果便是大规模会战消失，纷争逐渐局地化。

以往的研究是从武士们为了追求财富和名誉而热衷于投入战乱

漩涡的角度叙述南北朝时代。尽管不能否认这一侧面的存在，但是镰仓幕府的灭亡已近三十年，时代的潮流正在发生着变化。昔日在战场上纵横驰骋的室町幕府功臣，现如今也已经步入五六十岁的老迈之境。这些功成名就之人逐渐厌倦了持续不断的战争。而且，在"三十年战争"中幸存下来的末流武士们也从积极的进取者变成了胜利果实的守护者。换言之，武士们已经对风险巨大的远征感到厌烦。

基本上，战后历史学热衷于研究革命，一直探讨"内乱为何开始"的命题，却忽视了"内乱为何结束"的命题。究其原因，大概是不想谈论"不景气"的话题吧。历史学者想说的是，武士一直对变革满怀热情。

然而，现实总归是现实。并不是"革命"达成以后，内乱终结，而是直到厌恶变革、避免冒险、寻求安定的情绪在武士中间滋生，内乱才走向完结。

大内氏与山名氏的"归降"

贞治二年（1363年）春，威震周防、长门两国（现在的山口县）的南朝武将大内弘世向室町幕府表明了归顺的意愿。只是作为归顺的条件，大内弘世要求由他担任周防、长门两国守护。足利义诠以"为了西国安定"为由，爽快地同意了大内氏的要求（《太平记》）。

对这一结果严重不满的是长年效力于室町幕府的厚东义武。自己没有犯下任何过错却被剥夺了长门守护职务的厚东义武愤恨不已，于是渡海前往九州，加入了征西将军府的阵营。

室町幕府拉拢大内氏，甚至不惜抛弃自己的功臣宿将，完全是为了获得压制九州的立足点。大内弘世也不负幕府的期待，立即开始进攻九州。根据《太平记》记载，大内弘世在丰后与菊池氏、厚东氏联军交战并大败，不得不向对方乞和，但是这次历史性的大败无法通过一手史料予以确认。不过，大内弘世的九州攻略作战难以取得进展却是不争的事实。即使渡海作战能够取得一时的胜利，大内弘世返回山口后，菊池氏等人也会卷土重来，所以很难对九州的南朝势力予以决定性打击（《山田圣荣自记》）。

那么，令室町幕府最为困扰的山名氏又是如何抉择的呢？自前一年（1362年）的六月开始，足利直冬与山名时氏对美作、备前、备中、备后、丹波诸国发动攻击。别国姑且不论，丹波国位于京都西北，一旦被敌方占据，将会直接威胁京都的安全。足利义诠投入若狭守护石桥和义、远江守护今川贞世（后来的今川了俊）、三河守护大岛义高的军队，竭尽全力驱逐丹波的山名军团。

山名军团整体上处于优势，战况进展顺利，却在足利直冬指挥作战的备后前线陷入苦战。贞治二年八、九月间，足利直冬从备后退往石见。先前归顺室町幕府的大内弘世向石见发动进攻也只是时间问题。足利直冬已经无力支撑局面。

山名时氏最终抛弃了足利直冬。在室町幕府的拉拢下，山名时氏选择了归降。作为归降幕府的褒奖，山名氏仰仗实力取得的根据地伯耆、因幡二国，再加上美作国（与幕府方的赤松贞范展开争夺），丹波、丹后二国（与幕府方的仁木义尹对抗），共计五个国的守护职务都被授予了山名氏。对长期以来一直困扰着幕府的最大强敌，可谓是破格的优待。

诚如佐藤进一所指出的那样，山名氏转向幕府方，纯粹是名义上的"投降"，实质上是双方通过对等交涉实现了议和。无法从军事力量上压制山名氏的室町幕府，只能完全接受对方的要求，从而笼络住最大的强敌。

另外，将军足利义诠与镰仓公方足利基氏经过商谈，决定促使越后的上杉宪显归顺幕府。上杉宪显是旧直义党的有力武将，与南朝方的新田一族合作，继续与室町幕府对抗。越后守护宇都宫氏纲兴冲冲地去讨伐上杉氏，但是成果并不理想。于是足利义诠改变了方针，企图笼络上杉氏。

贞治元年六月，上杉宪显取代宇都宫氏纲重新登上越后守护之位。贞治二年三月，足利基氏询问上杉宪显出任关东管领（镰仓公方的辅佐役，扩充了过去的关东执事权限）的意向，将其传唤至镰仓。同年六、七月间，上杉宪显回到镰仓。

作为宇都宫氏的重臣之一，宇都宫氏纲亲自委任的越后支配者芳贺禅可极力反对上杉宪显复权，最终发动叛乱。贞治二年八月下旬，足利基氏调集大军讨伐芳贺一族，在武藏国的岩殿山（位于现在埼玉县东松山市大字岩殿）布阵。足利基氏取得了岩殿山合战的胜利，继而乘胜追击。宇都宫氏纲赶忙向足利基氏谢罪，表示自己与芳贺氏叛乱无关（《太平记》）。足利基氏收回了宇都宫氏纲的上野守护职位，并将该职位授予上杉宪显。至此，上杉宪显的归降成为定局。

由于大内氏、山名氏和上杉氏的归降，内乱迅速平息。除九州等部分地区以外，南朝方面的活动基本上陷入了停滞状态。另外，中国地方的平定确保了京都的安全，不会再出现被南朝夺占京都的丑态。室町幕府被迫做出巨大妥协让步的同时，终于踏上了通向"和平"的道路。

战线收缩后，幕府诸将纷纷上洛。迄今为止，室町幕府的将领多数是为了讨伐南朝势力而被派往地方，由此造成京都守备薄弱，使南朝得以屡次乘虚而入夺占京都。足利义诠紧紧抓住与大内弘世、山名时氏缔结和平的良机，命令诸将率军上洛。有力的守护常驻京都，与幕府政治产生了紧密联系。在当时，这些人被称为"大名"。

内乱期间守护频繁更迭，贞治年间以后，守护逐渐固定。守护职位成为一种父子相承的世袭财富，除非发生重大事件，幕府将军一般会认可守护的世袭。由于"守护家"的确立，室町幕府的政治秩序趋于稳定。

山名时氏曾有言："我自建武年间以来，仰赖足利将军家之恩惠，过上了像样的生活。元弘年间以前，我则过着庶民百姓那样的平淡生活。我从上野国的山名这一偏远乡村出来，历经千辛万苦登上今日之位，所以了解人世间的悲哀与自己的能力。对于战争的残酷更是有了切身体会。正因如此，我对现在的和平之世心存感激。"（《难太平记》）这番话语宣示着无名武士梦想出人头地的时代终结。人们放弃了野心，得以回归安定的生活。尽管经历了迂回曲折，对于开辟了终结战乱道路的足利义诠的政治手段还是应该予以一定的正面评价。

然而，不可否认的是，足利义诠此番的"政治决断"——容忍具有反抗幕府倾向和独立野心的巨大势力，给将来留下了祸根。长年为室町幕府拼死奋战的武士们没有得到令其满意的恩赏，他们对宿敌山名一族享尽荣华富贵嫉恨不已，甚至有人暗中讥讽："想要得到更多的领地，最好的办法就是与幕府为敌。"（《太平记》）据说，久经世故的山名时氏在临终之际最担心的事情莫过于自己的儿子们会轻视幕府将军（《难太平记》）。拔除山名氏、大内氏的獠牙，使之成为顺从幕府的势力的课题将由下一代将军足利义满完成。

应安大法——"大规模战斗的终结宣言"

贞治六年（1367年）四月二十六日，足利基氏死去。足利基氏年仅九岁的嫡子金王丸（日后的足利氏满）继任公方。由于新任公方年幼，足利义诠有意直接统治关东地区。同年五月，足利义诠最信赖的老臣佐佐木道誉"为了关东之事成败"（《后愚昧记》），动身前往镰仓。

然而，足利义诠也于同年十二月七日死去，嫡子春王（次年元服，改名"义满"）继任。此时春王年仅十岁，身为管领的细川赖之掌管了政务。

第二年正月，上杉宪显为祝贺春王的继任而上洛。二月末，关东地区的反上杉势力趁着上杉宪显停留在京都的间隙蜂拥而起（武藏平一揆之乱）。上杉宪显急忙返回关东，并于六月十七日的河越合战中击败河越直重等人，逐步镇压叛乱者。九月，上杉宪显又击败了宇都宫氏纲等人。

在镇压武藏平一揆之乱以后，关东地区再也没有能够与关东管领上杉氏比肩的势力。审时度势的细川赖之趁机确立了由镰仓公方统治关东、关东管领抑制公方失控的间接支配体制。如此一来，关东武士基本上被切断了与将军之间的联系，必须听命于镰仓公方。从此以后，关东武士再也没有被命令远征京都。

应安元年（1368年）六月，前任将军足利义诠的法事、应安

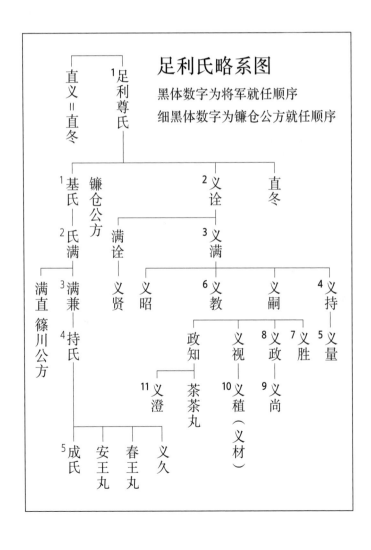

改元、足利义满元服等仪式相继完成，足利义满政权——实质上是细川赖之政权终于正式启动，而最初实行的政策，便是制定"应安大法"。

学界通常将该法令称为"应安半济令"，但正如村井章介所论及的那样，"应安大法"是更为全面的所领关系立法，"半济令"只是其中的一部分（关于半济，参看本书第三章）。原本幕府的半济令主要着眼于禁止半济行为，只有在例外的情况下才会认可半济行为，因此称其为"寺社本所保护法"似乎更为合适。至于应安令，更是迄今为止最为强调废除半济的法令，所以笔者认为"半济令"的表述存在着语病。

以京都为大本营的室町幕府，也因为和南朝对抗的关系，不得不寻求京都公家和寺社的支持。特别是将军足利义诠，他曾承诺恢复被守护等武家势力侵占的寺社本所领。但是为了克服内乱，他又不得不对担任军事指挥官的守护的专横行为（筹措战争经费）视若无睹，这是现实。

内乱结束后，足利义诠在其晚年（贞治六年）修订了寺社本所保护法。新修订法案规定：位于不设置守护的山城国的寺院本所领，成了武士恩赏地和将军直辖领，今后若有命令将之返还寺社本所而逾期未能实现的，全部由侍所负责归还寺社本所（《师守记》）。

应安大法继承了足利义诠的寺社本所保护路线，也集以往屡次出台的所领返还令之大成。按照应安大法的规定，首先便是排除一切针对寺社本所领中"禁里仙洞御料所、寺社一元佛神领、殿下渡领"的半济行为。所谓"禁里仙洞御料所"，是指本家为禁里（天皇）、仙洞（上皇）的王家领庄园。"殿下渡领"是指本家为藤原氏氏长的摄关家领庄园。"寺社一元佛神领"是指本家职、领家职都归寺社所有的庄园。由于这些庄园在寺社本所领中的级别较高，因而受到特殊的优待。

除去上述三种类型所领，目前仍然允许"诸国本所领"的半济。但是，应安大法明确规定一半的土地须交给本所的杂掌（庄园的当地管理者），可见该法令的重点并不是给与武士半济，而是基于武士对整个庄园的实际支配情况，以"一半土地返还本所"的形式维护本所的权利。粗略计算，过去武家势力在全国各地侵占土地的一半将返还公家，若能严格执行，可以说这是一次"翻天覆地"的大改革。

然而，应安大法存在结构性问题。负责将土地归还寺社本所实际事务的是各国的守护和守护代（代替驻扎京都的守护支配领国的守护家臣），而侵夺寺社本所权利的恰恰是这些守护势力。守护以半济地作为恩赏，把国内武士组织起来，虽然室町幕府出台了应安大法，但是守护和武士们绝不会轻易将半济地返还寺社本所。

从现实适用的例子来看，应安大法的效果仅仅是武士继续支配土地，在分配年贡之际少量增加了寺社本所方面的配给份额，恢复了寺社本所的些许权益。与浩大的声势相反，应安大法是一部缺乏实效性的法令。与其称之为政策，倒不如说是施政方针，这更为符合实际情况。

村井章介指出，应安大法具有"代始德政"的意义。在中世的日本，当政者更迭之时，世人往往期待新政权实施德政。提到德政，永仁德政令的"解除债务"令人印象深刻。而说起中世的德政，寺社德政为第一。唯有向祈祷"国家安全"的寺社提供支援，方能得到神佛的保佑，社会才会安定。应安大法为寺社庄园提供的保护远远超过公家，这也是因为该法具有浓厚的寺社德政性质。

不过，在战乱频仍的南北朝时代，世人的信仰也会淡薄很多。打心底里相信保护寺社能够让世间变得美好——中世之人也不会如此天真。但是作为原则，还是应该重视寺社，"寺社什么的怎么样都无所谓"之类的话无论如何也不能说出口。另外，不可否认幕府也是沿袭着形式上的先例，认同"治世之初应当推行德政""过去如此，今后也应当如此"，作为一种口号发布了应安大法。

话虽如此，应安大法作为中世法是罕见的具有体系性的法令，这也是不争的事实。因为太过复杂故而在此省略，但实际上应安大法配备了详细的附则。总之，从应安大法的字里行间能感受到幕府的干劲十足。

另外，管领细川赖之在向各国守护传达应安大法的内容之际，特别命令"在下月之前汇报实施状况"，这一点也备受瞩目。中世的权力大体上只在乎律法的制定，对其能否准确地传达给人们却不甚在意，而应安大法仅仅发布约一个月后，寺社方面就根据此法提起了返还所领的诉讼。由此可见，室町幕府希望应安大法能够尽人皆知。

为什么细川赖之如此大张旗鼓地推行应安大法呢？原本半济是随着观应之乱的爆发，幕府为了回应"勇士的恳请""战士的需求"，以特例、临时性的形式颁布的军事措施。也就是说，半济是战乱的象征。

应安大法极大地限制了半济，该法令的出台意味着"战时体制"的终结。对内、外强化室町幕府即将统治全国、完全实现和平的印象，同时提升新的当政者足利义满的威信，这些才是应安大法的真正目的。

战斗状态的解除

在"贞和、应安和平"时期，小早川氏、山内氏、熊谷氏等安艺和备后的在地领主之"家"纷纷向嫡子单独继承转变，这一现象绝非偶然。也就是说，随着内乱的平息，庶子和养子作为惣领代理和备选的作用也在下降，其结果便是继承方式向着嫡子单独继承转变。

对于笔者的上述愚见，可能会有人提出批评："后世的历史学家可以客观地得出'社会形势趋于稳定'的结论，但是当时的武士们真的能够切身感受到内乱的结束吗？"在解开这个疑问之前，不妨先来看以下史料。这是备后国山内通继在贞治四年（1365 年）立下的让状（《山内首藤家文书》）。其中省略了开篇罗列的所领目录。

以上所领，乃是我山内通继家中世代相传的财产。然而，我没有儿子，所以让弟弟刑部四郎通忠做了养子，附上先祖代代相传的证明文件和父亲山内通时留给我的让状，永久让给通忠，通忠可以毫无疑问地支配这些财产。另外，以上所领中位于备后国以外的所领，由于近年来战乱频仍，被陌生人不正当占据。应该于京都提起诉讼，收回这些所领。故而立此让状为据。

在此之前，山内通忠是同族之人山内时通的养子。山内通忠成为兄长山内通继的养子，意味着山内时通的所领和山内通继的所领将会合二为一。同时，这也意味着一贯追随足利尊氏派战斗的"胜者组"成员山内通忠将吸收追随足利直冬的"败者组"成员山内通继的所领。可以说，内乱的结束促进了所领的集约化。

至于让状中画线部分的记述自古以来就备受瞩目，这段文字说明了内乱期间武士失去了对远方所领的控制。最终，武士们放弃了远方的所领，转而致力于对本领及其周边地域的统治。在学术上，这种现象被称为"所领的一元化集中"。当所领分散在全国各地，武士们大多会采取分散配置一族的模式，因而适合分割继承。但是，如果一族之人集中在同一地域，就有必要通过单独继承确立牢固的支配体制。据说这是领主制的"进化"。

乍看之下，这是相当合乎道理的，但正如第四章所述，在内乱持续期间，单独继承并不常见。倒不如说是和平到来以后，单独继承才逐渐成为时代的趋势。在这一点上，现有的学说存在着矛盾。

再来看画线部分以后的记述，"应该于京都提起诉讼，收回这些所领"。因为被当成无意义的表达，所以过去一直被学界忽视，但是这段文字有着重大的意义。

实际上，在战斗中以诉讼为目的上洛，幕府原则上是禁止的。倘若允许这样做，武士们就会纷纷脱离战场，前线阵地势必漏洞百出，无法与敌人作战。例如，长门的由利基久为了申报自己的战功打算前往京都，但是大将上野赖兼以"作战期间不行"为由出面制止（《根津嘉一郎氏所藏文书》）。

另外，武藏国武士野本朝行于建武二年至建武三年期间作为足利党成员转战各地，但是野本朝行没有在建武三年二月跟随足利尊氏流落九州，而是回到了关东。同年六月，足利尊氏挥军重返京都，野本朝行计划赶赴足利尊氏身边申报迄今为止的军功，但是关东方面与后醍醐天皇方的战事持续不断，使其迟迟无法动身。结果不待战事结束，野本朝行已往生他界。虽然其子鹤寿丸曾尝试上洛，终究还是由于"作战期间"，难以前往京都，战功的申报只能一拖再拖。对于在地方奋战的武士们而言，"京都申诉"并不是一件易事。

正如在第五章所看到的那样，为不能直接前往京都进行申诉的武士，向幕府汇报他们的战功，并为他们争取相应的恩赏，是身为指挥官的大将的工作。当然大将也不能擅自脱离战线，所以要派遣代官至京都（《佐竹文书》）。

还有一点不能忘记，那就是幕府方面的情况。在战乱激化时期，幕府自身也没有余裕受理诉讼。如第五章所述，观应之乱期间，毛利亲衡追随了足利直冬。与此相对，其子毛利师亲长年在高师泰麾下征战，隶属足利尊氏一方。毛利师亲为了确保自己能够得到父亲毛利亲衡的所领，一度计划向足利尊氏提出诉讼。然而，毛利师亲在高师泰的指挥下转战石见，足利尊氏也为了征讨足利直冬从京都前往备前福冈（现在的冈山县濑户内市长船町福冈）。此后，高师泰与足利尊氏两军会合并返回畿内，却在摄津打出滨合战中被足利直义击败。在此期间，足利尊氏停止受理诉讼，因此毛利师亲未能如愿提交安堵申请（《毛利家文书》）。

战乱时期在京都进行诉讼是极为困难的事情。基于这一事实，让我们重新解读一下"应该于京都提起诉讼，收回这些所领"的规定。可以肯定，山内通继预见了战乱的终结。由于战乱平息，才会向单独继承转变。和平已经近在眼前，所以是时候停止"所领的一元化集中"，通过诉讼裁判取回南北朝时代内乱过程中失去的远方所领了。这说明武士们看到了从战时到平时的转变，纷纷解除了战斗状态。

足利义满的一族离间策略

接下来，让我们将话题转回幕府政治。管领细川赖之的执政不知从何时起变成了与其他大名之间的倾轧。康历元年（1379 年），由于反细川赖之派群起而攻之，细川赖之被迫下野，随即退居赞岐。关于康历政变，一般在讨论细川派与斯波派的争斗时会提及。实际上，这场政变很大程度上是身为幕府最有威望的长老（此时山名时氏与佐佐木道誉均已亡故）却因为与细川赖之对立而被排挤出政权中央的土岐赖康，通过支持（策动）斯波义将的形式发起的。

不管怎么说，康历政变的最大受益者，与其说是取代细川赖之就任管领的斯波义将，倒不如说是重新返回中央政界并获得伊势守护职位的土岐赖康。康历政变之后，土岐赖康已是集美浓、尾张、伊势三国守护于一身，完全掌握了东海道的入口。回想过去南朝势力侵攻京都之际，足利尊氏和足利义诠往往撤退到近江、美浓一带，集结东海道方面的势力夺回京都，不难想象，土岐赖康的壮大已经对足利义满造成了严重威胁。从康历政变的结果来看，身为外样守护的土岐赖康成为畿内附近最大势力的同时，也掐住了足利义满的要害。

不得不远离信赖的细川赖之对足利义满而言是一个沉重的打击，但是细川赖之的垮台也成了足利义满独立的契机。足利义满开始慢慢地发挥政治手腕。

嘉庆元年（1387年），土岐赖康的七十载人生落下了帷幕，养子土岐康行继承了三国守护职位。然而，足利义满十分宠信从以前就在京侍奉自己的土岐满贞（土岐康行之弟），于是剥夺了土岐康行的尾张国守护职位，将其授予土岐满贞。

由此一来，土岐康行和土岐满贞之间产生了对立，足利义满更是看准时机进行军事干预。明德元年（1390年）闰三月，足利义满在京都组建的讨伐土岐康行大军攻入美浓，土岐康行败走越前。美浓是掌控着京都生死存亡的重要门户，但是正因为距离京都较近，所以如果幕府军进攻，土岐康行是无法抵抗的。这和过去山名时氏在远离京都的地方建立根据地并击退幕府远征军的事迹形成了对照。

土岐康行没落以后，美浓守护由土岐赖康之弟土岐赖忠继承，伊势守护由仁木义长之子仁木满长就任（起用仁木满长应该是考虑到其父仁木义长曾担任伊势守护）。作为讨伐土岐康行"尖兵"的土岐满贞，反被以"在次年（1391年）爆发的明德之乱期间失态"为由，罢免了其尾张守护的职务。土岐满贞完全陷入了足利义满的圈套，充当了将军的炮灰。

足利义满的下一个目标是山名氏。如前文所述，山名氏归顺幕府以后，获得了五个国的守护职位。山名一族的威势在应安四年（1371年）山名时氏去世后，非但没有衰落，反而愈加强盛。永和四年（1378年），纪伊的南朝武将桥本正督举兵，山名一族凭借镇

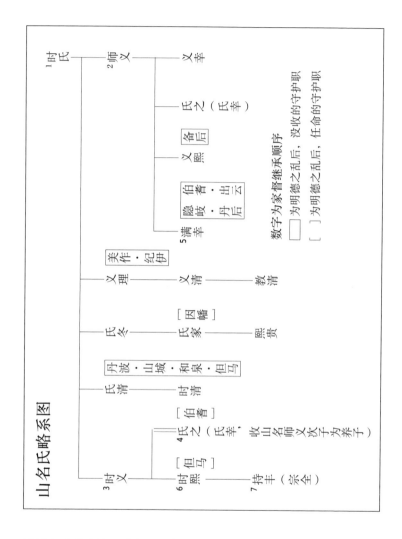

山名氏略系图

数字为家督继承顺序

□ 为明德之乱后，没收的守护职

〔〕为明德之乱后，任命的守护职

1时氏 ── 2师义 ── 义幸

氏之（氏幸）

备后
义熙
伯耆·出云
隐岐·丹后
5满幸

美作·纪伊
义理 ── 义清 ── 教清

〔因幡〕
氏冬 ── 氏家 ── 熙贵

丹波·山城·和泉·但马
氏清 ── 时清

〔伯耆〕
4氏之（氏幸，收山名师义次子为养子）

〔但马〕
3时义 ── 6时熙 ── 7持丰（宗全）

压桥本氏的功绩，获得了纪伊、和泉二国守护的职位。康历政变期间，山名氏掌握了更多的守护职位，分国（作为守护管辖的国）达到十一个（参照山名氏世系图）。山名氏掌握的分国数量相当于日本全国的六分之一，因此世人也称呼山名一族为"六分一众"。

不过，山名一族也存在弱点，那就是一族内部的对立。山名氏是内乱期间急速成长的"暴发户"，积累了庞大的所领。身为一族惣领的山名时氏并不想把所有的财产交给嫡子山名师义，反而打算给在各地担任军队指挥官的诸子（次子山名义理、三子山名氏冬、四子山名氏清、五子山名时义）分配相应的份额。结果，山名时氏在生前就把财产分给了众子，又在去世之际把自己手中财产在内的种种资源进行了重新分配。

然而永和二年（1376年），山名时氏的继任者山名师义突然去世。山名师义的嫡子山名义幸体弱多病，其余诸子年纪尚幼。处在弥留之际的山名师义判断自己的儿子们无力肩负起山名氏惣领的重担，于是将家督之位让给了末弟山名时义。山名师义之所以越过二弟义理和四弟氏清，将家督之位让给权力基础最为薄弱的五弟时义，应该是想让山名时义作为过渡，有朝一日由自己的血脉继承山名氏惣领的地位。

虽说只是"过渡"，但惣领终归是惣领，山名义理等人绝对不会对这样的安排喜闻乐见。特别是当山名时义指名师义的次子氏之为下一任惣领时，遭到了氏之的弟弟山名满幸的反对。由此埋下了山名一族内乱的火种。

注意到这一点的足利义满重用义理、氏清、满幸等山名一族的反主流派。山名时义对足利义满的姿态极为不满，于是回到但马国闭门不出，拒绝服从将军足利义满的命令。

康应元年（1389年）五月，山名时义死去，时义的养子山名氏之继承了伯耆、隐岐二国，时义的亲生儿子山名时熙继承了但马。足利义满立刻采取行动。第二年三月，令山名氏清、山名满幸向山名氏之、山名时熙发动进攻。山名氏之、山名时熙败走，山名满幸获得伯耆、隐岐二国守护职位，山名氏清获得但马守护职位。如此一来，山名满幸掌握了伯耆、出云、隐岐、丹后四个分国，确保了山名一族的惣领地位。

然而，足利义满于次年（明德二年，1391 年）赦免了山名氏之和山名时熙。随后，足利义满又以山名满幸再三无视幕府的命令，拒不将侵占的仙洞御料出云国横田庄归还后圆融上皇为理由，剥夺了山名满幸的出云守护职位，并且勒令其离开京都。同年十一月，山名满幸返回丹后。既然被逐出京都，那么剥夺山名满幸的其他守护职位不过是时间问题。愤恨交加的山名满幸联络叔父（同时也是满幸的岳父）山名氏清，于十二月举兵。这场变乱就是世人所说的"明德之乱"。

关于明德之乱的主要原因，有些观点把注意力集中在山名满幸

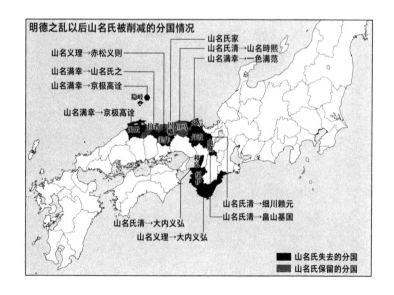

公然违背应安大法引起足利义满震怒这一点上。不过，足利义满煽动反主流派背叛惣领，在达到目的后立刻抛弃反主流派的手法，与土岐氏之乱时如出一辙。即便足利义满不以横田庄问题向山名氏发难，山名满幸也会在不久的将来迎来被埋葬的命运吧！总而言之，事态发展完全符合足利义满的设想。

山名满幸、山名氏清等人向京都发起进攻。足利义满在京都的内野（过去平安京大内里所在之地）建立本阵，摆出迎击的架势（时人称这场战斗为"内野合战"）。十二月三十日，两军爆发冲突。经过激烈的攻防战，最终山名氏清战死沙场，山名满幸败走丹后（《明德记》）。

不论是分裂山名氏一族并使其同室操戈，还是引诱山名满幸等人进攻京都，都将足利义满的阴险狡猾展现得淋漓尽致。与足利义诠时代不同，现在（足利义满时代）京都驻扎了大量兵力，已然是一座难以攻陷的城市。因此，仅仅经过一天的战斗，足利义满便击溃了叛乱军。

第二年正月，足利义满论功行赏，山名氏的分国被分给立下战功的诸位大名。由于山名一族的山名氏之和山名时熙加入了幕府军，二人分别获得了伯耆国和但马国。考虑到加入叛乱军的山名氏家（山名氏冬之子）对幕府军消极作战，故而允许其保留因幡一国（所领安堵）。另一方面，山名一族的长老山名义理在叛乱期间保持了中立，但是依然没有逃过被制裁的命运，其名下的分国被全部没收。面对幕府的讨伐军，山名义理一脉从此没落。

明德之乱过后，山名一族掌握的分国从十一个锐减至三个，虽说仍是拥有三个分国的强大势力，可是山名一族已经失去了所有靠近京都的分国，对幕府的影响力明显下降。另外，也有观点认为土岐氏之乱和明德之乱是"对斯波派的肃清"①，但是在足利义满治世期间斯波氏作为足利一门的领头人物顺利地扩张了势力。倒不如说，从那些在内乱中巧妙地壮大自身势力的外样守护手中夺回京都附近的分国，加强京都的安全——这也关系到将军权力的强化——才是足利义满真正的目的。

内乱的闭幕

以明德之乱为契机，取代山名氏一跃成为最有力大名的是大内氏。身兼周防、长门、石见三国守护的大内义弘，在康历政变中获得丰前，又凭借在明德之乱中建立的战功获得了山名义理和山名氏清的分国纪伊、和泉。而这也意味着大内义弘接手了原本由山名义理和山名氏清兄弟承担的攻略南朝的重任。

大内氏掌握着被誉为濑户内海水运东西端口的周防国山口与和泉国堺，并且积极推进海外贸易，其富强程度远非其他任何大名可以企及。猜疑心极强的足利义满居然授予大内义弘如此巨大的权力，着实令人感到不可思议，可是为了实现幕府的夙愿——压制南朝以及平定九州，大内义弘的合作是必不可少的。

果不其然，明德三年（1392 年），经由大内义弘居中斡旋，终于实现了"南北朝合一"。南朝的后龟山天皇回到京都，将三件神器交给北朝的后小松天皇。此外，大内义弘协助今川了俊在九州建

---

① 康历政变期间，土岐氏和山名氏都是斯波派的重要成员，从政变中受益匪浅。——译者注

立了军功，于是在明德四年，大内义弘得到了与足利氏一门相当的待遇。

应永元年（1394年），足利义满把将军职位让给嫡子足利义持，但是自己仍然掌握政治实权。自此以后，足利义满被称为"室町殿"。

应永二年（1395年），九州探题今川了俊被替换，继任者是斯波义将的女婿涩川满赖。据说在这场犹如闪电般的解职事件中，意图排挤今川了俊并掌握贸易港口博多的大内义弘乃是主要参与者之一。由此可见，足利义满依然十分器重大内义弘。但是大内义弘逐渐居功自傲，双方的关系开始僵化。

应永四年，九州的少贰氏、菊池氏举事。为了援助陷入苦战的涩川满赖，大内义弘派遣其弟大内满弘、大内盛见率军前往筑紫，但是在付出大内满弘战死等惨重代价后，战况依然没有出现好转。因此，足利义满命令大内义弘亲自奔赴九州。第二年（应永五年，1398年）十月，大内义弘从京都出发，率军攻入九州，击败了少贰氏、菊池氏。

应永六年十月十三日，大内义弘率领数千骑人马进入堺。此时谣言四起，各地盛传大内义弘企图拥戴镰仓公方足利满兼（足利氏满的嫡子，足利氏满已于前一年死去）为盟主发动叛乱，京都一片骚乱。

足利义满急忙派遣亲信禅僧绝海中津前往堺。十月二十七日，绝海面见大内义弘，敦促后者尽速上洛向足利义满申辩，但是大内义弘却表露了自己对足利义满的不满。军记物《应永记》称大内义弘反叛的理由有四点：第一，足利义满表面上命令自己讨伐少贰氏、菊池氏，实际上是命令少贰氏、菊池氏讨伐自己；第二，分国和泉、纪伊应由大内义弘的子孙世代承袭，近来却盛传不久后二国将被幕府没收；第三，大内满弘战死以后，幕府一直没有给与其遗族任何恩赏；第四，足利义满计划在大内义弘上洛之际将其诛杀。

关于第一点，兴福寺僧人长专的日记中也有着相同的记述，当时谣言四起，致使大内义弘对谣言的内容深信不疑。然而，原本足利义满解除今川了俊的职务，就是为了让大内义弘接过平定九州的重任，完全没有必要刻意煽动少贰氏和菊池氏。足利义满若另有所图，充其量是想利用九州远征来消耗大内义弘的力量，使之疲惫不堪。足利义满与大内义弘的不和一旦被世人当作谈资挂在嘴边，添油加醋地口耳相传，很难不沾染上阴谋论的色彩。

至于第二点，则很有可能成立。正如前文所述，足利义满将纪伊、和泉二国定位为攻略南朝的前线基地。既然"南北朝合一"已经实现，足利义满就没有理由将这些地区继续交给大内义弘统治。另一方面，对于义弘来说，纪伊、和泉二国是自己在明德之乱期间拼命战斗才获得的恩赏，理所当然应由自己的子孙世袭。这种认识上的分歧极有可能造成了两者的对立。只是现阶段还仅仅停留在谣言的地步，足利义满方面并没有采取具体行动。第三点仅仅是次要动机。第四点应该是疑神疑鬼的大内义弘所产生的被害妄想。

与土岐氏之乱和明德之乱的时候不同，这一次足利义满并没有采用一族离间策略，而是试图说服大内义弘放弃谋反的想法。在大内义弘和垂涎将军宝座的镰仓公方足利满兼联手的情况下，足利义满是没有把握取得胜利的。因此，以往认为足利义满挑衅大内义弘，引发大战的推测应该是不正确的。

尽管绝海拼命劝说大内义弘以上四点是其误解，但是大内义弘已经向宫田时清（山名氏清嫡子）等各地方武士发出了举兵檄文，现在没有了回旋的余地，一场大战已成定局。十月二十八日，游说失败的绝海向足利义满复命。十一月，足利义满召集众大名组成讨伐大内义弘的军队。

大内义弘在堺修筑城郭，摆出固守态势，决心等待镰仓公方足利满兼的援军。然而，由于关东管领上杉宪定极力反对出兵，足利满兼的军队行至下野足利（现在的栃木县足利市）便止步不前。足利义满在八幡布下本阵，命令诸大名向堺城发动攻击。经过近一个月的围攻战，堺城终于陷落，大内义弘兵败身死。这便是所谓的"应永之乱"（当时称之为"堺合战"）。

大内义弘的末弟大内弘茂也参加了反抗幕府军的战斗，但是幕府却同意其投降，而且还允许其保留周防、长门二国的守护职位。幕府没有余力向大内氏的本领防长二国进军。足利满兼也通过向义满宣誓恭顺而保住了地位。这样的结果也是幕府难以远征关东的苦情所致。

另一方面，时任远江半国守护的今川了俊也被怀疑参与了大内义弘之乱。为此，今川了俊不得不亲自前往京都谢罪，但还是被迫退出政界。今川了俊在《难太平记》中借用大内义弘的话讽刺"今御所"（足利义满）的政治手段是扶强抑弱，在应永之乱的战后处理过程中，也能看到这一倾向（不过，在这次事件中，今川了俊很可能不是被幕府冤枉的，而是确实参与了阴谋）。

无论如何，足利义满从大内氏手中收回了纪伊、和泉二国，同时起用忠于自己的大名巩固了对畿内附近分国的控制。这对于足利义满以及室町幕府而言，是巨大的成果。自此以后，"室町殿"再也没有亲自率军征战，足利义满终于为内乱时代降下了帷幕。

载囊弓矢

应永六年（1399 年）十一月一日，大内义弘和绝海中津的会谈破裂，畿内战事已经不可避免之时，在大内义弘分国之一的石见国，周布氏、益田氏等当地的武士们结成了一揆。当时众人订立的一揆契状主要部分如下（《周布家文书》）：

以上誓言的主旨如下：既然我等已经决定在任何时候都要同心协力，那么万一我等现在支配的领地遭到了不论是公方还是私人的外部干涉，大家都应该团结一心，首先把详细情况诉诸守护。如果这么做不能制止干涉，应当直接向京都提起申诉。假如引起战事，我等应当同心协力，舍命保卫领地。至于其他事情，无论是何内容，我等都应当共同商谈，决定如何应对。（右、趣は、我々両三人の間においては、なにも同心の上は、自然当知行の地にいたって、公方・私、いささか煩いあらば、まず事始めのところにおいて、一心に事の子細を守護人に嘆き申すべく候、なおもって異儀に及ばば、直に京都へ申すべく候、たとい弓矢に及ぶというとも、同心の一命を捨つべく候、そのほかの事は万事談合を加えて申し定むべきなり。）

一揆契状中提到的"公方"之"烦"应该是指幕府、守护等公权力以不正当方式夺取领地的行为，而"私"之"烦"应该是指一揆成员以外的领主发起的侵略行为。

足利义满在接到绝海的交涉失败报告以后，马上以讨伐大内义弘的名义命令西国的武士们上洛。与此同时，足利满兼也召集诸国武士参战。现在中央即将爆发大决战，而周布氏等人却只关心如何保卫自己的领地。而且，虽然周布氏等地方武士想到要战斗，但他们在遭到权利侵害时的主要对抗措施仍是向幕府及守护提出诉讼。

这类事件并非个例。以纪伊国隅田庄（现在的和歌山县桥本市）为根据地的武士集团隅田一族和政所一族，在南北朝时代曾作为南朝方成员活动（《花营三代记》），后来在山名义理的攻略下归顺幕府。应永二十二年（1415 年），隅田、政所两族与下山氏对立。为了解决问题，隅田、政所两族缔结了一揆契状（《隅田家文书》）。

根据一揆契状的内容，隅田一族与政所一族决定分别派遣使者向住在京都的纪伊守护畠山满家提出诉讼。关于如何分担此次京都之行的滞留费和诉讼费用，在一揆契状中都做了详细的规定。另外还规定，如果两族的使者在抵达京都以前，就得出了对下山氏有利的裁决，隅田和政所两族成员应全体上洛共同进行抗议，若有不参加者，将被逐出一揆。在解决纠纷时不使用武力，而是始终坚持诉讼这一"和平"的手段。换言之，武士们不再进行武力斗争，而是热衷于法庭斗争。这是南北朝时代不曾看到的情景。

如第四章所述，国人一揆是作为军事同盟成立的。然而，随着"和平"的到来，一揆的目的也从"共同战斗"转向"共同诉讼"。

为什么会出现这样的变化呢？这与以内乱的结束为契机，武士们解除战斗状态有关联。武士们的关注点从外部转向内部，从军事课题转向日常课题。

在战乱时代，武士们最关心的事情莫过于以怎样的形式生存下去。为了摆脱眼前的战乱局面必须拼死相搏，所以武士们根本无暇他顾。然而，随着世间趋于安定，武士们的思绪集中到了如何把经过长期内战取得的领地确定为自己的财产这件事上。他们开始专注于领地的经营。总之，武士们纷纷转向保业守成。

而且，随着室町幕府权力的确立，不仅仅是武力的实际支配，将军和守护的权威认证也成为保全领地的重要条件。如此一来，裁判就成了很重要的事情。在这一时期的裁判中，除了证明文件以外，邻近居民的证言也备受重视。正因如此，与邻近武士结成一揆，在向幕府和守护提出申诉方面非常有效。于是，一揆也从战争互助机关变化为诉讼互助机关。

从武家社会形势的变化来看，大内义弘的败亡是必然的。乱世已经过去，武士们追求安定的意愿强烈。正如今川了俊所批判的那样，足利义满的人事任免很难说公平公正，也不乏一些鸟尽弓藏之举。然而，无论使用何种手段，最终足利义满为世间带来了"和平"，这是不争的事实。即便大内义弘对足利义满的恶政百般斥责，并且宣称自己是"为天下万民而战"，武士们也已经不希望看到以武力取代将军的大变革。

应永四年（1397年），在营造北山第（其中一部分保留至今，即金阁寺）期间，足利义满命令各大名提供人力和木材，大内义弘却以"吾等惟执弓矢尔，不为土木之工"为由拒绝，这段逸闻十分有名(《卧云日件录跋尤》)。在"战后社会"中,大名不再通过军事活动,而是必须通过参与营建事务为将军尽忠尽职。对此浑然不知,最终为时代的潮流所遗弃,可以说是大内义弘的悲剧。

终章

"战后体系"的终结

妥协的产物——"室町和平"

如前一章节所见，足利义满通过讨伐有力的守护势力，提高了足利将军家的权威。武家、公家和寺社纷纷臣服在足利义满的权力之下。因此，有不少学者指出"足利义满是专制君主"。

然而，足利义满的"绝对权力"只不过是一幕反复上演的华丽戏剧。现实中的足利义满被迫做出了诸多妥协。如前所述，足利义满对应永之乱期间存在谋反迹象的镰仓公方足利满兼的罪行便未予追究。

对大内氏的处置，表现出了更加强烈的妥协色彩。如前一章节所述，应永之乱以后，足利义满承诺大内义弘的末弟大内弘茂仍可领有周防和长门二国守护职位。然而，当时留守在大内氏本领的大内盛见（大内弘茂的兄长）却反对大内弘茂继任家督，并且对其举兵相向。应永七年（1400年），大内弘茂进军山口，攻击大内盛见。大内盛见被迫逃亡九州，依附于丰后的大友氏。次年，大内盛见在大友氏的支援下转入反攻，率领部队登陆长门，讨伐了大内弘茂。

此后，室町幕府展开对大内盛见的讨伐行动，但是随着大内盛见的势力不断壮大，足利义满最终不得不认可大内盛见继任家督。应永十年（1403 年），室町幕府将周防、长门二国守护职位授予大内盛见。应永十一年（1404 年），大内盛见又得到丰前守护的职位。对于足利义满而言，饶恕与自己公然唱反调的大内盛见是一件非常屈辱的事情。况且，大内盛见此后依然拒不上洛（直到应永十九年方才上洛），继续对幕府保持着半独立的姿态。由于担当攻略九州先锋的大内氏脱离了室町幕府的控制，平定九州的作战也严重受挫。

这一时期，全国的守护常驻京都已经成为一项义务，守护不得不将本国的经营事务委托守护代处理。把统领地方势力的守护聚集到将军的所在地京都，有效防止了守护的地方军阀化，同时也提升了幕府的凝聚力。这便是所谓的"守护在京制度"。但是也存在着一些例外情况。幕府在奥羽地区不设置守护，而且关东和九州的守护可以不用上洛而是继续留守本国（通常称之为"在国"）。

这些在国势力表面上臣服于幕府，未必服从幕府的号令。然而，痛感派遣远征军困难重重的足利义满，也只能容忍"远国"的诸势力维持半独立态势，以此达成"和平"。近年来，学界通常将这一"和平"局面称为"室町和平"。

应永十五年（1408 年），足利义满去世，嫡子足利义持继位。通常认为，由于在父亲足利义满生前遭到疏远，足利义持将这份怨恨转化为否定足利义满的施政。足利义满建立的北山第（并非纯粹的别墅庄园，而是被称为"北山新都心"的政厅群）解体，足利义满开启的日明贸易也被足利义持中止，此类事例不胜枚举。尽管如此，足利义满推行的"远国放任策略"这一基本政治方针却被足利义持继承了下来。

例如，继足利满兼之后担任镰仓公方的足利持氏，时常对幕府表现出反抗的姿态，室町幕府内部也曾多次就讨伐足利持氏的议题进行商讨，但是始终没有真正组编讨伐足利持氏的军队，仅仅以接受足利持氏谢罪的形式草草了事。另一方面，幕府忙于解决关东问题，结果便是进攻九州的作战完全停止。大内盛见为了镇压菊池氏、少贰氏的叛乱而南下九州是应永三十二年（1425 年）以后的事情。

在讨论远国问题之际，室町幕府内部会出现这样一幅图景：尽管足利义持倾向于派遣远征军等强硬策略，但是细川满元、斯波义淳、畠山满家、山名时熙、一色义范、赤松义则等诸大名（这些人都是身兼数个分国守护之职的有实力的在京武士）只是在表面上随声附和，暗中却不断地将方针政策向更加稳妥的轨道上修正。

在这个时代的室町幕府，已经形成了一则不成文的规定，即凡是涉及远国问题，室町殿推进政策时不得独断专行，必须征得诸位大名的同意。然而，诸大名对于负担沉重的远征行动一般都会持消极态度。因此，即便是身为最高权力者的足利义持，也不得不经常强忍心中的不满。

足利义持与诸大名的"和解"

足利义持当然不会一味地忍耐，他也曾试图打开局面。也就是说，通过重用侧近之人，削弱大名的力量。最先受到足利义持提拔的亲信便是富樫满成。在义持政权初期显赫一时的是支持足利义持继承家督的斯波义将，但是斯波义将于应永十七年去世以后，富樫满成作为将军和诸大名之间的"传话人"逐渐崭露头角。应永二十一年，斯波满种因触怒将军足利义持而被解除了加贺守护的职务，富樫满成和富樫满春兄弟分别得到了加贺半个国的领地。

应永二十三年十月，足利义持之弟、在足利义满生前深受宠爱的足利义嗣（一度被认为是足利义满的继承人）有谋反的嫌疑，富樫满成指挥搜查。应永二十五年正月，足利义持密令富樫满成的部下将幽禁中的足利义嗣杀害。此时失去父亲足利义满这一强大后盾的足利义嗣，应该是无力掀起叛乱。不过，恰逢上杉禅秀之乱爆发（叛乱于应永二十四年正月被镇压），足利义持为了专心应对叛乱，便以谋反的罪名将足利义嗣这个潜在的危险分子先行处决。

然而，事件并没有就此平息。根据富樫满成的搜查结果，畠山满庆（畠山满家之弟）、山名时熙、土岐康政（已经亡故，土岐康行之子）都有嫌疑参与了足利义嗣的谋反计划。土岐康政之子土岐持赖因父亲的罪过被解除了伊势守护之职，并且被没收了部分领地。山名时熙被勒令停止其在幕府中的一切活动。很难想象诸大名会抬出足利义嗣来掀起反对足利义持的大旗，很有可能是在企图利用足利义嗣事件打压诸大名的足利义持秘密授意下，富樫满成捏造了罪名。如此一来，幕府中枢因为要员互不信任，陷入了机能不全的境地。

然而，到了应永二十五年十一月，事件发生了惊人的逆转，富樫满成被足利义持流放（后来，富樫满成被畠山满家杀害）。此前发生的一切全部被归咎为富樫满成的阴谋——富樫满成暗中怂愆足利义嗣谋反，眼见事情行将败露，为了封口，又擅自杀害了足利义嗣（《满济准后日记》《看闻日记》）。足利义持意在削弱诸大名的力量，但是诸大名的反抗之强烈远远超出其预期，不得不采取"断尾求生"的方法，将所有的责任都推给富樫满成，将其彻底清算。

在富樫满成之后崛起的亲信是赤松持贞。赤松持贞出身赤松氏的旁系（详见赤松氏谱系图），在富樫满成失势后，成为足利义持第一亲信，大权在握。这种通过提升家族旁系成员地位来牵制有力守护的政治手段，应该是足利义持从父亲足利义满那里学到的吧。

应永三十四年（1427 年）九月，七十岁的赤松氏惣领赤松义则去世，嫡子赤松满祐继任家督。于是，足利义持收回了赤松满祐的播磨守护职位，并将其授予赤松持贞。十月二十六日，怒火中烧

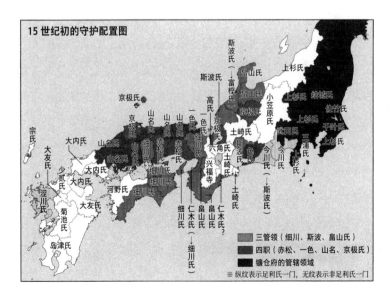

15 世纪初的守护配置图

的赤松满祐在自己的宅邸放火，不经请示便自行返回播磨。如前文所述，这一时期守护常驻京城已经成为一项义务，守护未经许可便擅自前往分国的行为意味着背叛幕府。

利用世代更迭的机会在有力守护家中制造矛盾的策略，与过去足利义满对付土岐氏和山名氏的手段有着相似之处。不过，足利义满重用的土岐满贞和山名氏清本就是各自一门中举足轻重的人物，而赤松持贞却是赤松一族庶流中的庶流，只是因为得到了足利义持的信任才能够飞黄腾达。足利义持利用赤松持贞取代赤松满祐成为赤松氏惣领的计划实在是过于牵强，很难取得成功。

足利义持下令诸大名讨伐赤松满祐，而畠山满家等诸位大名同情赤松满祐的遭遇，主张立刻开战的只有想借此机会侵占赤松氏分国的山名时熙一人而已。这一时期，诸大名已经走向保守化，不希望看到势力版图出现大幅度的改变。总之，大名们只专心维持自己的分国。

讨伐赤松满祐的作战一拖再拖，在此期间，局势又发生了巨大的改变。十一月十日，足利义满的侧室高桥殿向足利义持秘密地告发了三起关于赤松持贞的性丑闻（包括与足利义持的侧室私通）。第二天，即十一月十一日，足利义持派遣使者询问赤松持贞事情的真伪。面对质问，赤松持贞坚决予以否认，并回答愿意提交起誓文以证清白。然而，此时足利义持的态度十分强硬，表示"现在无须辩解"。十一月十二日，赤松持贞向足利义持的政治顾问醍醐寺座主（即寺院的最高负责人，住持僧）满济求助。满济为了赤松持贞向足利义持求情，但是足利义持没有答应。十一月十三日，赤松持贞被命令切腹自尽（《满济准后日记》）。赤松满祐于十二月获得赦

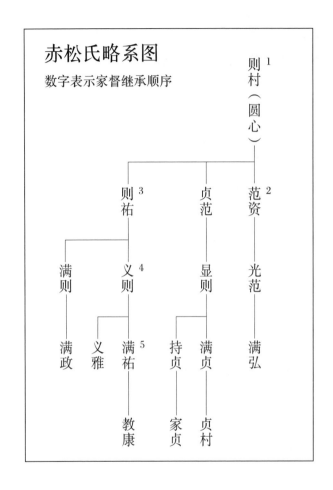

赤松氏略系图

数字表示家督继承顺序

则村（圆心）[1]

范资[2] — 贞范 — 则祐[3]

范资[2]：光范 — 满弘

贞范：显则 — 满贞 — 贞村；持贞 — 家贞

则祐[3]：满则 — 满政；义则[4] — 义雅；义则[4] — 满祐[5] — 教康

免，作为参与幕府政治的大名重返中枢。

足利义持虽然以性情急躁而闻名，但绝对不是那种因为性丑闻便会激动到铲除亲信的单纯之人。事实上，富樫满成的垮台也是因为足利义嗣的旧情人告密其与满成私通。无论是富樫满成，还是赤松持贞，他们的罪名大概都是捏造的。由于遭到诸大名意料之外的反对，足利义持只得放弃讨伐赤松满祐的念头，将亲信赤松持贞作为替罪羊，试图收拾局面。

尽管足利义持与赤松满祐之间距离爆发军事冲突一度仅有寸步之遥，但事后双方却像什么都没有发生一样，仍旧维持着主君与家臣的关系。正如樱井英治所指出的那样，他们"绝对不会忘记彼此之间的仇恨，同时也不会忘记恪尽礼节。与心怀怨恨的对手坦然交流，同席欢笑"。

区分使用"场面话"和"真心话"的当权者们令人厌恶，从他们身上感受不到一丝愉悦。尽管如此，正是因为将军和诸大名尽可能地克制自己，才避免了彻底破局，使如履薄冰的"和平"得以延续。

"温和派"重臣——畠山满家

将军威严号令之下，全国武士莫敢不从。——这毕竟是场面话，即便是足利义满也不可能完全做到令行禁止。且不论实际情况如何，足利义满构筑的"战后体系"，正是一种能够确保上述"场面话"不被戳破的统治体制。

但是，幕府中还是出现了认为"战后体系"带来的"和平"充满了欺骗，想要将"场面话"变为现实的领导者。此人便是足利义持的继任者足利义教（足利义持之弟）。

永享二年（1430年），将军足利义教为了感谢被授予右近卫大将职衔一事，决定组织队伍前往内里（皇宫御所）觐见天皇。在将军举行右大将拜贺仪式之际，诸大名需组成"大名一骑打"队列，各自策马随同。一色义贯（即一色义范，后改名义贯）希望让自己排在诸大名的最前面，但是最终决定由畠山持国（畠山满家的嫡子）排在诸大名的首位，一色义贯排在第二位。一色义贯愤怒不已，并放言："昔日足利义满公行右大将拜贺仪式时，我的祖父一色诠范便排在首位，我如今却只能排在第二位，这是家门的耻辱！"随后，一色义贯称病不出，缺席了将军的拜贺仪式。

足利义教将一色义贯的反抗视为严重问题，于是向畠山满家和山名时熙这两位幕府宿老征询对一色义贯的处罚意见。山名时熙建议："暂时命令一色义贯停止出仕，没收其一两处领地，以观后效。"而畠山满家却认为："有怒气是很正常的，不应该予以追究。"听过二人的回答，足利义教甚感不悦："发生纠纷的时候，畠山满家每次都说要遵循'无为之道'，不宜予以处分。"

总之，足利义教口中的"无为之道"，就是指温和派的稳健路线。然而，对于一心一意要让天下人知晓将军权威的足利义教而言，畠山满家的绥靖政策只不过是软弱的表现。

于是，足利义教质问畠山满家："不追究一色义贯的罪责，不就是为了避免即刻引发纷争而得过且过吗？如果对违背将军命令的人不施加惩罚，必然遭到关东和九州武士们的轻视，难道将军的权威蒙尘也是无所谓的事情吗？"然而，畠山满家丝毫不为所动，依然坚称"应予以赦免"。

最后，畠山满家得到其他大名（包括最初主张惩戒一色义贯的山名时熙）的协助，他们共同请求赦免一色义贯，足利义教无奈之下只得同意。畠山满家在应永三十四年（1427年）时也曾强烈反对讨伐赤松满祐，并且为赤松满祐重返政界积极铺路（顺便一提，根据樱井英治的推测，畠山满家策划了赤松持贞的垮台）。庇护那些触怒将军的大名，防止将军与大名之间出现彻底的对立——这些是畠山满家所奉行的基本行动原理。作为参加过应永之乱的老臣，畠山满家确信只要将军和大名之间维持信赖关系，就能够保证幕府的安泰。

畠山满家稳健的政治姿态在远国问题上同样展露无遗。镰仓公方足利持氏（足利义持的乌帽子子）对将军之位抱有野心，一心想成为足利义持的后继者，因而极力反对足利义教就任将军，同时京都方面也流传着"足利持氏率军上洛"的谣言。在幕府内部万分紧张的情况下，正长二年（1429 年）九月，远在陆奥且与足利持氏不和的足利满直（持氏的叔父）向幕府提出两点请求：其一，希望幕府同意由自己取代足利持氏统治关东；其二，希望幕府命令东国武士"追随足利满直讨伐足利持氏"（《满济准后日记》）。

针对足利满直的提案，山名时熙、赤松满祐表示赞成；一色义贯赞成第二点，但是反对第一点；管领斯波义淳和前管领畠山满家对第一、二点请求均表示反对。斯波义淳之所以持反对态度，应该是出于个人理由：斯波义淳当时担任远江守护，而远江国距离关东较近，一旦幕府与关东方面爆发战事，义淳极有可能被命令出兵作战。至于畠山满家则是基于自己"无为之道"的政治信念而反对足利满直的提案。

最后，足利义教采纳了山名时熙和赤松满祐的积极策略，同意了足利满直的请求。然而，由于幕府内部畠山满家等持慎重观点成员的干预，远征关东的计划迟迟无法付诸实践，幕府与镰仓府的对峙仍在持续。

感受到幕府逐步构筑的关东包围网给自己带来巨大威胁的镰仓

公方足利持氏，在永享三年（1431 年）三月派遣使者前往京都谢罪。将军足利义教就是否接见使者以及是否同意足利持氏的谢罪请求向诸大名征询意见。山名时熙认为："可先由管领斯波义淳与使者会面，待听取使者的来意后再予以判断。"畠山满家之弟兼得力助手畠山满庆则主张："不应追究足利持氏之罪过，殿下当尽早接见使者。自足利义满公时代以来，镰仓公方出现多少问题都予以宽大处理，此乃幕府传统。所以这一次也应该遵循前例。"（《满济准后日记》）

由此不难看出，畠山满家和畠山满庆兄弟是足利义满构筑的"战后体系"的信奉者。足利义教对会见使者一事持消极态度，直到当年七月，才在众大名的逼迫下接见了关东的使者（《满济准后日记》）。当时皇族的伏见宫贞成亲王在听说这次会面的消息以后，表示天下将回归"无为"，自己悬着的心也终于可以放下了（《看闻日记》）。

另一方面，同时期的九州也发生了紧急事件。永享三年六月，奉幕府的命令指挥讨伐大友氏和少贰氏之战的大内盛见战死沙场。随之而来的是大内持世和大内持盛（二人均为大内义弘之子）围绕大内氏家督之位而爆发的纷争。

对于此次大内氏家督之争，控制着与大内氏分国周防、长门毗邻的安艺、石见二国的山名时熙极力主张向大内持世提供军事支援。可是畠山满家却指出，幕府的军事介入可能刺激到九州的大友氏和少贰氏，反而会加剧事态的危险程度。因此，畠山满家一直对山名氏的强硬策略持反对意见。

畠山满家的发言明示了他的政治信条："伏请（将军）殿下克

己自制，以使‘天下无为’，如蒙惠允不胜感荷。至于远国之事，纵然稍有不妥，有违殿下之意愿，然‘听之任之’亦非始于今日，乃足利尊氏公以来，代代奉行之政治方略，久已有之。今回亦当遵循前例方为最善之举。"（《满济准后日记》）

截至目前的章节，笔者已经指出幕府派遣远征军的困难性，而同样的问题地方势力也有。换言之，反抗幕府的"远国"武士们想要攻入京都是非常困难的。正因如此，即使地方发生些许叛乱，也不至于动摇幕府的根基。反之，在不经意间陷入地区纷争，但既没有取得军事上的成果，又疲惫不堪，这时候幕府才会面临危机。畠山满家之所以提倡"远国放任政策"，完全是因为他相信此乃避免大规模战乱爆发的最有效政策。

当时，畿内附近、濑户内海和中部地方等在京守护的分国，乃是将军（室町殿）的统治强势延伸的区域，也被称为"室町殿御分国"。而奥羽、关东、九州等"远国"地区则停留在"战后体系"之中，将军仅能够维持有限的统治，仍须尊重在国势力的自主性。

足利义教试图突破"战后体系"，将其改造为一套名副其实的将军统治全国的体制，但是屡屡遭到主张维护"战后体系"的畠山满家的阻挠。对于足利义教而言，畠山满家是令人难以亲近的顽固长者，但是足利义教并没有疏远畠山满家。要想顺利地推进幕府政治，能够约束各大名的畠山满家的领导能力是必不可少的。

永享五年（1433年）九月，畠山满家辞世，终年六十二岁。贞成亲王在日记中对此哀叹不已，称赞畠山满家总是心怀"天下"，敢于毫不顾忌地向将军足利义教进谏（《看闻日记》）。另外，这位经历过惨烈的南北朝内乱的最后一代"温和派"重臣的去世，也是足利义教政权的军事政策转向强硬路线的契机。

以"摆脱战后体系"为目标

　　畠山满家去世前后，足利义教政权的武断性格愈发显著。这无疑是对自足利义持时代以来约束着将军意志的"战后体系"发起的挑战。

　　首先，在北九州地区，幕府军针对大友氏、少贰氏的讨伐作战于永享五年（1433 年）八月正式启动。同年，室町幕府与近江比叡山延历寺（山门）之间的关系急剧恶化，次年即永享六年的十一月，幕府军纵火焚毁了延历寺的门前町坂本。这场"永享山门骚乱"，最终于永享七年二月，以反幕府派的山僧等人在延历寺的根本中堂点火自焚的悲剧形式落下了帷幕。从不惧比叡山权威的意义上来讲，足利义教可谓是织田信长的前辈。

　　这一时期，大和地区也持续发生战乱。大和地区作为南北朝争战的最前线而饱受灾难，即使是南北朝合一以后，当地也没有出现纷争平息的迹象。历代的室町幕府将军甚至放弃了在大和国设立守护的念头，选择对大和地方武士之间的争斗冷眼旁观。然而，在永享四年（1432 年），足利义教终于踏入了这片"圣域"（或者说是"禁忌之地"）。在筒井氏与越智氏争斗时，足利义教以支援筒井氏的形式介入其中。然而，这场"大和永享之乱"对于室町幕府而言却是"越南战争"的泥潭。

　　由于担任着与大和邻近的河内、纪伊二国守护之职的畠山满家对军事介入大和事务持否定态度，因此在其生前幕府军的作战行动是有所限制的。但是畠山满家死后，永享六年（1434 年）八月，筒井觉顺的战死使形势出现恶化，足利义教开始讨论正式介入纷争。永享山门骚乱终结以后，同样对进攻大和的方针持批评态度的满济也于永享七年（1435 年）六月去世。当年九月，足利义教终于组成了讨伐越智维通的大军。

越智维通是一位颇具军事才干的武将。面对幕府军的攻势，越智维通率领部下撤退至山区，待幕府军凯旋京都之后卷土重来，反复采取"连打带跑"（Hit and Away，也称为"一击脱离战术"）的机动战术进行袭扰，让幕府军大为苦恼。即使敌人是小股势力，若是倚仗天险展开游击战，想要将之消灭也是极为困难的事情，以前对南朝的作战已经充分证明了这一点。因此，战争陷入长期化是不可避免的。

畠山持国与一色义贯出征大和期间，留守在京都的有力大名仅管领细川持之（细川满元次子，兄长细川持元骤逝后继任家督）、山名持丰（山名时熙第三子兼继承人）、赤松满祐三人（此时斯波氏因惣领接连早逝，无力干预幕政）。山名和赤松二氏野心勃勃，经常发表一些好战的意见。

唯一的慎重派是在永享四年十月就任管领之职的细川持之，但是仅凭比足利义教年轻且政治经验尚浅的细川持之一人，很难阻止将军的强硬路线。就这样，较之诸大名团结合作的日渐形骸化，足利义教的独裁却在不断地加速，双方形成鲜明对比。

尽管如此，细川、山名、赤松的三人组合在防止足利义教失控方面还是发挥了一定的作用。永享九年，因讨伐越智维通作战一直没有取得进展而深感不悦的足利义教，宣称要亲自出马，最终在细川等人的劝谏下方才作罢（《看闻日记》）。

室町幕府的 "终结之始"

另一方面，关东问题也日趋紧张。一度和解的足利义教和足利持氏二人都是极为自负的野心家，再度陷入对立局面只是时间问题。

幕府内部反对征伐关东的畠山满家和斯波义淳在永享五年相继去世。不久后，足利义教便介入了本属于镰仓府管辖的甲斐国纷争等事件，与足利持氏之间的对决态势愈发明显。

镰仓公方足利持氏则针锋相对，通过拉拢室町幕府辖下的骏河国和三河国的武士等策略，不断地掀起反幕府行动。

关东管领上杉宪实担心镰仓府与幕府之间关系恶化，多次劝谏足利持氏自重。正是由于上杉宪实起到的抑制作用，足利义教和足利持氏之间的军事冲突多次得以避免。

然而，上杉宪实越是劝阻足利持氏，足利持氏越是疏远上杉宪实，二者关系不断恶化。永享九年（1437年），足利持氏宣称要攻打信浓守护小笠原氏，任命自己的亲信上杉宪直为大将并召集军队。但是，当时盛传足利持氏的真正目的是讨伐上杉宪实，而宪实派的武士也在向镰仓集结，双方的冲突一触即发。在此危急时刻，足利持氏让上杉宪直远离镰仓，并且表示希望上杉宪实能够重新执掌关东管领的职务。经过反复交涉，最终上杉宪实不得不同意足利持氏的请求，眼前的危机得以化解。不过既然走到了军事冲突的边缘，二者的关系已然不可能修复（《镰仓持氏记》）。

以上足利持氏企图讨伐上杉宪实的事件，对室町幕府造成了巨大的冲击。由于上杉宪实被视为唯一能够制止足利持氏失控的人物，足利持氏和上杉宪实的决裂意味着通过上杉宪实限制足利持氏的稳健路线出现破绽。此后，室町幕府内部一致倾向主战论，一边与上杉宪实秘密取得联络，一边不断地寻找武力介入关东的时机。

永享十年八月十四日，足利持氏意图讨伐上杉宪实的谣言再起，上杉宪实急忙逃离镰仓，前往其分国上野。随后，足利持氏向上野派出讨伐上杉宪实的军队，持氏本人也亲自前往武藏府中，在高安寺布阵。

然而，预料到足利持氏讨伐上杉宪实的室町幕府迅速做出反应。足利义教事前向陆奥的足利满直和骏河的今川范忠等人传达了"若上杉宪实出奔上野分国，即可出战"的命令。

八月二十二日，以上杉教朝（其父上杉禅秀被足利持氏讨伐）为大将的先遣队从京都出发。八月二十八日，幕府又从后花园天皇那里得到了讨伐持氏的纶旨，使足利持氏蒙上了"朝敌"的恶名。

此时，大和永享之乱仍在持续，室町幕府不得不两线作战。足利义教把正在大和作战的斯波持种（斯波氏庶流，当时惣领斯波义健年幼，由斯波持种担任监护人）、甲斐常治（斯波氏家老）等人召回京都，于九月十六日授予"锦御旗"（代表朝廷的旗帜），命令他们征伐关东。另外，足利义教也想亲征关东，但是在细川、山名、赤松三人组合的劝说下，最终打消了这个念头（《看闻日记》）。

九月二十七日的早川尻（现在的神奈川县小田原市）之战，以上杉宪直为大将的持氏军不敌幕府军。眼见前线失利，足利持氏决定在讨伐上杉宪实之前先行对付幕府军，于是率部转移到了相模的海老名。此时，再三建议足利持氏与上杉宪实议和却遭到持氏拒绝的千叶胤直脱离了持氏军（《镰仓持氏记》）。

遗憾的是，关于十月、十一月的战斗经过，缺乏翔实可靠的记载。《镰仓持氏记》和《看闻日记》的记述存在着诸多分歧。《镰仓持氏记》是足利持氏的亲信浅羽下总守（在永享之乱期间自杀）一族之人浅羽民部少辅于宝德三年（1451 年）撰写的军记物。一般认为，作者掌握了关于永享之乱的详细信息，但是不能否定书中内容存在润色加工的可能性。另一方面，京都伏见宫贞成亲王（后花园天皇的生父）的日记《见闻日记》虽然是同时代的史料，但是其中涉及永享之乱的内容应该是依据关东方面的种种传闻整理而成，所以不能完全相信。不过，几乎可以确定的是，在这两个月的时间里，幕府军攻占了镰仓，足利持氏提出了投降的请求。

一般情况下，这场"关东永享之乱"会被描述为室町幕府和镰仓府的全面战争。然而，足利持氏最初的军事行动，始终以讨伐上杉宪实为目标，他根本不曾设想与幕府军之间的决战。足利持氏轻率地离开其大本营镰仓的举动也足以证明这一点。

幕府方面自足利义持时代以来，不断地构筑关东包围网向足利持氏施加压力，但始终没有对关东发动进攻。根据以往的经验，幕府军不可能参战——抱着这种想法的足利持氏显然放松了警惕。然而，在幕府看来，足利持氏讨伐上杉宪实是逾越底线的行为。正是因为足利持氏对前景的预测过于乐观，才踏上了自取灭亡的道路。

上杉宪实恳求将军足利义教饶恕已经出家并宣布退出政界的足利持氏，足利义教非但没有同意，反而命令上杉宪实处死足利持氏（《小笠原文书》）。永享十一年二月十日，架不住足利义教的再三催促，上杉宪实向正在镰仓永安寺闭门思过的足利持氏发动进攻，足利持氏自杀身亡（《东寺执行日记》《师乡记》）。同月二十八日，足利持氏的嫡子足利义久也在镰仓的报国寺自尽（《镰仓持氏记》）。关东永享之乱就此结束。

确认足利持氏已死才安心的足利义教，立即在次月将大军派往大和南部，消灭了困扰幕府十年之久的越智维通（《大乘院日记目录》）。此后，虽然仍需进行扫荡残党的作战，但是大和永享之乱已经随着越智维通之死而暂时落下了帷幕。

成功实现了伟大的父亲足利义满生前不得不放弃的平定关东与大和的目标，足利义教当时一定颇为自得。然而，就像昔日的后醍醐天皇那样，消灭大敌后的高扬情绪，也让足利义教在经营政权时失去了慎重与细心。足利义教的独裁倾向愈发强烈，在政治上常常无视诸大名的存在。这看似是"将军权力的强化"，实际上却是将军亲手拔除了防止幕府自我毁灭的安全装置。

被逼入绝境的赤松满祐

通常日本高中历史教科书都会提到赤松满祐袭杀将军足利义教的"嘉吉之变"这一著名事件，相信对此大多数人并不陌生。然而，有一处误解需要澄清，那就是足利义教和赤松满祐并不是从一开始就交恶。

昔日南朝军攻占京都之际，年仅四岁的足利义满避难至播磨。为了安抚年幼的义满，赤松氏的家臣们特意为其表演了乡间舞蹈。此后，这一系列舞蹈便被称为"赤松囃子"。在赤松圆心的忌辰即每年正月十三日，赤松氏府邸都会举行赤松囃子的表演。足利义教成为将军以后，命令将赤松囃子的表演从赤松氏府邸转移至室町殿（将军御所），成为幕府的一项正式活动（《满济准后日记》）。诸如此类的事情很多，足以说明足利义教和赤松满祐最初关系良好。

在足利义教政权初期，赤松满祐所建立的功绩中最值得一提的便是促成小仓宫（后来出家为僧，法号圣承）返回京都。圣承（小仓宫）是南朝后龟山天皇之孙，正长元年（1428 年），为了复兴南朝而逃离京都，在伊势的北畠氏（北畠亲房第三子北畠显能的后裔）的支持下发起叛乱。室町幕府派遣伊势守护土岐持赖镇压了北畠氏之乱，但是圣承依然被北畠氏藏匿。永享二年，赤松满祐与北畠氏进行交涉，以不追究对方的罪过为条件，促使北畠氏交出圣承。此后，圣承被置于幕府的严密监控之下。迎回可能被叛乱军奉为"魁首"的南朝皇胤，又促成旧南朝势力之一的北畠氏向幕府表示恭顺，赤松满祐在幕府内部的发言权得到大幅提升。

此外，永享四年，赤松满祐之弟赤松义雅不顾畠山持国对讨伐越智氏持消极态度，在大和地区全力奋战，以伤亡六百人为代价，给予越智氏沉重打击（如前所述，永享六年越智维通卷土重来）。而且畠山满家和山名时熙两位幕府宿老去世以后，足利义教咨询赤松满祐的次数也越来越多，赤松满祐的政治地位进一步得到提高。

然而，风云变幻，世事难料，转变始于永享九年二月。先是幕府将没收赤松满祐的播磨和美作两个分国的流言四起。足利义教为了消除世人的臆测，立即驾临赤松氏府邸欣赏猿乐表演，以此向世人展示自己和赤松氏之间的良好关系（《看闻日记》）。足利义教之所以迅速做出应对，乃是因为当时大和、信浓地区正处于战乱状态，将军有必要向反幕府势力展示幕府内部的团结。

不过，随着关东、大和、北九州的战乱相继平定，足利义教对诸大名的态度变得越来越苛刻。永享十二年（1440 年）三月，足利义教没收了赤松义雅的所领，将其分配给赤松满祐、细川持贤、赤松贞村三人。然而，赤松满祐对足利义教将摄津小屋野（现在的兵库县伊丹市昆阳）的领地交给赤松贞村之举提出抗议。赤松满祐坚称，小屋野是赤松氏历代惣领支配的土地，不能交给出身庶流的赤松贞村（《建内记》）。由于赤松贞村是深得足利义教宠幸的近臣，足利义教无视了赤松满祐的抗议。

同年五月，从大和前线撤回的一色义贯与土岐持赖二人被武田信荣（安艺武田氏）、细川持常（细川赞州家）等人谋杀。谋杀事件发生后，身在京都的一色教亲（一色义贯的侄子）袭击了一色义贯的府邸，消灭了留守的家臣。

一色义贯的分国中，丹后国被授予一色教亲，若狭国被授予武田信荣，三河国被授予细川持常。土岐持赖所拥有的伊势守护之职也被授予了一色教亲。

武田信荣、细川持常、一色教亲都是将军足利义教的亲信，很显然这一系列肃清事件得到了足利义教的首肯。从很早开始，足利义教为了削弱守护大名们的独立性，使他们从属于将军家，采取了各种各样的措施。但是，在此次肃清之前，足利义教的措施充其量是在大名家督更迭之时，排挤嫡子，扶植其弟继任家督，与此次肃清事件完全不能相提并论。一色义贯是在大和永享之乱中立下功劳之人，土岐持赖也是支持足利义教政权的功臣，曾经参与镇压北畠氏之乱等行动。这一次足利义教不由分说便将二人杀害，显然偏离了常轨。

尽管如此，没有任何大名对足利义教的暴行加以劝谏。此时，幕府内部已经没有像畠山满家那样敢于舍命谏阻足利义教的铮铮硬汉，大名的能力和素质存在不足，更为重要的是幕府的结构性变化已经不容忽视。

自足利义满时代以来的"战后体系"，乃是既要对觊觎将军宝座的镰仓公方加以警戒，又要避免过度刺激对方。当意识到存在共同的外敌时，人与人之间的凝聚力是最高的。这是人类社会的普遍真理，即使室町幕府也不会例外。正因为镰仓公方的威胁，存在利害冲突的幕府将军和众大名才能够团结一致。这种"团结"并不意味着一成不变，如果诸大名认为将军的失控将使幕府陷入危机，他们也会共同抗议。

然而，随着室町幕府和镰仓府之间的"冷战"终结，大名们失去了集结在幕府周围的动机，现在众人只求明哲保身。因此，很难期待大名中间会有人愿意将自身暴露在危险之中，以庇护其他的大名。

上述谋杀事件对赤松满祐造成了极大的震撼。不管怎么说，就在不久之前，他曾和足利义教、赤松贞村对立。在随后的六月，诸如"赤松满祐岌岌可危"等谣言在京中不胫而走（《公名公记》）。被恐惧所笼罩的赤松满祐变得心神不宁，于是赤松氏的家臣团以疗养为名，将赤松满祐安置在家臣的宅中（《建内记》）。

不过，在无法外出之前，赤松满祐是否已经处于精神错乱状态，尚有待考证。对外宣称赤松满祐神智失常，以此躲避将军的惩罚，这极有可能是赤松氏家臣团的策略。可以肯定的是，即使赤松惣领家通过这种方式能够度过眼前的危机，也不能从根本上解决问题。而赤松满祐的嫡子赤松教康也未能取得足利义教的信任，面临着被赤松贞村夺取其地位的潜在风险。

赤松满祐称病不出以后，足利义教和赤松惣领家的关系保持着相对稳定的状态。然而，这份"宁静祥和"与当时关东地区爆发战乱不无关系。下总的结城氏朝拥立足利持氏的遗孤春王丸和安王丸兴兵起事（史称"结城合战"）。足利义教派遣讨伐军将结城城包围，但是从各地召集的诸将良莠不齐，难以和幕府军步调一致，所以迟迟无法攻陷城池。正因如此，足利义教无暇顾及赤松惣领家的问题。

然而，到了嘉吉元年（1441 年）四月中旬，结城城终于被攻克。春王丸和安王丸在被护送至京都途中，于美浓国垂井的金莲寺（位于现在的岐阜县不破郡垂井町）遭到处刑。五月十九日，二人的首级被送至京都（《师乡记》）。

六月十八日，加贺守护富樫教家（富樫满春之子）突然惹怒了足利义教，立即遭到流放（《建内记》《基恒日记》）。这次事件，昭示着足利义教为了应付结城合战而暂时收手的肃清守护家行动的重启。赤松满祐、赤松教康父子终于被逼入了绝境。

将军犬死

嘉吉元年六月二十四日，赤松教康以举办庆贺战胜的宴会为名义，邀请将军足利义教驾临自己的府邸（《建内记》）。这一时期，大名、公家和僧侣们为了讨取足利义教的欢心，竞相举办庆贺战胜的宴会，所以足利义教连日来都是在通宵达旦的酒宴中度过。沉浸在庆祝胜利氛围中的足利义教欣然接受了赤松教康的邀请，众大名和将军的亲信也随之前往赤松氏府邸。此时，谁都不曾想到赤松教康正在酝酿着可怕的阴谋。

酒宴正酣之际，赤松府邸的深处突然传来"咚咚咚"的声响。于是，足利义教向周围的人问道："何事？"足利义教颇为器重的公家人物三条实雅不以为意地答道："大概是雷鸣吧？"话音未落，足利义教身后的隔门突然被打开，数十名身披甲胄的武士一拥而入，眨眼间便将足利义教杀死（《建内记》《看闻日记》）。

三条实雅赶忙拿起摆放在足利义教面前的那柄赤松氏作为礼物进献的太刀进行抵抗，但由于武艺不精，这位公家也被立刻砍倒在地。此时，大名们多数未做抵抗便匆匆逃走，所以世人常常在暗地里嘲笑他们怯弱无能。

然而，面对全副武装的武士，即使诸位大名抽刀应战，也没有胜算可言。实际上，留在现场战斗的山名熙贵、细川持春、大内持世等数人，不是当场毙命，就是重伤或者伤势难愈而亡。

恐怕赤松满祐、赤松教康父子不仅仅是要杀害将军足利义教，应该还打算将众大名一网打尽，再以武力压制京都。然而，众大名为求自保纷纷逃走，最终导致赤松氏的政变失败。

赤松满祐等人判断继续留在京都十分危险，决定返回本国播磨。赤松氏将足利义教的首级挑在刀尖上，部队气势汹汹地撤出京都。临行之际，赤松满祐命手下在自己的府邸放火，同时还将其弟赤松义雅、赤松则繁及赤松氏众家臣的府邸焚毁。这便是"嘉吉之变"。

　　返回播磨的赤松一族没有遭到任何追击。这场突如其来的变故令众人惊恐不已，无法看清事态的全貌，但最主要的原因是诸大名疑神疑鬼、相互猜忌。在众人看来，赤松氏根本不可能单独实施如此巨大的阴谋，想必有其他大名与之暗中勾结，所以不可轻举妄动。

　　贞成亲王对诸大名的畏首畏尾感到惊讶，但是也没有为足利义教之死而悲痛不已。贞成亲王认为足利义教死于非命完全是"自作自受"，并且冷漠地评论道："将军如此犬死，古来不闻其例事也。"（《看闻日记》）贞成亲王也算颇受足利义教青睐，因而得到了各种各样的便利，但是为了不得罪这位神经质的将军，想必贞成亲王也是费尽了心思。因此，在足利义教死后，贞成亲王不由得流露出了自己的真实想法。

　　无论如何，贞成亲王所表达的"犬死"，尖锐地揭示了事件本质。嘉吉之变次日，众大名召开会议，决定拥立足利义教的嫡子千也茶丸为继任者。此时，千也茶丸年仅八岁，政务由管领细川持之代行。然而，这位习惯了等待足利义教指令行事的懦弱管领，根本不具备应付混乱政局的能力。细川持之担心那些曾经遭到足利义教打压的不满分子发动叛乱，所以对足利义教时代受到惩罚之人一并给予恩赦，结果这一"阳光政策"却成为导火索，各地纷纷出现不稳定的迹象。另一方面，细川持常等人率领的赤松讨伐军从京都出发是在七月十一日之后，而且诸将抵达临近播磨国境的摄津西宫便停止进军。

　　总而言之，在追求将军权力的绝对化和强化室町幕府的道路上狂奔的足利义教治世，最终迎来的却是将军权威的失坠和幕政的停滞这一充满讽刺的结局。即此而论，用"犬死"二字形容将军足利义教的横死无疑是恰当的。

"夺回幕府"

赤松满祐把播磨、备前、美作三个分国的军力集中在播磨一国以巩固防御。与此同时，幕府方面通过诸大名会议决定了讨伐军的编制和作战方案：细川持常、赤松贞村、赤松满政等人率部从东面的摄津进攻播磨，山名持丰从北面的但马进攻播磨，山名教清从西面的伯耆经美作进攻播磨。

然而，作为幕府军实际总司令的山名持丰迟迟不肯出兵但马。不仅如此，山名持丰还以筹集讨伐赤松之战的军费为名，派遣手下向京都的金融业者强行征收财物。虽然管领细川持之再三派遣使者命令山名持丰停止掠夺行为，但是山名持丰却佯装不知："部下擅自行动与我无关。"细川持之大为震怒，欲发兵讨伐，山名持丰闻讯急忙谢罪，此事方才平息（《建内记》）。七月末，山名持丰终于从京都出发，前往但马。

痛感自己缺乏领导能力的细川持之，向后花园天皇申请讨伐赤松满祐、赤松教康父子的纶旨。八月一日，天皇颁发纶旨。虽然纶旨实际发挥的效果不明，但是此后讨伐赤松的作战一直进行顺利。九月九日，赤松义雅向同族赤松满政投降。在将子嗣托付对方后，赤松义雅切腹自尽。九月十日，幕府军向赤松满祐固守的城山城（位于现在的兵库县龙野市）发动总攻，赤松满祐眼见大势已去，于是自杀身亡。赤松教康从城中逃出，原本计划投靠和自己有着姻亲关系的伊势北畠氏，但是遭到对方拒绝，最终在绝望中自杀。

　　尽管平定了叛乱，但是室町幕府并没有因此恢复原貌。嘉吉之变给幕府留下了巨大的伤痕。嘉吉元年八月，千也茶丸改名足利义胜。次年，足利义胜元服，随后被朝廷任命为将军。然而好景不长，足利义胜于嘉吉三年七月病逝。经过诸大名会议商讨，决定拥立足利义胜的胞弟三春为继任者。三春即日后的足利义政，当时只有八岁。政务则由细川持之之后就任管领的畠山持国代理。

　　将军实质上的空位状态，引发了诸大名之间的权力争夺。在足利义教时代，守护家的家督须由将军决定。嘉吉之变以后，由于该机制解体，各守护家的家督候选人并立，家中分成两派激烈竞争的状况愈加普遍。

　　各守护候选者为了在家督争夺中占据有利位置，纷纷与处在幕政核心地位的管领家联络。有资格就任管领的斯波氏、细川氏、畠山氏三家之中，斯波氏因惣领相继早逝而势力衰微，这一时期的管领职位由细川氏和畠山氏两家把持。畠山持国是以性格刚直著称的铁腕政治家，但是容易情绪化，经常迁怒于周围的人。细川氏的本家是京兆家，自嘉吉二年细川持之去世后，持之的嫡子细川胜元继任家督，而细川胜元此时仅十三岁，所以由叔父细川持贤（细川典厩家之祖）担任监护人。幕政以细川氏和畠山氏的对立为轴心展开，各守护家中的细川派和畠山派也进行着激烈的争夺。

　　虽说在足利义满年幼时期，幕府内部也曾出现细川派和斯波派的激烈对立，但无论是细川赖之，还是赖之之后的斯波义将，就任管领都超过十年，所以属于"长期政权"。这大概是因为当时诸将之间达成了共识，即相较于派系斗争，应该优先解决对南朝的战事。

反观足利义政年幼时期，管领的职位每过三四年就会在畠山持国和细川胜元之间进行一回更迭，而随着管领的更迭，守护的人事安排和对关东政策等重要的决定都会被推倒重置。两派激烈争夺幕府主导权的结果，便是第一次畠山持国内阁（1442—1445年）、第一次细川胜元内阁（1445—1449年）、第二次畠山持国内阁（1449—1452年）等"短命内阁"的相继登场，从而加剧了政局的混乱。

文安六年（1449年），三春元服，并且取名足利义成（后来改名足利义政），也被朝廷正式任命为将军。此后，足利义政开始展现其政治意图。说起足利义政，一般给人的印象是"热衷于文化活动，对政治漠不关心"，但是这仅仅适用于应仁之乱前后的足利义政形象。在就任将军之初，足利义政为了恢复因内部斗争而失坠的幕府威信，积极地参与了政务。

足利义政试图通过支持畠山持国，牵制细川胜元。然而，享德四年（1455年，同年七月改元康正）三月，畠山持国去世，早已暗潮涌动的畠山氏家族内斗激化，畠山氏的势力大幅衰减。面对这种局面，足利义政只得一边着手修复自己与细川胜元的关系，一边培养自己的亲信势力。

足利义政亲信势力中的代表人物是伊势贞亲。伊势氏原本世代负责足利将军家家政事务，从来不曾涉足幕府政治的公共领域。嘉吉三年，在管领畠山持国的支持下，伊势贞亲被指定为足利义政的养父。随着足利义政的成长，伊势贞亲的权限也不断地扩大。起初，伊势贞亲的主要工作是管理将军家的财产，自从畠山持国去世以后，伊势贞亲的权势逐渐深入幕府的财政、司法、军事等领域。在伊势氏的背后，很显然有将军足利义政的授意。

足利义政通过拔擢伊势贞亲，谋求将军权力的扩大。然而，伊势贞亲的崛起，使管领的地位相对下降，这必然会引起细川胜元的反对。此后，细川胜元和伊势贞亲之间的权力斗争逐渐激化。

空洞化的京都

足利义政重用伊势贞亲的理由之一是"想要战争"。在足利义政元服前的管领政治时期，只有当赤松满祐的叛乱和"德政一揆"袭击京都等攸关幕府生死存亡的危急事态发生之际，诸大名才出动自己的军队。这是因为诸大名不愿意给自己增加军事负担，对参加不直接关系到自身利益的军事活动持消极态度。结果，军事负担集中在了守护以外的武士身上。

足利义政开始主持政务后，守护军队被更频繁地投入到地域纷争之中。足利义政十分崇拜作为"强势将军"的父亲足利义教，希望借由大规模军事行动恢复幕府的威信。他与伊势贞亲商讨之后制定了军事方针，然后下达给诸大名。

然而，由于足利义教时期以来的多次军事动员，武士们已经极度疲敝。以安艺的毛利氏为例。在足利义教时代，毛利光房三次出征九州，创造了安艺武士中间的最高纪录。原本以为今后能够免去军役之苦，可是随着九州局势再度紧张，安艺的武士无一例外地被幕府命令出征九州。已步入老年的毛利光房只得抱病出征，最终于永享八年（1436年）卒于阵中。

随后，毛利光房的嫡子毛利熙元不得不出征。可是毛利熙元抱恙在身，其弟便代为转战丰后，永享九年（1437 年）才返回故乡。此时，将军足利义教之弟大觉寺义昭受到越智维通的挑唆而谋反的谣言四起，毛利熙元立即上洛，自永享十年起，在大和转战三年之久。嘉吉之变后，毛利熙元参加了讨伐赤松满祐的作战，之后又回到京都。

在不足十年的管领政治期间，毛利熙元三次出征伊予（包括派遣代官出征）。此后，毛利熙元再度在京都开始活动，但康正元年（1455 年），在将军足利义政的命令下，毛利熙元又出征大和。

因战线无休止的扩大而进行的连续军事动员，成为压在"低收入阶层"身上的沉重负担。根据记载，毛利熙元曾命令安艺的一族之人随自己上京共同参加大和的战斗，但是一族中无人上洛，毛利熙元只得自行出战（《毛利家文书》）。同为安艺武士的小早川熙平也曾为征战大和而召集本国的一族，但是族人均以抱病和经济困难为由进行推脱，终究无人上洛，小早川熙平被迫打消了出征的念头（《小早川家文书》）。围绕军役分配问题形成的惣领与庶子之间的利害对立，也成了地方军事冲突的根源。颇具讽刺意味的是，足利义政为平定战乱所付出的努力，反而再度引发了地域纷争。

与堪称大和国传统的筒井氏和越智氏之争形成联动，畠山氏的内乱愈演愈烈。结果，不仅是在国的一族成员，就连围绕在将军身边的在京惣领们也开始承受不住压力。他们难以拒绝出征大和、河内等地的命令，于是舍弃了需要高昂生活费和交际费的京都生活，纷纷返回自己的领地。当然，这也包含着再度强化逐渐松弛的一族统治的意图。相较于在京侍奉将军并讨取对方欢心，武士们看到了在国的好处。在足利义政授意下，伊势贞亲拼命地想把武士们唤回京都，但是未能如愿以偿。

宽正二年（1461 年），伊势贞亲对安艺的平贺弘宗、小早川盛景称病拒不上洛的行为大发雷霆，通过小早川熙平等人向二人传令："（尔等）无须上洛，直奔河内阵前。有病当在阵中疗养。"此时，贞亲还传达了如下方针：其一，针对以患病为理由的在国者，令其赶赴阵中查验真伪；其二，针对以其他理由拒不赶往河内者，令其赴京都进行辩解；其三，对玩忽职守者予以严惩（《小早川家文书》）。

如前章所述，随着贞治、应安年间军事安定，以守护为中心的在京奉公武士数量大幅增加。此后，经过明德之乱和应永之乱，常住京都的武士之家基本固定。京都大学的山田彻将这些武士命名为"在京直臣"。当然，在京直臣只是全国武士中的一小部分。与将军关系密切的在京直臣能够享受各种各样的特权，在京是一种身份地位的象征。因此，在京直臣萌生在国志向意味着"战后的价值观"逐渐崩塌。

平贺弘宗和小早川盛景之所以不愿前往畿内，是因为他们在安艺与大内氏一起进行军事行动。幕府没收了大内氏在安艺的东西条（现在的东广岛市）领地，将之授予安艺的武田氏。大内教弘对这一决定不满，命令平贺弘宗、小早川盛景等人攻打东西条的镜山城。幕府方的小早川熙平则作为"后攻"袭击了小早川盛景的根据地竹原庄（现在的广岛县竹原市）。

对于以竹原庄为根据地的小早川盛景而言，保证自己与地方实力派大内氏之间的关系远比维护与幕府之间的关系更加重要。至于以沼田庄（现在的广岛县三原市）为根据地的小早川熙平服从幕命，与其说是出于对将军的忠心，倒不如说是因为本族与安艺武田氏以及细川氏之间的关系。沼田小早川氏和竹原小早川氏因长年的过节而对立，细川氏和大内氏在濑户内海的支配权上是竞争关系。这两组对立势力相互结合，沼田小早川氏依附细川氏，竹原小早川氏则依附大内氏，双方持续争斗且愈演愈烈。

应仁之乱爆发后，小早川熙平加入了细川胜元担任总帅的东军，小早川弘景（盛景之子）则加入了大内政弘（教弘之子）所属的西军。应仁之乱的根源潜藏于各地方近邻武士之间的争斗之中。

深居京都的足利义政没有准确掌握地方的实际情况，而且过度地介入地域纷争，导致不堪远征负担的在京直臣们相继返回各自的领地。由此一来，京都的"空洞化"削弱了幕府的凝聚力，失去了中央制衡的地域社会急速冲向了弱肉强食的战国时代。

山名宗全和"战后体系"

室町时代的战乱与前后的时代相比，给世人的印象相对薄弱，只有"应仁之乱"的知名度极高。这是因为人们普遍认为正是这场动乱拉开了战国时代的序幕，但是对应仁之乱的起因直到最近都不甚明了。

按照教科书的说明，足利将军家的继承人问题与此前畠山氏、斯波氏两管领家的家督之争（畠山政长 vs 畠山义就，斯波义敏 vs 斯波义廉）交织在一起，最终导致了大乱。膝下无子的足利义政指定自己的弟弟足利义视为继承人，但是在不久之后，足利义政的正室日野富子生下一名男婴（即日后的九代将军足利义尚）。日野富子希望自己的儿子能够有朝一日成为将军，于是任命山名持丰（这一时期出家，法号"宗全"）为足利义尚的监护人。为了与之抗衡，足利义视便依赖山名宗全的竞争对手细川胜元，最终酿成大乱。

但是根据近年来家永遵嗣的研究，日野富子和山名宗全联盟之事并未见于同时代的史料中，应该是后世的军记物《应仁记》的创作。日野富子宠爱儿子以致引发大乱的"恶女"形象实际上也来源于创作。现实中的宗全反而和足利义视很亲近，并且期望足利义视成为下一任的将军。在应仁之乱前一年（1466 年）发生的文正政变中，山名宗全便充当了驱逐足利义尚的乳父（抚养者）伊势贞亲的角色，为足利义视提供了强大助力。如此一来，足利义视继承将军之位基本上确定无虞，所以将军的继承问题与应仁之乱无关。

应仁之乱的直接诱因，是将军足利义政在 1467 年的正月做出的一项决定。简而言之，足利义政同意将细川方的畠山政长赶下畠山氏惣领之位，承认山名方的畠山义就成为新任惣领。对此，政长提出抗议，并且辞去管领职务，随后山名宗全的女婿斯波义廉接任管领之职。

挑唆这一连串政变之人，自然是山名宗全。山名宗全、斯波义廉、畠山义就在京都集结大军，因此可以说已经带有政变的性质。山名宗全的行动并不是要扶植足利义尚成为将军，而是为了实现由自己掌握政权的野心。针对山名宗全的所作所为，细川胜元发起反击，诸大名纷纷被卷入应仁之乱的巨大漩涡之中。从这个意义上来讲，山名宗全才是应仁之乱的始作俑者、罪魁祸首。

那么，为何山名宗全要诉诸如此强硬的手段呢？想要弄清楚这一点，就必须重新审视山名氏的历史。

山名氏在明德之乱中被击败，其分国也被限制在山阴的但马、因幡、伯耆三国，但是山名氏的东山再起却意外地迅速。凭借在应永之乱和讨伐大内盛见之战中的活跃表现，山名时熙及其一族获得了备后、石见、安艺的守护职务。另外，石见、安艺与大内氏的分国周防、长门接壤，从此以后山名氏便承担了抑制大内氏膨胀的任务。

在嘉吉之变后的讨伐赤松氏之战中，山名宗全及其一族也取得了巨大的功绩，因而得到了赤松氏支配的播磨、备前、美作三个分国。不过，播磨国的明石郡、美囊郡、加东郡是将军家的预料所，同样立下战功的赤松满政被任命为三郡的代官。

播磨乃是自始祖赤松圆心以来，一直由赤松氏统治的分国。现在播磨守护职位被山名氏夺走，对赤松满政而言是难以接受的事情。另一方面，山名宗全也对没能掌握整个播磨国感到不满。后来，管领畠山持国将赤松满政支配的播磨国三郡没收，随即交给山名宗全。反对这一决定的赤松满政发动叛乱，但是遭到山名宗全的镇压。不过，幸存下来成为浪人的赤松氏一族及其家臣们此后多次试图复兴本家，令山名宗全十分困扰。

经过上述过程，山名宗全完全接收了昔日赤松氏的分国，奠定了足以和最强大名细川氏匹敌的实力。过去，幕府委派细川氏和赤松氏抑制南朝方山名氏，该体制在山名氏归顺幕府以后依然延续了下来。由于赤松氏的灭亡，"山名防御体系"随之崩溃瓦解，幕府已经难以控制山名氏的膨胀。

　　但是，山名宗全并没有得到与其实力相符的地位，反而因其
蛮横的行事作风招致了将军足利义政的厌恶。不过，山名氏之所以
在幕府内屈居非主流派地位，不仅仅是因为山名宗全粗暴的性格。
过去作为南朝方一员曾让室町幕府吃尽苦头的山名氏，乃是"旧
敌国"（亦即"战败国"），所以山名氏在归顺后仍然是幕府警戒的
对象。

　　正因如此，足利义满在明德之乱期间沉重地打击了山名氏，又
在应永之乱的战后封赏中卓有远见地设计山名氏和同为旧敌国（战
败国）的大内氏相互牵制。对于山名宗全而言，足利义满精心构筑
的"战后体系"与足利义教不同，乃是需要克服的对象。

足利义政的错误

　　因此，山名宗全将一族之女收为自己的养女，将她们分别嫁给
大内教弘（大内持世的养子）和细川胜元，使室町幕府构筑的"山
名包围网"无效化。此时，大内氏与少贰氏冲突不断，细川氏与畠
山氏争夺不休，于是大内、细川两家欣然接受了山名宗全伸出的
橄榄枝。以山名氏为中心，大内氏、山名氏、细川氏缔结了三家
同盟，但在不久后大内氏和细川氏便围绕濑户内海的水运产生了
对立。

　　细川胜元先后与畠山持国、伊势贞亲围绕幕政的主导权展开争
夺。在此期间，山名宗全却在不断地积蓄力量，结果细川胜元对山
名氏的急速崛起也开始感到不安。长禄二年（1458 年），细川胜元
推荐赤松义雅的孙子赤松政则担任加贺北半国守护，协助山名氏的

仇敌赤松氏复兴。不过，为复兴赤松氏最尽心尽力之人当属季琼真蕊，这位赤松氏出身的禅僧是将军足利义政的政治顾问。进入政界的赤松政则与伊势贞亲、季琼真蕊二人的关系比与细川胜元更加密切。另外，细川胜元还成功使因触怒足利义政而被流放的斯波义敏得到赦免，但是后者在回归政界后也与伊势贞亲、季琼真蕊等人往来密切。

文正元年（1466 年），伊势贞亲试图以谋反的罪名消灭足利义视，但是在细川胜元、山名宗全等大名的反击下，反而是伊势贞亲垮台（文正政变）。此时，不仅是伊势贞亲，季琼真蕊、斯波义敏、赤松政则等义政身边的亲信集团也被一并剪除。手足被束缚的足利义政，此后对政务失去了兴趣。

就这样，细川胜元和山名宗全凭借一时联手，为他们与足利义政亲信势力间多年的争斗画上了休止符。然而，这一局面也为与足利义政交恶的山名宗全提供了夺取政权的绝佳机会。如前所述，山名宗全不会错过这个良机，公然展开了清除细川氏的行动。

我们经常会听到这样的观点：引发"应仁之乱"这场大乱，导致室町幕府近乎倾覆的最大责任是足利义政。事无巨细都要予以干涉，而且三番五次修改指示的足利义政，确实缺少领导者的资质。话虽如此，"因为义政无能，所以爆发了应仁之乱"的意见，不能算是历史学的研究。在足利义政的屡次失败当中，其最大的判断失误是什么？这才是必须思考的问题。

笔者认为，足利义政的失策在于"只把视野局限在京都，从而轻视了山名宗全的威胁"。从"中央政界主导权之争"这一狭义范畴的政治力学角度进行考量，足利义政推行亲政道路上最大的障碍便是身为管领的幕府二号人物细川胜元。这一时期，室町幕府积极介入守护家的家督之争，但是经常出现将军足利义政和管领细川胜元支持不同家督候选人的"错位"现象。虽然足利义政致力于消除这种"错位"，可是幕府政治真正的争夺点却不在此。

醍醐寺座主义贤（满济的后继者）曾经评价细川持之、畠山持国二人是"通晓礼仪之人"，山名持丰则是"轻率浮夸之辈"（《建内记》）。与其说这是个性问题，倒不如说是体现了各家立场的不同。

掌握着诸多既得权益的细川氏、畠山氏二管领家希望维持现状的倾向十分强烈，他们重视传统的秩序，与公家、寺社势力保持合作。与此相对，山名氏在"战后体系"中被定格在旧敌国（战败国）的位置上，无论具有多么强大的实力都注定与管领的职位无缘，所以山名氏保持着即使十分困难也要出人头地的这种想要打破现状的精神。更何况自初代的山名时氏以来，山名氏便是倚仗压倒性的军事力量使周边势力望而生畏的"巨人"家族。

因此，对室町幕府而言，最大的威胁不是以在既存体制内扩大权力为目标的细川胜元，而是企图从根本上推翻"战后体系"的山名宗全。足利义政没有充分意识到这一点。足利义政兴致勃勃地与细川胜元进行政治"游戏"，结果却是山名宗全坐享渔翁之利，山名氏大肆扩张势力，导致应仁之乱的爆发。延续十年之久的战乱使京都化为荒芜，"游戏盘"本身也被打翻。

足轻和土一揆

应仁之乱的特征之一，是足轻的横行。足轻又被称为"疾足"，是富有机动性的轻装杂兵，他们被大名雇佣，在京都的巷战中表现活跃。另一方面，足轻也时常以筹集军费和军需物资为名义，强行掠夺寺社、土仓等富裕阶层的金银财物。

虽说是受雇于大名，但是能够从大名手中得到报酬的只有能够约束部下的足轻大将，而普通的足轻没有军饷，所以他们必须靠掠夺才能生存。在实际中，大名们经常以"许可掠夺"为诱饵，对足轻们展开军事动员。摄关家的一条兼良在呈给足利义尚的政治指南书《樵谈治要》中，针对在战斗中远不及掠夺时卖力的足轻进行了严厉批评。

问题在于这些足轻究竟从何而来？为数众多的足轻们不可能突然凭空出现。究竟是什么人在以足轻的身份参与战争？这是我们必须思考的问题。在应仁之乱期间活跃的足轻大将中间，有一人名为骨皮道贤。此人在应仁之乱以前受雇于幕府的侍所（维护京都治安

《真如堂缘起绘卷》（部分）中应仁之乱时期的足轻（京都真正极乐寺）

的警察组织），协助犯罪调查。换言之，骨皮道贤类似于江户时代巡捕们的眼线（线人），可以认为此人原本也是犯罪分子，对于京都的黑道了如指掌。应仁之乱爆发以后，骨皮道贤纠集了约三百名京都内外的恶党和盗贼，盘踞在伏见稻荷神社的后山。后来，骨皮道贤一伙受雇于东军，负责扰乱西军的后方。

京都的治安状况已经恶劣到了数百名犯罪分子轻易地聚集在一起，其严重程度着实令人惊讶，而治安恶化的背景正是土一揆频繁袭扰京都。所谓"土一揆"，是指以土民（一般民众）为主体的一揆，此类一揆多以实现德政为目标，因此学术界也称之为"德政一揆"。

从享德三年（1454 年）到应仁之乱爆发前一年的文正元年（1466 年），在史料中可以确认的土一揆前后共发生过八起。也就是说，平均不到两年就会发生一次袭击京都的土一揆。对于当时的京都居民而言，土一揆来袭几乎已经成为每年的"活动"。

提到"土一揆""德政一揆"，给人最强烈的印象便是从土仓、酒屋等高利贷资本处借贷之人为了免除其债务而要求颁布德政令。然而，正如拙著《一揆的原理》中所指出的那样，袭击京都的土一揆主体不是京都的居民，而是与土仓不存在债务关系的京都近郊农村的百姓。

另外，也有很多时候土一揆不依赖幕府的德政令，依靠自身的实力强行废除债务、收回卖掉的土地。这类行为在当时也被称为"私德政"。虽然能将大道理讲得头头是道，但是烧毁土仓和酒屋、强行夺取抵押物品的行为，在金融业者看来与强盗、恶党无异。换言之，土一揆是事实上的掠夺。

这一时期频繁发生饥荒，穷困的民众纷纷涌入聚集着财富的京都。在这些贫民中，一部分人靠乞讨为生，但是也不乏强抢粮食和财物之人。来到京都抢夺财富的饥饿难民的活动日渐组织化，便形成了土一揆。当然，那些在自己村子中无处容身的法外狂徒和流氓无赖也为了出人头地涌入京都，很快便化身为恶党的一分子。于是，京都沦为了强盗和恶党日常出没的场所，纵火和劫掠事件频发。持续恶化的京都治安状况显然是足轻诞生的前提。

一部分侍奉幕府和守护的下级武士，以及因主家没落而失业的浪人也加入了土一揆的行列。在这些"大将"指挥下的土一揆战斗力不容小觑。作为土一揆袭击目标的土仓和寺社为了自卫，也到处招揽实力强劲之人充当保镖。当然，这些人见风使舵加入土一揆，对土仓和寺社倒戈相向的情况也时有发生。然而，在京都治安状况已是极度混乱的情况下，也只能依靠这些令人顾虑重重的雇佣兵。

镇压土一揆的幕府和守护同样表现出对恶党的依赖。肩负着取缔京都犯罪活动任务的侍所起用骨皮道贤这种犯罪分子就是一个象征，哪怕对方是组成土一揆的恶党，幕府和守护也会积极地将其揽入麾下充当足轻。乍一看针锋相对的土一揆和土一揆镇压军，其实都将京都的黑社会作为人员的供给源。

文正政变期间，山名宗全和斯波义廉的重臣朝仓孝景（后来独立，被称为"最初的战国大名"）的军队袭击了伊势贞亲庇护的土仓和酒屋，大肆纵火、掠夺（《大乘院寺社杂事记》等）。原本为了镇压土一揆而吸收了足轻力量的守护军队，不知从何时开始已经变得与宿敌土一揆一模一样。

在应仁之乱持续期间，土一揆在京都消失了踪影，但是引发土一揆的饥荒并没有结束，民众的境遇也没有出现改善。那些曾经为生活所迫而参加土一揆在京都进行掠夺的人们，现在只不过是作为足轻在京都继续进行掠夺。也就是说，土一揆的武力被诸大名以足轻的形式吸收了。

应仁之乱并不是单纯的权力斗争、武力对抗，其背后潜藏着一个严重的社会问题，那就是在此之前持续了近四十年的贫民流入京都。室町幕府对屡屡兴起的土一揆暴动只是采取各种权宜之计，没有能够解决粮食问题、贫困问题的根本性对策。长此以往的结果，便是室町幕府迎来了应仁之乱的终局。

村庄的"集体自卫权"

正如第三章所论述的那样，南北朝时期的军队由两部分构成：一是由武士组成的正规军；二是由通过"野伏役"从乡村地区征发的百姓组成的"野伏"部队。

这种构成在室町时代基本上没有发生变化。永享六年（1434年）十一月，为了攻打比叡山，山名时熙动员正规军300骑、野伏2000至3000人，美浓守护土岐持益（土岐赖忠的孙子）动员正规军120至130骑，野伏1000至2000人（《满济准后日记》）。

不过，在另一方面，此时也出现了在南北朝时期的战争中所未有的新动向。山名时熙等人进攻山门，实际上是针对前一个月发生的"山门嗷诉"即山法师们抬着神舆闯入京都作乱的行为（最后被幕府军阻止）实施报复。

室町幕府为了应对山门嗷诉,将斯波氏、细川氏、畠山氏、山名氏、赤松氏、一色氏、小笠原氏等守护的力量配置在京都各处,摆出迎击的架势。除此以外,幕府还对醍醐、山科、伏见等京都近郊的村庄展开动员。待守护军队击败了前来嗷诉的山法师,这些从村庄中临时征召的野伏就会截断他们逃往比叡山的去路。

在接到幕府命令的伏见庄(贞成亲王的庄园),三木氏、小川氏等有姓名的武士 7 人,其下人(仆人)50 人,此外船津村百姓 63 人、三木村百姓 100 人、山村百姓 30 人、森村百姓 15 人、石井村百姓 10 人、野中村百姓 10 人(百姓合计 228 人),组成了规模近 300 人的参战部队。在伏见庄的武士中,三木氏与畠山氏结成主从关系,小川氏与山名氏结成主从关系,双方处于竞争关系。然而,在应对紧急事态时,已无关主人之间的关系如何,三木氏和小川氏作为伏见庄的地方领导层,能够团结一致,共同进行军事指挥(《看闻日记》)。

在伏见庄的事例中,与以往守护军队从村中征调百姓充当辅助战斗人员的方式不同,军事行动全权委托给村里。由此可见,在室町时代已经形成了独立于守护军队之外的村的军事组织。

为什么室町时代的村庄会有着具备明确指挥系统的军事集团的一面呢?正如第三章所论述的那样,南北朝时代的武士们经常以筹集军费为借口进驻庄园大肆掠夺。在这种背景下,村庄为了自卫形成了自己的武装力量。

村的武装形态在南北朝内乱结束后延续了下来。过去的"阶级斗争史观"强调了村的武装是为了与守护军队等当权者的"暴力组织"战斗。虽然不能否定这一方面,但是近年来的研究更倾向于村的武装是为了与邻村战斗。邻近的村庄经常围绕土地边界，山林、河川的使用权产生纷争，发展为武力冲突的情况也并不少见。

文安二年（1445年）至文安三年期间，近江琵琶湖北侧的菅浦庄和大浦庄围绕两庄之间的日差河等河流的所有权问题产生纠纷，两庄的小冲突不久便演变为互射箭矢的正式战斗，而且菅浦、大浦两庄不断地请求周边的武士和村庄协助己方，使这场冲突发展为将琵琶湖全域卷入其中的大规模战事。

在村与村之间爆发冲突之际，出钱雇佣刺客的情况时有发生。这些刺客可以看作是雇佣兵，与应仁之乱中活跃的足轻有着相似之处。恰如黑泽明电影《七武士》的世界，但是和《七武士》中完全依赖武士的村庄不同，现实中的村庄拥有自己的武装力量。

基于上述情况，室町幕府理所当然会对村庄的军事力量产生期待。然而，村庄上下并非因为喜好战斗才武装起来。村庄的武力行动基本上仅限于自卫，或是为了守护同盟村子而行使"集体自卫权"。永享山门骚乱之际，伏见庄奉幕府之命出征的举动，可以被解释为自卫行为的延伸。因此，幕府不可能将村的军事力量投入到与地区防御无关的远征活动当中。

应仁之乱爆发后，东军和西军竞相笼络京都近郊的村庄加入己方阵营。东、西两军在要求各村提供兵粮的同时，还依靠村的军事力量控制交通路线。也就是说，当敌军试图通过村庄时各村要予以阻止，而在己方军队通过时则要给予协助。

例如，应仁二年（1468年），山科的十六个村庄遵照东军的命令封锁了东山通路，阻止西军从大津方向攻入京都（《山科家礼记》）。东军向各村承诺，将根据这一功绩给予恩赏，只是对此类战功的奖励大多数是"半济"。这里所说的"半济"是指免除一半的年贡。南北朝时代作为武士奖赏的"半济"，现在也成了赏赐农民的手段。

另外，东军曾命令山科各村击退活动在宇治的西军，但是山科方面拒绝出兵宇治。尽管山科的百姓们愿意为守卫自己生活的家园而竭尽全力，但是对离开故乡参与远征作战持否定态度。

应仁之乱以降，以"半济"为诱饵动员村庄武力这一形式的战争越来越普遍。尽管针对这个问题的具体讨论已经超出了本书的范围，但是仍需要指出：从军事史的立场来看，应仁之乱是一个转折点。顺带一提，越南战争期间，有些学者试图以山城国一揆等为例（详见《一揆的原理》）来强调民众的反战运动，这显然是不成立的。

没有胜利者的战争

文正二年（1467年，三月改元应仁）正月发生的御灵合战可说是"应仁之乱的前哨战"，此战以畠山义就战胜畠山政长收场。至此为止，局势的发展可以说完全符合山名宗全的预期。细川方（东军）转入反击，始于当年的五月。东军占据室町殿（将军居住的御所），确保了对足利义政、足利义尚、足利义视等关键人物的控制。八月，大内义弘上洛，以山名宗全为总帅的西军重整旗鼓，但是此时西军已经被冠上了"叛乱军"的恶名，形势十分不利。

应仁二年十一月，足利义视被足利义政召回伊势贞亲的举动激怒，于是投靠了西军。西军诸将为了确立大义名分，将足利义视奉为事实上的将军。如此一来，便出现了两个幕府并立的局面。以足利义视为将军的新幕府，学界通常称之为"西幕府"。西幕府自行任命守护，于是出现了一个分国中两个守护互相争夺的情况。

文明五年（1473 年）三月，山名宗全病死。同年五月，细川胜元也因病而亡。第二年四月，山名宗全的继承人山名政丰和细川胜元的嫡子细川政元在未征得众将同意的情况下单独议和。尽管如此，此后战乱依旧在延续。其中一个重要原因是众大名无力制约足轻们肆意烧杀掳掠的不轨行为。

最近，本乡和人针对以往研究没有明确揭示东军和西军究竟孰胜孰败进行批判。本乡和人主张，既然应仁之乱的本质是细川氏和山名氏围绕幕政主导权展开的争夺，从乱后幕政由细川氏主导这一点来看，无疑是东军取得了胜利。

虽然本乡和人的发言确实存在一定道理，但是迄今为止的研究也指出，应仁之乱是以文明九年西幕府（西军）解散的形式迎来了终结。足利义政保住了将军的地位，后来由足利义尚继承。至于西军拥戴的足利义视，直到足利义尚殒命为止不得不过着颠沛流离的亡命生活。因此，"若是一定要分出胜负，应该是东军取得胜利"似乎已是学界的共识。

然而，笔者却觉得"东军取得胜利"的结论是空洞的。细川氏无论在地位还是实力方面都是顶级大名，而且是"战后体系"中"胜者组"的一员。然而，细川氏在西军攻势下拼命守护的"战后体系"，在应仁之乱爆发后的十年间逐渐从内部分崩离析。

第一个象征是守护在京制度的崩溃。早在应仁之乱以前，在京直臣就开始脱离京都，但是那些主持幕政的大名们依然留守在京都。然而，在应仁之乱期间及乱后，在京守护也相继返回自己的领国，到了文明十四年（1482 年）下半年，在京守护仅存细川政元、武田国信、一色义直等寥寥数人。最终，武田氏和一色氏也返回了自己的领国，只剩下细川政元及其一门数人。

如前文所述，随着南北朝内乱的结束，即"和平"的到来，室町幕府精心打造了把守护们聚集在将军身旁，由守护代等人经营分国的政治体制。这一"战后体系"的根本是守护在京制，当然这种体制是以京都的凝聚力作为前提的。因为守护们意识到在京参与幕府政治要比在领国中专注于地方支配可以获得更多的利益，所以他们才会一直以来留在京都。

可是随着室町幕府的威信扫地，其政治决策不再被地方接纳。守护们已经失去了继续留在京都的意义。于是，守护们抛弃了京都和将军。面对这样的情况，无论再怎么激昂地宣称"细川氏独揽幕政"，也只显得空洞无力。当然，应仁之乱以后的室町幕府并非完全有名无实，但是不能否认室町幕府已经在实质上丧失了作为全国政权的资格。

事实上，细川政元留在京都并不是为了掌握幕政。细川政元多次在短期就任管领后即宣告辞职，所以这一时期掌管幕政的是伊势贞宗（伊势贞亲的嫡子）。细川政元最优先考虑的是确保摄津和丹波两个分国，而最佳的策略就是将位于两国交界位置上的京都打造成自家的据点。

另一方面，细川氏的庶子家在国倾向逐渐增强，纷纷摆脱细川政元的控制。作为细川氏本家的京兆家掌握的分国是土佐、赞岐、摄津和丹波。四个分国确实很多，但是不足以压制其他大名。京兆家的强大在于统率着阿波守护家（赞州家）、备中守护家、和泉上守护家、和泉下守护家、淡路守护家等细川氏的庶子家。若是将一门的分国加在一起，细川氏支配的分国多达八个（再加上赞州家于永享十二年获得三河守护之职，共计为九个国），这一"同族联合体制"使细川京兆家在幕府内确立了对其他大名的优势。

守护的职位由幕府任命，细川庶子家为了能够稳定世袭守护职位，十分重视与幕府政治关系密切的京兆家所提供的后援。然而，应仁之乱严重地削弱了幕府的权力，相较于从幕府拜领守护职位，率领分国的武士们凭借实力取得守护职位的方式日益流行。这样一来，庶子家集结在京兆家手下就失去了意义。同族联合体制的解体，导致细川京兆家影响力所及的区域显著收缩。这才是"东军胜利"的真相。

归根结底，应仁之乱是一场"没有胜利者的战争"。

自掘坟墓——"下克上"的兴起

"战后体系"自我瓦解的第二个象征，就是以守护家的凋零为代表的身份秩序的解体，也就是所谓的"下克上"。足利义政经常向斯波义敏的家老甲斐常治、京极持清的重臣多贺高忠、赤松政则的重臣浦上则宗等陪臣（家臣的家臣）下达指示，这种越过作为直接主君的守护而对其家臣发号施令的做法，虽然是足利义政为了应对愈加不愿意服从自己命令的守护们所采取的迫不得已的策略，但也可以说是足利义政亲自破坏了以将军为顶点的武家社会身份秩序。

这种倾向因应仁之乱的爆发而更加显著。文明二年（1470 年）七月，西幕府任命大和的越智家荣为和泉守护。不过是一介武士的越智家荣竟然被任命为一国守护，可谓是颠覆常识的拔擢。欣喜不已的越智家荣于八月四日出兵河内，向东军占据的誉田城（位于现在的大阪市羽曳野市誉田）发动攻击。素来慎重的越智家荣，自从应仁之乱开始就不曾离开过大和半步，即使西军要求其提供支援，也只是派遣部下前往，自己仍坐镇国中。现在他亲自出征河内，可见人事晋升的效果超群。

东幕府方面进行了同样的人事提拔。文明三年，足利义政、细川胜元尝试策反西军的有力武将朝仓孝景（斯波义廉的重臣之一）。面对东军的策反，朝仓孝景提出倒戈的条件是东幕府任命自己为越前守护。此时，东幕府的越前守护职位已经由斯波义敏就任，不可能解除斯波义敏的职务，再任命朝仓孝景为新守护。然而，无论如何都想让朝仓孝景投向己方的足利义政和细川政元，还是与对方约定"以后会送上正式的任命书"，成功策反朝仓孝景。最终，这个约定没能兑现，但是将军和大名肆无忌惮地破坏家格的行为却尤为瞩目。

将一国的统治交付给身份、家格虽低却拥有实力之人，这是对"下克上"思想的容忍。明应二年（1493 年），细川政元发动政变，废黜十代将军足利义材（义稙），拥立新的将军（史称"明应政变"）。永正四年（1507 年），细川政元被家臣香西元长暗杀，随后香西元长拥立细川政元的养子细川澄之为新当主（史称"永正混乱"）。

足利义政和细川胜元为了自身的利益助长了下克上的风潮，而这股潮流逐渐发展为下克上的风暴，最终吞噬了足利将军家和细川京兆家。

和平，是否"美好"？

概观室町幕府的历史，让人再一次深切地感受到"和平"是何等脆弱。

足利义教和足利义政决心军事介入关东与大和事务，彻底清除"抵抗势力"，战后的历史学家对此进行了严厉的批评。可是，对不服从将军的反抗势力置之不顾所得到的和平，不过是一时的和平——足利义教和足利义政奉行的这一政治理念是有其自身的道理的。对畠山满家的软弱心怀不满的足利义教，肯定会认为只有自己的方针才能实现"真正的和平"。然而，足利义教和足利义政的理想完全无视了武士们不愿意劳师远征的现实问题，结果适得其反，导致了严重的祸乱。

反观一度投降南朝的足利尊氏，轻易地饶恕了始终对抗幕府的大内氏、山名氏的足利义诠等人，俨然是毫无信念的投机主义者。另外，足利义满的"和平"治世，也是构筑在重重谋略之上。足利义持为了避免与诸大名爆发全面的武力对抗，毫不怜惜地舍弃了自己的亲信近臣。他们都是猜忌心很强且极为刻薄的人，很难想象这些人会抱有多么宏大的理想，但是他们最终实现了"勉强的和平"。

那么，为什么要强调这些事情呢？夸张地说，笔者是想为重新审视现代日本的"和平主义"创造一个契机。在修改宪法已经成为颇具现实意义的话题的今天，针对宪法的讨论也已形成一股热潮。

目前，修宪论的焦点在于规定着修改宪法相关程序的宪法第九十六条，而且批评自民党修宪议案有损"尊重基本人权"这一日本国家宪法精神的声音也从未停止。不过，作为修改宪法问题最大的争论点而长期备受世人关注的当然还是宪法第九条。

笔者反对修改宪法第九条（明确规定保持国防军），但是对过度美化宪法第九条，甚至强调只要恪守宪法第九条就能确保日本和平的护宪派主张也感到不适。有很多国家将放弃战争等和平主义条款写入宪法，但并不是所有国家都能够实现完全的和平。

近年来，将日本国家宪法斥为"美国强加的宪法"而唾弃的保守派言论颇为引人注意。而在过去的左派阵营当中，也有不少人批判"战后民主主义"是"软弱"的资产阶级观念，主张通过"共产革命"的方式将其打破。文艺评论家加藤典洋在1998年发表的《在战后以后思考战后》（『戦後を戦後以後、考える』）中，尖锐地批判了曾经参与全共斗运动的人士在发表反对海湾战争的声明时，突然抬出他们一直嘲笑为"愚不可及"之物的"和平宪法"作为凭据的自欺欺人行为。

正如加藤典洋所言，日本宪法大肆讴歌的和平主义理念是否为广大日本国民所共有这一点是值得怀疑的，更自然的看法是，宪法第九条得以维持，主要是基于"不愿再面对战争""守护当下的生活"这样的朴素情感。顺便一提，得到美国军事力量庇护的战后日本和平局面，是否值得趾高气扬地向他国炫耀呢？这也是值得我们思考的问题。

十余年前，一度成为热门话题的漫画家小林善范[①]的作品《战

---

① 小林よしのり，台译小林善纪。——译者注

争论》，以"和平……到处都是开始腐烂的那种和平"这一令人印象深刻的表述作为开场白。小林善范将战后日本的和平描述为"平庸之恶"，与之相对应的是，神风特攻队被其当作纯粹且崇高的存在而大肆称赞。小林善范的《战争论》令人意外之处，在于否定了对"战后民主主义"而言具有无上价值的"和平"。罗列《战争论》中的事实谬误并非什么难事，但是书中"日本战后和平庸俗无用"论调所引发的一定程度的共鸣却不容忽视。

通常所说的"网络右翼"，其种种主张的根本便是上述这种战后观、和平观。这种情绪并非理性逻辑，因此难以被说服。乍看上去，自然是强硬派的"果断措施"比起温和派的"和平外交"更具魅力，即使是"形象"的较量，护宪派也没有获胜的机会。

事实上，倡导反战论调的战后日本中世史研究者们，一面诉说着南北朝内乱和应仁之乱等战争的悲惨，一面注视着这些战争的革命性，如同热门电视剧《半泽直树》那样精彩地叙述着"下克上"的历史。

事先声明，笔者并不主张必须脱离"战后体系"，或者认为必须修改宪法第九条。在笔者看来，即使是"糜烂的和平"，比起自卫队军队化以后毅然决然（？）派兵参加朝鲜战争和越南战争的假想日本，战后日本所走过的道路也绝对要更好。

我的意思是，不应该再谈论"没有一丝阴霾的美好和平"了。人类自上古时代开始便历经了无数次的战争，很难说人人都热爱和平。因此，我们必须直面人类在不自觉中追求"华丽"战争的暴力冲动。过分赞美和平反而会导致逻辑上的矛盾，而"平庸之恶"远比战争要好得多，我们所需要的正是这种不加掩饰的立场。借用加藤典洋在《败战后论》（1997年）中的话来说，我们应该告别保守派和革新派都曾持有的以"清白"的观点来断罪"污秽"的共同政治姿态。

在世界历史上，从来不乏使用"为了永久的和平而战"的华丽辞藻，追求着"完美的和平"，反而引发战争危机的例子。后醍醐天皇和足利义教正是因为追求的理想超出政权的极限，所以才失败。

如果想要创造并维持真正的和平，就应当立足于现实主义。仅凭"善邻友好""相互友爱"等华丽的言辞，无法保证"恰到好处的和平"。尽管畠山满家是提倡"无为"的和平主义者，但是为了维持各大名之间的势力均衡，他果断地诛杀了将军足利义持的近臣富樫满成和赤松持贞，尽显其冷酷的一面。

即使是以战争为职业的武士，同样不希望发生无益的战争。这并非和平主义使然，而是纯粹出于利害得失的考量。然而，正是这种"不纯"的厌战情绪多次抑制了战争的爆发。

护宪派的主张经常被修宪派揶揄为"异想天开""和平痴呆症"。虽然多半存在贴标签的一面，但不能否定日本的"和平主义"确实存在理想化、忽视现实的倾向。而且不管怎么说，战后的学院派虽然高举着反战的旗号，但是对正面检讨战争和军队的问题却长期敬而远之。

正如与那霸润所指出的那样，多亏宪法第九十六条（修改宪法的程序及其公布）的存在，为了阻止修改宪法第九条（放弃战争，战争力量及交战权的否认）才不需要投入太多的努力。因此，护宪派确实存在安于现状的情况（所以新左翼才会批评"战后民主主义"）。和平是需要不断努力守护的东西，但是部分护宪派却没有这样的紧迫感。正是因为主战派打着"大东亚共荣圈"之类的不切实际的口号，温和派才更应该贯彻现实主义。为此，历史学所能够做的贡献还有很多。

参考文献

与全文相关的文献

市沢哲編『太平記を読む』(吉川弘文館、二〇〇八年)

小林一岳『日本中世の歴史4 元寇と南北朝の動乱』(吉川弘文館、二〇〇九年)

小林一岳・則竹雄一編『戦争Ⅰ 中世戦争論の現在』(青木書店、二〇〇四年)

櫻井彦『動乱の東国史4 南北朝内乱と東国』(吉川弘文館、二〇一二年)

佐藤和彦『南北朝内乱史論』(東京大学出版会、一九七九年)

佐藤進一『日本の歴史9 南北朝の動乱』(中公文庫、二〇〇五年)

高橋典幸ほか著『日本軍事史』(吉川弘文館、二〇〇六年)

田中大喜『中世武士団構造の研究』(校倉書房、二〇一一年)

新田一郎『日本の歴史11 太平記の時代』(講談社学術文庫、二〇〇九年)

村井章介編『日本の時代史10 南北朝の動乱』(吉川弘文館、二〇〇三年)

呉座勇一著『一揆の原理』(洋泉社、二〇一二年)

拙稿「南北朝~室町期の戦争と在地領主」『歴史学研究』八九八、二〇一二年

序言

川合康『鎌倉幕府成立史の研究』(校倉書房、二〇〇四年)

藤木久志『雑兵たちの戦場』(朝日選書、二〇〇五年)

藤木久志『戦国の作法』(講談社学術文庫、二〇〇八年)

藤本正行『信長の戦争』(講談社学術文庫、二〇〇三年)

第一章

荒川秀俊「文永の役の終りを告げたのは台風ではない」『日本歴史』一二〇、一九五八年

荒川秀俊「文永の役の終末について諸家の批判に答う」『日本歴史』一四五、一九六〇年

石井進『鎌倉びとの声を聞く』(NHK出版、二〇〇〇年)

石井正敏『NHKさかのぼり日本史　外交篇8　鎌倉「武家外交」の誕生』(NHK出版、二〇一三年)

太田弘毅『蒙古襲来—その軍事史的研究—』(錦正社、一九九七年)

筧雅博『日本の歴史10　蒙古襲来と徳政令』(講談社学術文庫、二〇〇九年)

川合康『源平合戦の虚像を剥ぐ』(講談社学術文庫、二〇一〇年)

近藤成一編『日本の時代史9　モンゴルの襲来』(吉川弘文館、二〇〇三年)

佐伯弘次『日本の中世9　モンゴル襲来の衝撃』(中央公論新社、二〇〇三年)

関周一「鎌倉時代の外交と朝幕関係」(阿部猛編『中世政治史の研究』日本史史料研究会、二〇一〇年)

瀬野精一郎『鎮西御家人の研究』(吉川弘文館、一九七五年)

高橋典幸『鎌倉幕府軍制と御家人制』(吉川弘文館、二〇〇八年)

高橋昌明『武士の成立　武士像の創出』(東京大学出版会、一九九九年)

高橋昌明「日本中世の戦闘—野戦の騎乗者を中心に—」(松木武彦・宇田川武久編『人類にとって戦いとは2　戦いのシステムと対外戦略』東洋書林、一九九九年)

張東翼「一二六九年「大蒙古国」中書省の牒と日本側の対応」『史学雑誌』一一四—八、二〇〇五年

服部英雄「文永十一年・冬の嵐」(同『歴史を読み解く』青史出版、二〇〇三年)

本郷和人『新・中世王権論』（新人物往来社、二〇〇四年）

村井章介『北条時宗と蒙古襲来』（NHK出版、二〇〇一年）

湯浅治久『動乱の東国史3　蒙古合戦と鎌倉幕府の滅亡』（吉川弘文館、二〇一二年）

第二章

悪党研究会編『悪党の中世』（岩田書院、一九九八年）

悪党研究会編『悪党と内乱』（岩田書院、二〇〇五年）

網野善彦『蒙古襲来』（小学館文庫、二〇〇一年）

石井進『中世の村を歩く』（朝日選書、二〇〇〇年）

石母田正『中世的世界の形成』（岩波文庫、一九八五年）

市沢哲『日本中世公家政治史の研究』（校倉書房、二〇一一年）

大田由紀夫「一二―一五世紀初頭東アジアにおける銅銭の流布」『社会経済史学』
　　六―二、一九九五年

大田由紀夫「一四・一五世紀の渡来銭流入」『歴史の理論と教育』一二八、
　　二〇〇八年

小川弘和「播磨国矢野荘海老名氏考―鎌倉末～南北朝期を中心に―」『地方史研
　　究』二九四、二〇〇一年

海津一朗『中世の変革と徳政』（吉川弘文館、一九九四年）

熊谷隆之「鎌倉幕府支配の展開と守護」『日本史研究』五四七、二〇〇八年

黒田俊雄『日本の歴史8　蒙古襲来』（中公文庫、二〇〇四年）

小泉宜右『悪党』（教育社、一九八一年）

近藤成一「悪党召し捕りの構造」（永原慶二編『中世の発見』吉川弘文館、一九九三年）

桜井英治『贈与の歴史学』（中公新書、二〇一一年）

清水亮「了珍房妙幹と鎌倉末・南北朝期の常陸国長岡氏」『茨城県史研究』八九、
　　二〇〇五年

高橋一樹『中世荘園制と鎌倉幕府』（塙書房、二〇〇四年）

高橋典幸「荘園制と悪党」『国立歴史民俗博物館研究報告』一〇四、二〇〇三年

永原慶二『日本の中世社会』（岩波書店、二〇〇一年）

東島誠『自由にしてケシカラン人々の世紀』（講談社選書メチエ、二〇一〇年）

細川重男『鎌倉幕府の滅亡』（吉川弘文館、二〇一一年）

本郷恵子『蕩尽する中世』（新潮選書、二〇一二年）

松本新八郎『中世社会の研究』（東京大学出版会、一九五六年）

山陰加春夫「「悪党」に関する基礎的考察」（佐藤和彦・小林一岳編『展望日本歴
　　史10　南北朝内乱』東京堂出版、二〇〇〇年）

吉田賢司「山中両惣領家の活動」（『甲賀市史2　通史編』二〇一二年）

第三章

伊藤俊一『室町期荘園制の研究』（塙書房、二〇一〇年）

漆原徹『中世軍忠状とその世界』（吉川弘文館、一九九八年）

小林一岳『日本中世の一揆と戦争』（校倉書房、二〇〇一年）

近藤好和『中世的武具の成立と武士』（吉川弘文館、二〇〇〇年）

鈴木眞哉『鉄砲と日本人』（ちくま学芸文庫、二〇〇〇年）

西股総生『戦国の軍隊』（学研パブリッシング、二〇一二年）

羽下徳彦『中世日本の政治と史料』（吉川弘文館、一九九五年）

兵藤裕己『太平記「よみ」の可能性』（講談社学術文庫、二〇〇五年）

松永和浩「軍事政策としての半済令」（同『室町期公武関係と南北朝内乱』吉川弘
　　文館、二〇一三年）

松村劭『ゲリラの戦争学』（文春新書、二〇〇二年）

峰岸純夫『足利尊氏と直義』（吉川弘文館、二〇〇九年）

安田次郎『日本の歴史7　走る悪党、蜂起する土民』（小学館、二〇〇八年）

エルネスト・チェ・ゲバラ著・甲斐美都里訳『ゲリラ戦争』（中公文庫、二〇〇八年）

クラウゼヴィッツ著・清水多吉訳『戦争論』（中公文庫、二〇〇一年）

マーチン・ファン・クレフェルト著・佐藤佐三郎訳『補給戦』（中公文庫、二〇〇六年）

第四章

新井孝重『悪党の世紀』（吉川弘文館、一九九七年）

石井進「家訓・置文・一揆契状」（石井進ほか編『中世政治社会思想』上巻、岩波書店、一九九四年）

伊藤一美『武蔵武士団の一様態—安保氏の研究—』（文献出版、一九八一年）

榎原雅治「一揆の時代」（同編『日本の時代史11　一揆の時代』吉川弘文館、二〇〇三年）

小川信「南北朝期における在地領主の実態と合戦の一断面—高幡山金剛寺不動明王像胎内文書にみる—」『國學院大學大學院紀要—文学研究科』二二、一九九一年

亀田俊和『室町幕府管領施行システムの研究』（思文閣出版、二〇一三年）

岸田裕之『大名領国の構成的展開』（吉川弘文館、一九八三年）

西田友広「石見益田氏の系譜と地域社会」（高橋慎一朗編『列島の鎌倉時代』髙志書院、二〇一一年）

服部英雄「周防国仁保庄の荘園地名」（同『景観にさぐる中世』新人物往来社、一九九五年）

第五章

網野善彦『無縁・公界・楽』（平凡社ライブラリー、一九九六年）

伊藤喜良『東国の南北朝動乱』（吉川弘文館、二〇〇一年）

岡野友彦『北畠親房』（ミネルヴァ書房、二〇〇九年）

川添昭二『今川了俊』（吉川弘文館、一九八八年）

佐藤和彦『日本中世の内乱と民衆運動』（校倉書房、一九九六年）

田代誠「軍陣御下文について」『国史談話会雑誌』二八、一九八七年

新名一仁「康暦・永徳期の南九州情勢」『都城地域史研究』一〇、二〇〇四年

松本一夫『東国守護の歴史的特質』（岩田書院、二〇〇一年）

松本一夫「南北朝内乱期における軍事情報の伝達」『日本歴史』七〇五、二〇〇七年

村井章介「結城親朝と北畠親房」（同編『中世東国武家文書の研究』髙志書院、二〇〇八年）

山田貴司「南北朝期における武家官位の展開」『古文書研究』六六、二〇〇八年

吉田賢司「武家編制の転換と南北朝内乱」『日本史研究』六〇六、二〇一三年

拙稿「軍勢の「勧進」」『ぶい＆ぶい』二〇、二〇一一年

第六章

市川裕士「南北朝動乱と山名氏」『中国四国歴史学地理学協会年報』九、二〇一三年

今谷明『日本の歴史9　日本国王と土民』（集英社、一九九二年）

小川剛生『足利義満』（中公新書、二〇一二年）

久保田順一『上杉憲顕』（戎光祥出版、二〇一二年）

黒田基樹編『足利基氏とその時代』（戎光祥出版、二〇一三年）

松岡久人『大内義弘』（戎光祥出版、二〇一三年）

山田徹「南北朝期の守護在京」『日本史研究』五三四、二〇〇七年

終章

家永遵嗣『室町幕府将軍権力の研究』（東京大学日本史学研究室、一九九五年）

家永遵嗣「軍記『応仁記』と応仁の乱」学習院大学文学部史学科編『歴史遊学』、
　　二〇〇一年

石田晴男『戦争の日本史9　応仁・文明の乱』（吉川弘文館、二〇〇八年）

伊藤喜良『足利義持』（吉川弘文館、二〇〇八年）

今谷明『土民嗷々』（東京創元社、二〇〇一年）

加藤典洋『戦後を戦後以後、考える』（岩波書店、一九九八年）

加藤典洋『敗戦後論』（ちくま文庫、二〇〇五年）

川岡勉『山名宗全』（吉川弘文館、二〇〇九年）

蔵持重裕『中世　村の歴史語り』（吉川弘文館、二〇〇二年）

酒井紀美『応仁の乱と在地社会』（同成社、二〇一一年）

桜井英治『日本の歴史12　室町人の精神』（講談社学術文庫、二〇〇九年）

末柄豊「細川氏の同族連合体制の解体と畿内領国化」（石井進編『中世の法と政
　　治』吉川弘文館、一九九二年）

田辺久子『関東公方足利氏四代』（吉川弘文館、二〇〇二年）

早島大祐『足軽の誕生』(朝日選書、二〇一二年)

藤木久志『村と領主の戦国世界』(東京大学出版会、一九九七年)

藤木久志『飢餓と戦争の戦国を行く』(朝日選書、二〇〇一年)

本郷和人『戦いの日本史』(角川選書、二〇一二年)

森茂暁『満済』(ミネルヴァ書房、二〇〇四年)

森茂暁『室町幕府崩壊』(角川選書、二〇一一年)

山田邦明『日本中世の歴史5　室町の平和』(吉川弘文館、二〇〇九年)

山田徹「室町領主社会の形成と武家勢力」『ヒストリア』二二三、二〇一〇年

横井清『室町時代の一皇族の生涯』(講談社学術文庫、二〇〇二年)

吉田賢司『室町幕府軍制の構造と展開』(吉川弘文館、二〇一〇年)

與那覇潤『中国化する日本』(文藝春秋、二〇一一年)

渡邊大門『赤松氏五代』(ミネルヴァ書房、二〇一二年)

拙稿「室町期武家の一族分業」(阿部猛編『中世政治史の研究』日本史史料研究
　　会、二〇一〇年)

结　语

　　自前稿《一揆的原理》付梓刊行后，曾有数次与几位关注拙著的编辑们一起品鉴香茗的机会。对方每次都会询问在下"是否已有下一部作品的构想"，而在下总是回答："虽然没有具体的构想，但是如果要写点什么，大概会探讨日本中世的战争。"

　　在下不是军事史领域的专家学者，也不是狂热的"军事发烧友"。即便如此，在下还是想针对中世的战争略抒拙见，这是因为在下对该领域的研究最为滞后。在下是进入大学以后才开始真正学习日本史，对日本史学这门学问的深奥颇有感触。而且这个想法至今不曾改变。但是另一方面，在下经常遇到仍然沿用过去"阶级斗争史观"的解释，每次都抱持怀疑态度，这也是不争的事实。特别是在接触军事史研究之际，这种"无法接受"的感觉更加挥之不去。

　　话虽如此，这种违和感并没有在我的心中形成明确的影像。在与出版社的各位编辑交流时，也只能用一句"总觉得哪里不一样"

来模糊地概括。如此一来，对方在得出"哦，真是对下部作品还没有合适的构想"的判断后，便中断了联络。

唯有新潮社学艺出版部的今泉真一先生对这些想法饶有兴趣，并联络在下"希望能够尽快构思"。于是在今泉先生的热情鼓舞下，在下顺利完成了构思方案及创作。不久之后，本书便作为新潮选书之一正式刊印出版。然而，由于在下的构思并未成熟，不得不一边调查一边思考，终于一点点完成了书稿的创作，以致迁延日久。为此，在下必须向今泉先生表达歉意。

虽然本书对"阶级斗争史观"进行了严厉的批判，但是这并不是因为在下认为"阶级斗争史观毫无价值"。说到底，这些都是在下的"战略"。暂时解开名为"阶级斗争史观"的"枷锁"，或许能够让我们进一步拓宽视野，这仅仅是一次尝试而已。

顺带一提，在下并非抱有"与深受马克思主义影响的以往研究者不同，在下不会抱着先入为主观念和偏见，可以客观地进行分析"的自负。从刻意排除"阶级斗争史观"视角的意义上而言，反而应该说本书的观点非常片面。更确切地说，本书的探讨只是一次思考实验，绝非全盘否定"阶级斗争史观"。

不需要举出所谓的"新历史教科书"相关书籍作为例子，相较于内容扎实的概说书，肆意煽动"迄今为止的历史观是错误的！真相在此！"的"逆说书"更能博人眼球，因而时常大卖。

不过，这些仅以结论的新颖作为卖点的畅销书，即便书写内容得当，也缺乏教育效果。因为读者们通过这些著作只会"改变主张"，而得不到"自己思考的能力"。

针对前著《一揆的原理》，不少人批评"说明过于拖沓冗长"。

抱有这种想法的读者在看过本书以后，恐怕会觉得本书的论证比前著更加繁杂。然而，这种拐弯抹角的表述乃是在下刻意为之。此举是为了向诸位读者展示完整的论证过程和思考的轨迹。使诸位读者能够了解历史学的思考方法，而不是仅仅树立"正确的历史认识"——这是在下的愿望。虽然野心不小，但是只要能够稍稍实现上述目标，这场不自量力的无谋挑战便拥有了相应的意义。

因此，在下希望诸位读者对深受"阶级斗争史观"影响的通说抱持怀疑态度的同时，也要对本书批判通说的主张抱持怀疑态度。在下尽可能压缩了卷末参考文献所列举的研究论文和专门类著作的篇幅，介绍的文献以较为容易入手且浅显易懂的资料为中心。如果透过本书的内容，诸位读者能够自行对日本中世的战争及现代战争进行深入思索，在下身为作者自然是不胜欣喜。

2013 年 11 月 4 日

吴座勇一

图书在版编目（CIP）数据

日本中世战争史 / (日) 吴座勇一著 ; 刘路译.
北京 : 九州出版社, 2025. 5. -- ISBN 978-7-5225
-3828-0

Ⅰ. E313.9

中国国家版本馆CIP数据核字第2025CD6044号

SENSO NO NIHONCHUSEISHI: "GEKOKUJO" WA HONTO NI ATTANOKA by GOZA Yuichi
Copyright © Yuichi Goza 2014
All rights reserved.
Original Japanese edition published in 2014 by SHINCHOSHA Publishing Co., Ltd., Tokyo.
Simplified Chinese translation rights arranged with SHINCHOSHA Publishing Co., Ltd. through
BARDON CHINESE CREATIVE AGENCY, HongKong.

版权登记号：01-2025-1679
审图号：GS（2025）2165号

日本中世战争史

作　　者	〔日〕吴座勇一 著
	刘　路 译
责任编辑	周　春
出版发行	九州出版社
地　　址	北京市西城区阜外大街甲 35 号（100037）
发行电话	（010）68992190/3/5/6
网　　址	www.jiuzhoupress.com
印　　刷	北京盛通印刷股份有限公司
开　　本	880 毫米 × 1194 毫米　　32 开
印　　张	10.25
字　　数	228 千字
版　　次	2025 年 5 月第 1 版
印　　次	2025 年 6 月第 1 次印刷
书　　号	ISBN 978-7-5225-3828-0
定　　价	72.00 元